黃宗羲
風隱者

史家風骨，布衣修史，
誰在亂世執筆評王侯？

符利群 著

從黃宗羲的理想與堅持，到他對《明史》的矛盾糾葛，
再到他與康熙帝、史官及無數士子、百姓的關係，
這是一部見證歷史巨變的傳奇──

目錄

第一章　書焚夢殘，浙東三黃……005
第二章　明史案的餘波……019
第三章　烽火遺響……025
第四章　斷橋雪夜……041
第五章　絕學的真偽……053
第六章　焚書……063
第七章　密告……077
第八章　聖顏大怒……101
第九章　救命……119

目錄

第十章	七政盤與大壯之年	141
第十一章	嚴秋毫的翰林院之路	157
第十二章	錯看	179
第十三章	求賢若渴	197
第十四章	朱三太子	209
第十五章	平民步入史冊	223
第十六章	詔獄對談	253
第十七章	舊朝哀音	271
第十八章	國史唯賢人得知	305
第十九章	風隱山隅	327
後記	歷史的千里伏脈	347

第一章 書焚夢殘，浙東三黃

康熙三年（西元1664年）早春，杭州武林門外北關夜市，商賈雲集，人煙輻輳。

正應了宋時柳永讚嘆：「東南形勝，三吳都會，錢塘自古繁華。……市列珠璣，戶盈羅綺，競豪奢」。滿街燈火通明，叫賣聲不絕於耳。西湖颳來的寒風把人凍得骨頭打戰，也掩不住這座曾經的南宋皇城的繁華。

又如蘇軾吟唱：「燈火錢塘三五夜。明月如霜，照見人如畫。帳底吹笙香吐麝，更無一點塵隨馬」。

然，這是一個被酒樓趕出的小夥計。

接著一個約莫二十歲的男子被推出門，摔倒在地。他破衣爛衫，蓬頭垢面，臉上還有幾道血痕。顯一家酒樓的偏門吱嘎打開，一個包袱飛出，包袱裡掉出一卷書。

一雙雙腳在書上碾來碾去，他撲過去試圖遮擋。有人瞥見書的封面，頓時大叫：「《明史輯略》？反書，大反書啊──」

這喊叫聲猶如湖中起了炸雷，適才如潮水澎湃而至的人群，瞬間又如潮水紛湧而去。那人把書抓在手上，一手抱著包袱，茫然環視眾人。有那麼一會兒，雙方互相對視，眼神充滿恐懼，猶如僵在原地的鬼。

第一章　書焚夢殘，浙東三黃

忽而人們清醒過來，有人喊抓反賊，有人像沒頭蒼蠅一樣逃竄。

兩個乞丐反而撲向男子，嚷著「抓反賊，送衙門去」。茫然不知所措的男子任由他們推搡著，進了一條巷子，兩個乞丐搶過男子的包袱就跑。男子呆若木雞地看著他們消失，他手上僅剩下一本人人恐懼的書。

他想追上去，可兩腳就像戴了腳鐐，動彈不得。

午夜時分，男子晃到一座破廟前，聞到煙火和肉混雜的氣味。他湊近一看，正是那兩個惡人，便從火堆裡抽出一根燃燒的柴棍，劈頭蓋腦抽去，罵道：「惡賊，搶老子的東西，老子跟你們拚了！」

兩個乞丐在夢中捱了一頓揍，倉皇逃離。他一番尋找，卻不見包袱，那包袱裡除了衣物和一點碎銀，還有一張帳單。這意味著他什麼都沒有了。他跪地痛哭，哭天大地大無家可歸，哭這些年流浪的苦難……

哭了一會兒，他從懷裡掏出書，一頁一頁撕下扔進火堆，書頁仍能看出「奴酋」、「建夷」、「隆武」、「永曆」等字。紙在火中蜷曲、焚化，隨後如一隻隻灰蝶，飄飄搖搖飛上屋頂，再晃徘徊悠落下來。

他釋然而笑。──藏了很久的、或許是世上最後一本《明史輯略》也焚毀了，再也不用擔驚受怕了。他對著蛛網虯結的黑黝黝的屋頂大笑：「燒了好，燒了好，免得留下禍根，燒了好啊……」

廟頂的寒鴉被淒厲沙啞的笑聲嚇得撲騰起來，細細的雪花在夜空中飄飛。遠處有人喊下雪了。

東方熹白，雪落四野。

一個人影赤足狂奔，身後的雪地上留下一個個滲血的腳印，又被雪覆蓋，無跡無痕。村舍、河流、樹木越發混沌，天地間只有他的清晰喊叫：「二弟，二弟我來了，我來救你……」

「大哥，大哥，我在這裡。」有人拍醒了他。

五十五歲的黃宗羲睜開眼，發現自己安然躺在船艙裡，艙外細雨霏霏。二弟黃宗炎好端端坐在邊上，問他是否又做噩夢了。友人呂留良、吳之振和高斗魁也圍上來相問。

黃氏兄弟是浙江餘姚人，父親黃尊素為萬曆進士，天啟中官御史，因彈劾閹黨魏忠賢而遇害，崇禎朝業已昭雪，為「東林七君子」之一。黃宗羲，字太沖，號南雷，別號梨洲山人，多才博學，於經史百家及詩詞、天文、算術、樂律等無不研究，尤精史學。黃宗炎，字晦木，自幼得兄長教誨，學問追隨兄長。加上三弟黃宗會，三兄弟有「浙東三黃」之稱。

順治七年（西元1650年），黃宗炎入義士馮京第的抗清義軍，遭捕即將問死。黃宗羲從餘姚黃竹浦家中赴甬上求援，路上跑脫鞋子，以致十趾鮮血淋漓。後得老友萬泰父子、高斗魁等相救，黃宗炎死裡逃生。之後逢雨雪天，黃宗羲總會做這樣的噩夢，迄今心有餘悸。

天亮時分，雨意漸止。船在常熟拂水山莊的尚湖碼頭停泊，一行人上岸。黃宗羲叩響山莊漆色剝落的門扉。應門的老僕覷著渾濁的老眼，盤問了好一會兒才開門──老爺都到這般光景了，竟然還有人上門？

黃宗羲此行是從浙江石門語溪鎮出發的。

兩年前的康熙元年（西元1662年）二月，黃宗羲的化安山龍虎山堂突遭火災，屋舍書籍珍本毀損甚多，他只得搬回黃竹浦老宅。剛安頓下來，五月老宅再遭祝融突襲，一家人僥倖逃生。一年兩遭火災，這

山莊內曲水斜橋，枯竹敗荷，昔日富甲一方的文壇宗盟錢謙益住在這裡。

第一章 書焚夢殘，浙東三黃

讓本不富裕的家境雪上加霜，「半生濱十死，兩火際一年」，他在詩中這樣寫道。九月他搬到藍溪陸家埠，繼續修改順治十年（西元 1653 年）完稿的《留書》，至去年冬成為有〈原君〉、〈原臣〉、〈原法〉等二十一篇內容的書集，名為《待訪錄》。

康熙二年（西元 1663 年）四月，幾近難以舉炊的黃宗羲收到呂留良的邀請，聘他為姪兒的教書先生。

黃宗羲明白，這是家境豐裕的呂留良對自己的顧念和體恤，於是欣然前往。

呂留良，字用晦，號晚村，博學多藝，精通天文、兵法、星卜、算術等絕學。順治二年（西元 1645 年），他散財抗清，兵敗後退隱。順治十七年（西元 1660 年）他始識黃宗炎，再識黃宗羲，因與黃宗羲意趣相近，兩人結交為好友。

黃宗羲自此在呂家授學。其時友人高斗魁也住在語溪，常來常往。高斗魁出身於仕宦醫學世家，生性俠義，研醫道，善詩文，亦儒亦醫。他在江南行醫販藥，常以所得接濟明遺民和黃宗羲兄弟等。石門人吳之振也頻頻湊興，吳之振銳意於詩，兼工書畫，性情豪爽。教書講學之餘，他們選《宋詩鈔》，鑑賞字畫，詩歌唱和，遊歷山水，好不逍遙。

沒多久，黃宗羲收到一個不好的消息——故人錢謙益病情日篤，怕是挨不過這個春天了。於是眾人決定前去探望這位名聞一時的文壇宗盟。黃宗炎也隨行。

面對偌大而寂寥的宅院，呂留良輕嘆：「若是昔日，老先生該與河東君在水榭賦詩吟詞了。」

黃宗羲的腦海裡掠過一連串熟悉的名字——榮木樓、拂水山莊、半野堂、絳雲樓、紅豆莊……這些斯文樓館曾是江南文人嚮往的所在。錢謙益最得意時，盡得蘇州常熟地區最出名的四家藏書，幾與皇室內

008

府藏書相匹敵，時稱「大江以南，藏書之富無過於錢」、「東南文獻盡歸諸錢」。

他們在清冷的客廳乾坐著，既無人招待茶湯，也無人寒暄，客廳外偶爾閃過幾張冷漠的臉。幾隻蜘蛛自屋頂懸下，忙碌地結網。

過了會兒，錢謙益的如夫人柳如是出來，一身荊釵布裙，清麗的面容上盡是憂傷。她為遠道而來的客人奉上茶湯，黃宗羲喝出了一腔煙火油腥味——當年錢謙益和柳如是的烹茶功夫可稱一絕，而今也只能奉上一盞涮鍋水了。

幾句寡淡的寒暄後，他們來到錢謙益的病榻前。

錢謙益衰老得像一具木雕，他舉手作揖，蠟黃的面孔上浮現的笑容裡帶有欣喜、謙卑和激動的複雜意味。他清楚地叫出他們的名字，惶然稱讓他們路遠迢迢來探病，真是罪過。

「牧齋先生，可好些了嗎？」黃宗羲替大家問候道。

錢謙益苦笑：「我時日不久了，眼下草衣木食、弱妻幼兒。太沖兄，晚村兄，諸位日後若能襄助如是母女料理我的身後事，我是感恩涕零了⋯⋯」

高斗魁為錢謙益望聞問切，心中有數，寬慰他只是年老體虛，靜休調養一段時日應無大礙。他開出藥方囑柳如是抓藥，柳如是心領神會——哪怕神方亦無濟於事，無非寬慰了病家而已。

呂留良奉上補益膏方，他與錢謙益早有交誼。順治十八年（西元 1661 年）錢謙益八十大壽，呂留良至紅豆山莊賀壽，錢謙益則為其作過〈呂留侯字說〉一文。

第一章　書焚夢殘，浙東三黃

黃宗炎和吳之振說要學他飽讀詩書的精神。

錢謙益慘然一笑：「甲申之亂，古今書肆圖籍一大劫也。庚寅之火，江左書肆圖籍一小劫也。讀盡天下書又能如何？」

順治七年（西元 1650 年）十月，錢謙益的藏書樓絳雲樓突焚，火勢延及半野堂，古籍珍玩盡付一炬。此災令錢謙益身心大傷。而今莫說藏書，連藏書人亦成風中殘燭。功與名，身與書，皆可輕易被焚毀。

眾人顧念行將就木者的蕭索心緒，只能說些不著皮毛的閒話。

錢謙益向黃宗羲招招手，讓他離自己近一些。黃宗羲近前，錢謙益讓他再近一些。呂留良等人識趣，起身走出房間。柳如是有點窘迫，帶他們下樓喝茶。

黃宗羲猜測錢謙益可能有一些不便在眾人面前說的事，比如借點錢應急——但瘦死的駱駝比馬大，錢家再落魄也比自己強；也可能要贈幾本善本祕笈⋯⋯

錢謙益急迫道：「太沖兄，幫我寫三篇文章可好？」

黃宗羲吃了驚，一時不知如何應對。

錢謙益苦笑：「實話跟你說吧，有人央請我代筆三篇文章，潤筆費可觀。你也知道，這些年，我和如是為抗清結黨，盡囊以資，已散盡家財。唯恐我死後無葬身之地，這筆錢想用來做喪葬費。」他喘了會兒氣，「可我兩眼如濛霧，一字不見，腕中如有鬼，連握筆的氣力也沒有了。只求太沖兄代我捉刀。」

前些年，錢謙益暗中為反清復明的義軍籌集軍餉，此後接連兩次受此牽連入獄，柳如是奔走營救所費不貲，家道愈加窘迫。此時有人仰慕錢謙益名望，出三千兩白銀讓他作三篇文章，錢謙益有心賺錢而無力舉筆，之前央人代作過三篇，皆不甚滿意。黃宗羲的到來，無疑解了他的燃眉之急。

黃宗羲愕然。這並非因為錢謙益近乎無禮的懇求，也不是對雄才峻望、四海共瞻的文壇宗盟或已江郎才盡的懷疑，而是昔日常熟首富竟然要為自己賺取「喪葬費」，人世淒涼莫過於此。

錢謙益瘦骨嶙峋的手緊攥黃宗羲的衣襟：「太沖兄，我知道此事不體面，若非已到這般田地，我也不想為難兄⋯⋯」

書房裡，筆墨紙硯和命題在案，只等捉刀人。

錢謙益與黃宗羲的父親黃尊素同為東林人，黃尊素被閹黨迫害致死後，錢謙益對故人之子倍加關照，不遺餘力向人推舉黃宗羲的才賦學識，儘管自己還揹著一身說不清道不明的汙點⋯⋯如今，瀕死的他發出卑微的求助，無論如何是推不得的。

天啟七年（西元1627年）八月朱由檢即位，改元崇禎，錢謙益與老友談及高攀龍、黃尊素等被閹黨迫害致死的東林七君子，說大明國初如一錠十成足色的大銀元寶，人人讚好，都拿來煉一煉，每一煉就奪銀而摻銅，迄今剩下七八手銅而無銀氣，就是管仲再世也無藥可救，唯有將這一錠銅元寶回爐重鑄，方能還國初本色了。

第一章　書焚夢殘，浙東三黃

崇禎十三年（西元1640年）十一月，一身男裝的秦淮名妓柳如是造訪半野堂，錢謙益驚為天人。柳如是說「天下唯虞山錢學士始可言才，我非才如學士者不嫁」。錢謙益諾言「天下有憐才如此女子者耶，我亦非才如柳者不娶」。翌年，五十九歲的錢謙益迎娶二十三歲的柳如是，招致世人包括東林人的洶洶抨擊。錢謙益渾不在意，為柳如是築造絳雲樓、紅豆館。兩人點校古籍、鑑賞字畫、詩酒唱和，錢謙益品到了做人的好滋味。

崇禎十七年（西元1644年）清軍入關。東林人暗中推舉的潞王朱常淓與廬鳳總督馬士英擁立的福王朱由崧紛爭不下，及至福王監國，建立南明弘光小朝廷。錢謙益奉迎馬士英，宴請魏閹餘孽阮大鋮，命柳如是奉酒，由此得到了南明禮部尚書之職。馬、阮掌握權柄後，按復社諸人抨擊馬、阮的〈南都防亂公揭〉所具一百四十人名錄大肆抓捕，但放過了錢謙益。黃宗羲名列其中，僥倖逃脫返回餘姚……黃宗羲按捺紛繁的思緒，定神落筆，文思縱橫馳騁於字裡行間……不知不覺，他的眼睛發澀，手腕吃力，便擱筆歇息，心想呂留良他們不知在做些什麼，便推門欲出，但沒有推動只傳來門鎖碰撞門板的聲音。錢家老僕在門外低聲說，文章成後先生方可出門。

黃宗炎、呂留良等人在枯山瘦水的拂水山莊閒走。山莊的亭臺樓榭多已朽壞，他們都不敢往小池的九曲橋走。

呂留良嘆道：「牧齋先生過世後，河東君的日子怕是難熬了。」

黃宗炎抱不平：「以河東君的心氣，是受不了錢家人排擠的。」

高斗魁惋惜道：「河東君遇牧齋先生，幸也是，不幸也是。」

「坊間傳說，牧齋先生稱『水太冷』、『頭皮甚癢』，果真如此嗎？」吳之振好奇地問。

順治二年（西元1645年）清軍抵南京城下，柳如是勸錢謙益投尚湖殉國，他下水試了試，稱「水太冷，不能下」，柳如是毅然沉水，被錢謙益死死拖住；清廷下令「留頭不留髮，留髮不留頭」後，一日錢謙益稱「頭皮甚癢」出門，再次回家，已然成了前額鋥亮、後腦留辮的新頭顱。對於這兩種說法，他何須再找個「頭皮甚癢」的藉口自欺欺人？

不管外界評議如何，錢謙益還是帶著煥然一新的面目，與東閣大學士、大書家王鐸等人率南明文武百官，在傾盆大雨中跪迎多鐸進城。多鐸的鐵蹄掠過，泥漿濺上他們整束一新的衣冠，他狼狠地撫著滿臉泥漿驀然想到，就算五體投地，征服者也不會對被征服者多看一眼。對於被人鄙視的通和之舉，錢謙益稱是為了避免再演「揚州十日」慘劇，「投誠歸命，保全億萬生靈，此仁人志士之所為」……確實，因錢謙益、王鐸等人的雨中屈降，南京沒有重蹈揚州舊轍。

錢謙益的忍辱負重得到了回報，順治三年（西元1646年）正月，清廷任其為禮部右侍郎，充修《明史》副總裁。但他的官運差到極點，禮部右侍郎之位如雞肋，《明史》副總裁又是閒職，同僚之間、滿官與漢官之間傾軋算計，外界諷喻罵訕淘淘，對前朝的愧疚越來越強烈地嚙噬他的心，不到半年他又悻悻南歸。絳雲一炬焚毀了他修撰《明史》的壯志，他索性帶著自焚般的決絕，盡囊資助抗清義軍，卜築紅豆山莊與各地義軍聯繫，刺探清軍情報……

錢家老僕過來說老爺請他們過去。幾人算算不過一個時辰，太沖真是倚馬可待。之前他們從柳如是期

013

第一章　書焚夢殘，浙東三黃

期艾艾的言語中，已知黃宗羲被強留書房的隱情。

有了黃宗羲秉筆，錢謙益睡足了一個難得的好覺，斜臥病榻讀文章，讀畢連聲道謝。眾人繼續喝茶敘舊。

順治六年（西元1649年）後的錢謙益隱居於野，暗中繼續資助抗清義軍，奮力洗刷一度降清的汙名。

「楸枰三局」鞭辟入裡，只惜謀不逢時啊。」黃宗羲說。

「若『楸枰三局』成功，時勢或許不一樣了。」黃宗炎道。

當年錢謙益致信留守桂林的門生瞿式耜，提出以收復長江中下游為目的的「人之當局如弈棋然，楸枰小技，可以喻大。在今日有全著、有要著、有急著，善弈者視勢之所急而善救之」，指出應以江南為財賦之基，揮師北上，掃河朔，克京師，平四川，取荊州襄陽，下洞庭，入長江，最終克復明室，並列出具體方略。瞿式耜稟永曆帝獲認可，錢謙益把浙東一帶的起兵聯繫事宜交給了黃宗羲。

順治七年（西元1650年）三月，黃宗羲和黃宗炎來到拂水山莊，與錢謙益共商參與延平郡王鄭成功、南明兵部左侍郎張蒼水的抗清事宜，此前他赴日本乞師未果。當夜錢謙益來到他臥室，取出七錠金子，說是柳如是的意思，助黃宗羲路途奔波所用。時年十一月，清軍南下桂林，楸枰三局告破。第二年春夏之交，清軍雲集東南沿海，黃宗羲派人急赴舟山向魯王告警，九月舟山攻破，魯王南逃福建。順治十一年（西元1654年），張名振派密使與黃宗羲聯繫，密使行至天臺被捕，黃宗羲逃入化安山，嘗盡棲身荒村野嶺之苦。

順治十五年（西元1658年）春，黃宗羲、黃宗炎赴杭州與錢謙益會面，商議營救被捕入獄的張蒼水妻

兒。錢謙益慷慨解囊，黃宗羲苦勸張氏母子出獄後遷居他處而不成。又三年後，錢謙益派門生鄧大臨輾轉打探到餘姚化安山，意欲再議抗清復明之策。當時黃宗羲年五十二，錢謙益至八十杖朝之年，縱然壯志崢嶸，亦是日薄崦嵫……天近黃昏，話題越說越黯然，錢謙益面色萎靡，黃宗羲提出告辭。

錢謙益讓他近前說話。眾人以為又有祕事相告，準備避嫌。

錢謙益擺擺手，喘息道：「只有太沖兄知道我這一生所歷所念，我歿後的墓誌拜託兄費心了。」

先囑託喪葬事，再懇求代筆，又拜託墓誌銘，他把身家性命都託給了黃宗羲。錢謙益和錢孫愛兒子錢孫愛，再叮囑一番，表示墓誌銘非黃宗羲撰寫不可。黃宗羲和錢孫愛應下了。

「我一生夙願是修撰《明史》，而今終成泡影。昔日石齋先生曾寄我厚望，說『虞山尚在，國史猶未死也』。錢某自知此生毀多於譽，難堪修史大業。太沖兄幼承庭訓，得蕺山教誨，史學淵博，當世無可替。日後若有機緣修《明史》，太沖兄須勉力啊。」錢謙益伸出枯槁的手緊攥黃宗羲的手，費力地搖晃，「為故國留信史，非兄莫屬！」

黃宗羲的心頭一沉。「虞山尚在」之言，出自明吏部尚書兼兵部尚書、武英殿大學士石齋先生黃道周。黃道周精通六經、天文、曆數、工書善畫，抗清失敗殉國。而今錢謙益又將修史大業託付自己，豈是年過半百的自己能承接的？

眾人俱驚懼。從順治十八年（西元1661年）湖州莊氏明史案發到去年案結，「明史」二字浸透了彌天血腥，當世無人敢觸碰。錢謙益偏生還要囑咐黃宗羲，也是糊塗了。

一行人上船漸行漸遠，滿載一江夕色。倚門而望的柳如是，淚水濡溼了那張曾經豔驚秦淮的清麗

第一章　書焚夢殘，浙東三黃

面容。

黃宗羲不敢回頭。他曾評說錢謙益和柳如是結縭「為牧老平生極得意事，纏綿吟詠，屢見於詩」。這對夫婦當年有多春風得意，今日就有多悽風苦雨。

船出尚湖，入太湖，轉運河，兩岸山川靜默如睡獸，江水挾裹凜凜的風，愈顯岑寂寒冷。

「明史」二字比夜色還重，沉沉地懸在眾人的心頭。孤舟獨行，湖山空曠，眾人便大膽說開了。

錢謙益與「明史」有著千絲萬縷的關係。天啟七年（西元1627年）至崇禎元年（西元1628年），他先後編修《開國群雄事略》、《開國功臣事略》等，立志私修國史，「以國史為經，以野史家乘為緯，州萃部居，條分縷析，而後使鴻筆之士，潤色其辭」。南明時他上書福王《修國史疏》，說自己壯歲登朝，留心史事二十餘年，要以司馬光為典範，在家中自開書局編修國史。可時局動盪，哪個有心思修史？此後他入京仕清，兩次欲修《明史》，終究未成。

黃宗羲說：「絳雲一炬，盡毀牧齋先生的史籍，卻也因此免遭史禍，算是因禍得福吧。潘耒章和吳炎卻是令人痛惜了⋯⋯」

順治五年（西元1648年），吳江人潘耒章編《明史記》，吳炎後參與。潘耒章請教錢謙益、顧炎武等前輩，錢謙益慨然相贈絳雲殘存史稿，顧炎武出借珍藏的一千多卷史籍。《明史記》將成之際，湖州莊氏明史案發。莊氏曾經請潘、吳參閱《明史輯略》未成，卻私自將他們列入參閱名錄。受此牽連，兩人於去年六月被凌遲於杭州弼教坊。

呂留良說：「當時吳炎痛斥審訊官員，罵得他們不堪忍受，出老拳把他擊倒在地。潘耒章憂心連累老

母，不罵不辯，卻也沒有求饒半聲。真是大義凜然。」

高斗魁說：「亭林先生先前就鄙薄莊氏不學無術而私修國史，拒絕參閱，倒是逃過一劫，亦是不幸中的萬幸。」

吳之振憤然道：「最可恨的是首告莊家的歸安縣令吳之榮，莊氏雖不學無術，私修國史到底也是振興史乘，何至於慘絕至此？」

黃宗炎說：「莊廷鑨私心想學『左丘失明，厥有國語』，卻是刻鵠不成尚類鶩，可憐見的。」

黃宗羲嘆道：「亭林先生出借的千卷史籍毀於一旦，令人痛惜。秦始皇焚書坑儒，六學自此缺矣。不承想千年後還有讀書人遭此慘烈史禍。」

風高浪急，風聲鶴唳，似有無邊幽泣湧起，眾人一時噤若寒蟬，隨後各自在艙中睡下。

第一章　書焚夢殘，浙東三黃

第二章 明史案的餘波

之後他們到義烏赤岸，訪昔日桃葉渡大會的復社舊友，至常熟烏目山三峰寺，訪受法於靈巖山繼起弘儲禪師的昔日復社領袖、南明東閣大學士熊開元。黃宗羲與熊開元夙夜長談，熊開元斥法門諸多宗統爭辯，黃宗羲暗嘆「脫得朝中朋黨累，法門依然有戈矛」，紅塵中哪有清靜地？之後呂留良和吳之振回語溪，黃宗羲、黃宗炎和高斗魁到靈巖山訪弘儲禪師。他們論法門之爭，訴遺黎之悲，痛罵閹黨亂臣，說到愴痛處放聲悲哭。離開靈巖山，高斗魁雲遊江湖，黃宗羲兄弟倆經杭州回鄉，寓居南屏山下淨慈寺。黃宗羲與杭州因緣甚深。崇禎六年至八年（西元1633～1635年），他在南屏山、孤山讀書，結交復社名士。每日薄暮，眾人乘湖舫泛遊，月夜盪舟談事論義，笑聲泛波逐浪。杭州讀書人傾慕復社風雅，爭相划船追隨，西湖畫舫租銀竟為之漲價。當時他二十出頭，崇禎初朝勵精圖治，讀書敦學日見長進，遊學生涯逍遙物外，湖山清澈如洗，天地風和日麗──轉眼間江山變色。

南屏山下湖光渺彌，松風梵語，黃宗羲踽踽而行，思慮紛繁：年已五十有五，該好好著述，莫像錢謙益那樣行將就木卻提不動筆；詩稿零落也須好好整理；故人陸續辭世，連墓誌銘都不及寫；淨慈寺附近有幾家書鋪，去看看有沒有善本……正想著，忽聽前方傳來喧囂的笑浪。

第二章　明史案的餘波

抬眼一看，幾個奴僕圍著一個瘦弱的青年乞丐，叫囂著要他拾起地上的饅頭，著腦袋瞧他們戲耍。按黃宗羲年輕時的火爆氣性，早上前抱不平了，如今他也不想無端生事，便避開人群朝前走。

「就算餓死，我也不吃嗟來之食。」乞丐聲音不高，語氣堅硬。

富公子踢了踢饅頭：「狗咬呂洞賓，不識好人心。今日這饅頭你吃也得吃，不吃也得吃。」

奴僕們強行揪住乞丐的辮子，扒開他的嘴，硬逼他吃下。乞丐扭動亂蓬蓬的腦袋，痛苦而決絕地抗拒。

黃宗羲斷喝「住手」，指向附近的淨慈寺：「佛門前恣意妄為，耍弄弱者，就不怕遭天譴嗎？」

富公子輕蔑地說：「哪來的村夫，莫非也要撿饅頭吃？」

乞丐感激而擔憂地說：「老先生不用管我。」

「今日我倒是管定了。」黃宗羲嘴上這麼說著，心中也急，他雖說還有幾路拳腳功夫，畢竟年歲不饒人。

淨慈寺門口的兩個掃地僧聽得動靜，扛著大掃帚大步過來。富公子見勢不妙帶著奴僕逃走。掃地僧問過幾句便走了。

乞丐跪地謝恩，黃宗羲扶起問詢。乞丐說他肚餓難耐，路過饅頭鋪子，想替店家幫忙換吃的，那公子

路過聽到，便命奴僕拿饅頭擲地戲耍，要他撿起來吃。

「昔日伯夷、叔齊不食周粟而死，我做不到，但就算餓死，也不食嗟來之食。」他傲氣地說。

黃宗羲見他跟二子正誼差不多年紀，心生憐惜，見前方有小食鋪，便尋思請他吃個飯，一摸肩頭驚叫：「我的褡褳呢？」

他本欲去書鋪買書，褡褳裡有紙墨信書，還有錢袋。乞丐幫著四處尋找。黃宗羲回想幾個奴僕推搡自己時，被拉扯過肩頭，紙筆書信倒是齊全，看來那些人看不上眼丟了。他取出幾個銅錢欲示謝，乞丐笑說填個肚子就好了。片刻，乞丐在山腳草叢邊喊找到了，提著藍印花布褡褳跑來。黃宗羲回想幾個奴僕推搡自己時，被拉扯過肩頭，紙筆書信倒是齊全，看來那些人看不上眼丟了。

兩人來到小食鋪，黃宗羲要了一葷一素兩菜，一碗米飯。那人說自己叫嚴秋毫，二十歲，從湖州來杭州給東家收款，買家不認帳，他無顏回去，找了幾家店鋪都沒做多久，後來連包袱都被搶，帳冊亦被燒毀，只好在杭州流浪度日。

「多虧老先生仗義相助。請教老先生大名寶地，容我日後好回報一飯之恩。」嚴秋毫感激不已。

黃宗羲淡然道：「我姓黃，餘姚人，途經杭州。你日後作何打算？若想回湖州，我便助你。」

嚴秋毫的臉肌一抽搐，低頭默然吃飯。黃宗羲見他似有隱情，也不多問，從褡褳中找出一本書讀起來，只等嚴秋毫吃好飯彼此告別，清了這一筆江湖人情。他一讀書就沉迷，忽聽喧囂聲起，抬頭見嚴秋毫不知何時跑去與人吵架了。

他臉紅脖子粗嚷道：「你莫要血口噴人，修史何錯之有？」

第二章　明史案的餘波

那人惡聲道:「莊家私修《明史》大逆不道,惡言詆毀大清。你同情莊家,莫不是史案漏網之魚?」

那人揪住他衣襟:「你定是史案漏網之魚,店家快報官,有朝廷緝拿要犯,抓到了有大把賞銀。」

「我升斗小民,與史案無涉。你惡語相向,我不過與你辯理。」

食客頓時四下逃散。嚴秋毫連捱了幾記老拳,鼻孔出血。黃宗羲暗叫苦,這人偏生沾上萬不該沾的話頭,真是怕什麼偏來什麼。

他把幾個銅錢放在桌上,快步過去,喝道:「好小子,叫你出來辦事不成,吃個飯又鬧事,明日趕回家算了。」又對那人道:「夥計年輕不懂事,我自會教訓。走!」他拉起嚴秋毫怒氣沖沖往外走。

那人一時愣怔。兩人旋即出門奔跑,七繞八繞奔向山上。那人糾集了幾個人追上來,叫囂一陣,看竹林幽暗風聲詭異,只得悻悻散去。黃宗羲摸摸裙褲,這回倒是沒丟。

嚴秋毫擦著鼻血,甚是愧疚:「是我多事,讓黃老先生受累了。」

黃宗羲淡然一笑。他大半生經歷過多少驚濤駭浪,這場風波只能算是小漣漪了,但經此一波,也繞不過那個可怕的話頭了。

「小兄弟,你為何要為明史案辯白?」

「黃老先生說辯白二字,莫非也認為莊家是受冤屈的?」

「坊間傳言如此。」

「讀書人都明白莊氏明史案是冤案,只是無人敢則聲,黃老先生豈會不知?不妨說幾句真心話。」

黃宗羲見他執意要討明史案的是非曲直，不免生出幾分疑慮，但彼此素昧平生，只能說個約略⋯⋯「莊氏明史案牽連千餘人，莊家遭滅門之禍自不必說，《明史輯略》列名於書者，刻書、印書、鬻書、購書、讀書者皆遭屠戮。千古文禍莫過於此了。」

「史案還有沒有翻身之日？」

「莊氏已然滅門，《明史輯略》絕版，千餘史籍付之一炬，翻身又能如何？」

嚴秋毫張了張嘴，呆了好一會兒沒說話，神情木然。

「北魏太平真君十一年，崔浩編國史，直書拓跋氏帝前史，觸怒帝顏，招致誅族；奏邸之獄，烏臺詩案，車蓋亭詩案，皆因筆墨；洪武年間，幾個字而遭害者無數。方孝孺誅十族後，世間藏方孝孺詩文者皆死。一支筆，說輕則輕，說重亦重啊。」黃宗羲緩緩道來。

「黃老先生，讀書是不是天底下最無用的事？」嚴秋毫問。

黃宗羲訝然：「為何這樣說？」

「讀書人手不能提，肩不能挑，考上功名是百裡千裡挑一，好多人讀得白髮蒼蒼也不得功名。文章有人賞識是稀罕事，無人賞識是常事，甚至還會性命不保，讀書何用之有？」他的語氣極為沮喪。

黃宗羲碰到了一個難以三言兩語作答的難題。兩人走出山林來到湖邊，黃宗羲指向湖光山色、遊船畫舫、亭臺樓閣，問這些是不是常見事物。嚴秋毫點點頭，不明白黃老先生要說什麼道理。

「舉凡砌屋造橋，修車鑿船，稼穡種植，懸壺濟世，乃至為君為臣之道，田制兵制財計，無不以學問

第二章　明史案的餘波

為要旨，方能人人相授，代代相傳，延續百代千秋。」

黃宗羲莞爾：「讀書不只是字面之義，其實他讀的是人間學問。學問之道，以各人自用得著者為真，不可拘泥一格啊。」

「學問之道，以各人自用得著者為真。學問之道……」嚴秋毫玩味此話，看黃宗羲的眼神越發多了敬慕之意。

嚴秋毫拱手道：「黃老先生，一飯之恩我牢記了。但凡嚴秋毫有出頭之日，定當赴寶地相報。還有，學問之道，以各人自用得著者為真，老先生此話我也牢記了。就此別過。」

黃宗羲目送萍水相逢之人的背影消失於杏山道，落葉飄曳，又被風捲起，飄向更遠處。

黃宗羲離開拂水山莊一個多月後，有明一代文章伯錢謙益去世。

臨死前他悔恨道：「當初不死在乙酉，如今不是太晚了嗎？」說的是順治二年乙酉（西元1645年）屈降清軍的不堪事。再一個月後，柳如是自縊。錢孫愛將墓誌銘交與他人撰寫。

翌年黃宗羲作〈八哀詩〉，憑弔相繼辭世的故人，其中有〈錢宗伯牧齋〉：「四海宗盟五十年，心期末後與誰傳？憑栩引燭燒殘話，囑筆完文抵債錢。紅豆俄飄迷月路，美人欲絕指箏弦。平生知己誰人是？能不為公一泫然。」此是後話。

024

第三章 烽火遺響

餘姚四明山北麓有一座化安山。四明山乃浙江東部一座勝川，碧峰銜雲，浮嵐暖翠，橫跨寧波、紹興兩府。唐宋以來，無數詩人墨客登臨此山，為之吟詠。唐代李白有詩：「四明三千里，朝起赤城霞。日出紅光散，分輝照雪崖。」宋時黃巨澄讚嘆：「會稽東南秀，四明名更佳。蜿蜒三百里，慘淡青蓮花。」

化安山位於四明山北麓，亦是水秀山明。黃尊素有詩：「越嶺尋幽處，行行幾曲涯。忽驚途欲絕，數轉地逢奇。」黃宗羲亦詩：「剡湖曾是宋名村，故老云亡孰討論。猶喜霜風吹不盡，尚留玉箸在藤門。」可見化安山乃一處奇俊的山水勝景。

化安山東峰狀類虎，西峰狀類龍，龍虎山堂位於龍虎峰的山谷地，此處是崇禎帝為黃尊素平反昭雪後賜給黃氏的墳地。順治三年（西元1646年）六月，黃宗羲抗清兵敗，帶全家遷徙至此，築三間小屋，是為丙舍，又名龍虎山堂。

雖說山靜似太古，日長如小年，寒盡不知年，山中無曆日，黃宗羲還是孜孜不倦於洪荒萬古的曆算。順治四年（西元1647年）至順治十四年（西元1657年），他在龍虎山堂著述《授時曆故》、《授時曆法假如》、《回回曆假如》、《西洋曆法假如》，深研「矩度」、「八線」、「三角」這些新奇古怪的西洋名詞和理義，與中

第三章　烽火遺響

國傳統曆算反覆比較，愈覺西洋曆算乃至西學的奇妙。月夜下，他對著冷寂的深山幽谷長嘆空有屠龍之技，卻無與之相論者。

他敬重同邑先賢王陽明先生，遂以陽明心學發端傳承為主幹，撰《明儒學案》記述有明一代諸儒學說、生平和評說。書桌上稿紙一頁頁厚起來，他的面容一天天瘦下去。

這天寫完一章，黃宗羲聞到室外飄來青澀的茶香，便放下書，揉著痠脹的眼睛走出書房。夫人葉寶林和僕童正在院子裡架鍋炒茶葉。

黃家有幾畝山地，種植竹子、茶葉、楊梅等，以補貼家用。

五歲的小孫女阿迎張開手臂嬌笑，黃宗羲樂呵呵地把她抱起。

阿迎是黃宗羲之子黃正誼之女，夙慧異常。黃宗羲讀書著述時她常坐在書桌對面，安靜地擺弄筆墨紙硯。黃宗羲教她背詩詞，背沈龍江《女誡》，她倒背如流。他外出，她坐在門檻上念叨阿爺。他歸來，她蹦跳相迎，坐在他的膝上碎碎念家中瑣事。小孫女的稚聲歡語，讓黃宗羲枯焦的心時泛溫潤。

「阿迎，背一背爺爺的製茶詩。」黃宗羲放下小孫女，幫著夫人炒茶。

「簷溜松風方掃盡，輕陰正是晒茶天。相邀直上孤峰頂，出市都爭穀雨前。」小女孩嬌聲嬌氣地背誦。

黃宗羲一邊翻炒茶葉，一邊連聲叫好。

「兩筥東西分梗葉，一燈兒女共團圓。炒青已到更闌後，猶試新分瀑布泉。」小女孩背得越發起勁。

黃宗羲聞著茶香，聽著燕語呢喃，比喝了一壺新茶還開心。

葉寶林笑道：「好好，爺爺把阿迎背的詩炒進茶葉，阿迎喝了這茶啊，越發伶俐了。」

柴門推開，甬上弟子萬斯選進來，拱手問先生師母好，笑說三里外就聞到了茶香。

萬斯選是黃宗羲摯友萬泰的第五子。萬泰是寧波鄞縣人，長於文學，精史善詩，曾任崇禎朝戶部主事。黃宗羲與萬泰早年師事劉宗周，兩人同為復社名士，同署揭露閹黨餘孽阮大鋮的揭文〈留都防亂公揭〉，共舉反清大旗。黃宗羲組織反清復明義軍世忠營，結寨四明山，萬泰參與右僉都御史、東閣大學士錢肅樂的寧波城隍廟抗清起義。黃宗羲名聞姚江，萬泰首開寧波學風。萬泰對寧波學子稱，「今日學術文章，當以姚江黃氏為正宗」，令八個兒子——萬斯年、萬斯程、萬斯禎、萬斯昌、萬斯選、萬斯大、萬斯備、萬斯同皆拜在黃宗羲門下。黃宗羲則譽其「浙東門風之雄，莫過萬氏矣」。七年前的順治十四年（西元1657年），萬泰病逝於江西。

萬斯選問先生近來作何學問，有何需要相幫打理。黃宗羲指著書稿說要把有明諸儒的學案囊括於書，讓他提提見解。萬斯選細細翻讀，見每樁學案前有案序，簡述該學派師承淵源、主要人物、學術宗旨等；之後是學者小傳，以首列學派創始人為案主，按師承或地域臚列本派學者的個案；小傳後摘錄傳主的主要著作、言論精華，編成語錄，間有按語評論，以呈有明一代學術之風貌。

萬斯選大讚：「太好了，這等編纂法，盡得有明諸儒的學說學術之精髓，後人一讀便明確要旨，不必去汗牛充棟的書屋淘沙了。」

黃宗羲直指要旨：「國朝早年提倡程朱理學，無奈後期趨於僵化沉寂。陽明先生的心學破空而出，取代程朱理學已是必然。但心學後來又被各種分化、搬弄，弄得玄乎其玄，幾代後說不定成為一筆糊塗帳。

第三章　烽火遺響

有明學術，由白沙而陽明而蕺山，至陽明心學才明明白白。我編纂此書，梳理其發端乃至今日面目，去除學術弊端，掌握諸家精髓，還原陽明心學立言本意，以不誤後人。」

黃宗羲說的「白沙」即為嶺南大儒陳獻章陳白沙先生，他上承程朱理學，下接心學，其弟子湛若水與王陽明為摯友。黃宗羲認為責無旁貸要做好這樁龐大的學案。

兩人聊得投入，直到葉寶林來請吃晚飯。萬斯選帶來甬上海鮮黃花魚、帶魚、蜆子等，黃宗羲下廚烹飪，一端上桌眾人嘖嘖稱鮮。

飯後葉寶林端來新茶，帶阿迎去歇息。萬斯選見先生的詩稿散落於書案、櫃子、床榻乃至灶頭，便提出幫忙整理。兩人在書房忙碌。

萬斯選偶一抬頭，見窗外閃過一個鬼鬼祟祟的黑影。他高喊「有賊」，直奔出去，三五步將其抓住。

黃宗羲出來一看，是鄰村老媼徐太婆，兩手揣著不知什麼物事。他納悶，她是多麼不長眼才會偷到他這個「廿兩棉花裝破被，三根松木煮空鍋」的家。萬斯選奪過她揣的東西，竟是五六本書，大為詫異。

黃宗羲說：「太婆，妳家有人要讀書？妳說明白了，何必偷拿。」

徐太婆翻著白眼：「除了黃先生你這個書蠹頭，深山冷岙有幾個讀書人？讀書不能當飯吃當衣穿，你這麼多書，我拿幾本有啥要緊？」

萬斯選更納悶：「妳家既然沒有讀書人，拿去做什麼？」

徐太婆怒氣沖沖：「前些年世道亂糟糟，我小兒子跟黃先生當兵打仗死掉了。」

黃宗羲愕然：「妳兒子也入過世忠營嗎？」

「什麼四忠營五忠營，我不曉得，我只曉得我小兒子跟你黃先生活著出去，屍骨都沒回來。我小兒子走的時候說，朝廷亂了，皇帝上吊死了，黃先生要跟北兵打仗了。後來呢，北兵勝了，黃先生敗了，我小兒子也死了。」

黃宗羲愧疚難當。十八年前入抗清義軍世忠營的皆是周邊村莊子弟，原來徐太婆的兒子也是其中之一。

「我大兒子早年也病死了，我醃菜為生，有幾瓿鹹菜醬瓜，山裡蟲子蚊蚋多，想找個平整的蓋子蓋醬瓿防蟲。白天路過黃先生屋門口，見夫人晒書，那書本倒是平整厚實，當醬瓿蓋子最好了……」

「妳拿先生的書蓋醬瓿？妳妳妳！」萬斯選氣得滿臉通紅。

龍虎山堂一半屋舍是書齋，有黃宗羲收藏大半生的書籍，「數間茅屋盡從容，一半書齋一半農」。前些年兵災、搬家、失火毀去甚多，加上鼠蟲啃噬、風雨淋溼、被人偷盜，每損一書都令他心痛不已，想不到還有人偷書當醬瓿蓋的。萬斯選更是痛惜先生居深山冷岙，談笑無鴻儒，往來有白丁。

徐太婆邊往外走，邊嘟嘟嚷嚷：「這個黃先生雖說有學問，卻是窮得要命，要不是你們常走動，我看他都要喝西北風了。還不如老太婆我醃鹹菜醬瓜賣銅錢。化安山化安山，山高水又長，化安山下有個書畫頭……」

徐太婆的話雖刻薄，卻也不虛。這些年他外出教書授業，也只為養家餬口。三年前抗清同人王正中到訪化安山，希望留下共修學問，他卻無力供養友人食宿，不得不窘迫地拒絕，「剡湖豈乏茅蓬，那得君來住此中」。

第三章　烽火遺響

萬斯選想勸慰先生，卻見黃宗羲埋首疾書，渾不把方才發生的意外當一回事，遂嚥下話頭，繼續幫先生做事。

康熙五年（西元1666年）四月，海昌（今浙江海寧）硤石東山，野村晴日，流雲飄渺。深山冷壑，雙瀑當空，猿啼虎嘯，落葉簌簌，龍虎山堂一燈如豆，化安山的長夜喧譁而寂寞。

黃宗羲和友人陸嘉淑一前一後走在崎嶇山道上。山道兩側林木幽密，鳥蟲清鳴，兩人且行且敘，甚是不俗。只是走得久了，一時汗水涔涔，累得夠嗆。

陸嘉淑，字孝可，號冰修，詩學兼宗唐宋。他喘著氣在山石上坐下：「太沖，還得走一個時辰才到伊璜兄的山居，我們歇會兒吧。」

黃宗羲道：「別後十餘年，伊璜兄變故甚多，不知是否安好？」

陸嘉淑壓低嗓門：「聽說，伊璜兄這些年在做一椿祕事⋯⋯」

突地，前頭山林有人高呼「打劫啊！救命啊！」兩人循聲望去，只見叢林裡晃動著幾個身影，兩人對一人拳打腳踢，搶奪包袱，被搶的拚命抵擋呼救。黃宗羲火起，大步向前。

黃宗羲撿了根粗壯的樹枝，衝上前喊：「何方惡人，膽敢光天化日搶劫行凶？！」

「太沖兄，你怎麼敵得過他們？」陸嘉淑急喊。

兩人氣勢洶洶道：「好哇，兩個一起劫了，發大財了。」

黃宗羲掄起樹枝朝他們劈頭蓋腦抽去，陸嘉淑虛張聲勢地朝身後吆喝「阿牛阿虎快來」。兩人見勢不妙

撒腿就跑。黃宗羲吁了口氣，兩人扶起倒地的苦主。

那人蓬頭垢面，臉上青一塊紫一塊，青色粗布葛衣沾滿泥汗，緊抱懷裡的灰白色包袱，跪地叩了三個頭：「兩位老先生古道熱腸，在下感恩戴德，不知如何相報。」

黃宗羲安慰道：「路見不平豈能旁觀。你可曾受傷？」

那人捋開額頭的亂髮，露出一張蒼白悽惶的臉，三十多歲年紀。

「無妨無妨，命如螻蟻，還有一口氣便算活著。老先生，日後若能江湖相見，再道謝意。」他朝他們深深一揖，便朝山下一瘸一拐走去，身影蕭條。

兩人苦苦一笑，加緊步伐翻山越嶺，一個多時辰後來到東山查繼佐的草屋。

查繼佐，初名繼佑，號伊璜，崇禎六年（西元1633年）舉人。明亡後隨魯王監國紹興，授兵部職方司郎中，駐防錢塘江，後從黃宗羲至魯王行朝健跳所，兩人算是流亡袍澤。當時黃宗羲四十歲，查繼佐四十九歲。

健跳所一別十七年，如今俱華髮早生，形神蒼老。

三年前，查繼佐因湖州莊氏明史案牽連入獄。他未參閱《明史輯略》，卻與陸圻、范驤同被列入參閱名錄，為脫罪自保率先向浙江學道自首。他辯稱：「我是杭州舉人，不幸薄有微名，被莊廷鑨擅自刻入校閱名錄。如果以自首早為功，我在前而歸安縣令吳之榮在後，則我的功勞在吳之榮之上；如果以檢舉遲為罪，則我早而吳之榮遲，他的罪名不應在我之下。如今吳之榮以罪而受賞，我卻以功受戮，豈不顛倒是非嗎？」

第三章　烽火遺響

後來他與陸、范三人脫罪。坊間傳聞，查繼佐得掛印總兵官左都督吳六奇相救。相傳查繼佐早年酌酒賞雪，遇一乞丐破衣爛衫卻氣宇軒昂，自稱吳六奇，坊六奇邀恩人赴其任所，又贈宅邸以報。當世文人蒲松齡將此事記入《聊齋志異》，稱查繼佐初見吳六奇單手可提廟內大鐘，取出藏在鐘內的剩飯，認為他是亂世英雄，遂贈銀相助，吳六奇衣錦歸後湧泉相報。查繼佐對這類傳聞野史三緘其口。

當下薄酒淡菜，三人談昔論今。

黃宗羲記起陸嘉淑說的半句話，道：「伊璜兄近來做何學業？」

查繼佐走到門口張望一圈，關緊柴門，低聲道：「查某雖深遭史禍冤屈，仍死心不改，這些年在密修明史。」

查繼佐讓他們相助，合力移開床頭大櫥，拿剷刀撬動櫥後的牆壁，撬開兩塊磚頭，露出洞口，摸出一包厚重的油紙包。攤開來是一沓厚厚的紙稿，上書「明書」二字。

史稿記載「甲申之變」和明清易代之事，《荒節傳》記「靖難」迎降諸臣，《播匿傳》錄「靖難」時反對朱棣的臣子和抗清忠臣，《抗運傳》和《致命傳》則記錄其他易代人物。三人不發一語，唯有紙頁輕翻的聲響。

「伊璜兄，你何苦來哉？」陸嘉淑嘆道。

「伊璜兄，你什麼時候開始寫的？」黃宗羲冷靜地說。

「甲申之變後我開始修史，還沒寫完，因莊氏明史案而受牽連；如今死裡逃生，卻非寫成不可了。」查繼佐慘然一笑，「我是死過一回的人，否則豈不是白死了？豈不是白白擔受世人責我告發莊家之罪？」

陸嘉淑道：「此次太沖兄來海昌，乾初兄、康流兄叮囑毋涉明史，我也不願兩位因此而遭殃及。」

訪查繼佐之前，黃宗羲和陸嘉淑探望了陳確。陳確，字乾初，以文學馳名，精書法，善琴簫，與黃宗羲受業於蕺山先生劉宗周。因早年縱酒至深，國故後身心俱傷，罹患拘攣風痺病困在床。這對早年性情曠達、立志窮千秋之業的他來說是殘酷一擊。

陳確學問主張「今日有今日之至善，明日有明日之至善」，沒有一成不變的至善標準。他以種植作譬喻：「五穀菜蔬都須後天培植，除草去蟲，方能養成。所以我不喜《大學》知止於至善之說，道無盡，知亦無盡，今日有今日之至善，明日有明日之至善，沒有一成不變的善。」

黃宗羲說：「人之氣本善，心性氣質出偏差，變性惡，大多是後天習染所致，並非人的本性。如何恢復人的善性，便是傳道授業者的功夫了。」

「太沖兄之性善論，有超然之本質。乾初兄之性善論，倡後天之功用。二者互補便是最好了。」陸嘉淑讚賞兩人的評議。

陸嘉淑尤推唐詩，與喜好宋詩的陳確討論兩者的高下。黃宗羲在語溪選過《宋詩鈔》，自然深有心得。

黃宗羲說：「我年輕時迷戀於聲調抑揚，妄相唱和。如今才明白，真正的詩之道，乃是藏納一人之性情，天下之治亂。孟子說詩亡然後《春秋》作。所以詩不分唐宋，詩道至闊，海涵地負。」

陸嘉淑道：「我向來認為以史證詩、以詩證史已是詩之高境，還沒有悟到以詩補史之闕這一深層，太沖兄高見。」

第三章　烽火遺響

陳確轉了話題：「太沖兄，聽說錢牧齋死前託你修《明史》，可有此事？你可應承了？」

黃宗羲說還沒有。

「沒有應承就好。我們未能如先師殉國，已是愧疚難當。明史案後，已無人敢私修國史；再則，官修國史須與清夷相勾連，有違先師遺志。當年先師贈我『千秋大業』四字，望我有成。我說，千秋大業真吾事，臨別叮嚀不敢忘。你學識蔚然，乃蕺山門下最富成就之高足，切莫負先生忠義殉國之節。」

黃宗羲頷首說明白。

「忍死，比速死更難啊。」陳確幽幽道。

臨行前，陳確把完稿不久的《葬書》送給黃宗羲，說自己死後要儉葬：「當年我去紹興山陰，見倪鴻寶先生喪久而未舉，我問其子，他說舉喪要二千金之巨，故而一直未舉。世人豈知厚葬非福？築墓破壞山石樹木水流，重金殉葬，讓賊子生出盜墓歹心，更是得不償失。為厚葬而破家，愚不可及啊。」

倪鴻寶即崇禎朝戶部、吏部尚書，山陰書法家倪元璐，甲申之變時殉國。饒是如此，身後事還是這般淒傷。

黃宗羲深以為然：「有貧之養，亦有貧之葬。我以為連棺槨都可以省掉。乾初兄儉葬之說甚合我意，他年我死後也必然要儉葬。」

朱朝瑛號康流，崇禎十三年（西元1640年）進士，繼承其師經學真傳，明亡後隱居研經學。朱朝瑛請之後黃宗羲和陸嘉淑又拜訪黃道周的弟子朱朝瑛。

黃宗羲點評《五經略記》，黃宗羲讚嘆其作出入諸子百家，有微言大義。

說到黃道周，三人愴然涕下。順治三年（西元1646年）四月二十日，黃道周臨刑留血書給家人，「綱常萬古，節義千秋；天地知我，家人無憂」，當時頭斷而身不倒，衣衫留有「大明孤臣黃道周」七字。

朱朝瑛道：「太沖兄，聽聞錢謙益託你修《明史》，先師與蕺山先生有『二周』之譽，望我們餘生絕不替清廷做半點事，寧願把學問爛在肚子裡。」

「宗義餘生廁身儒林，堅不仕清。」黃宗羲答道。

查繼佐聽得他們如此這般說來，道：「知我罪我，其唯《春秋》。官修國史，必有隱諱。私修國史，實是亡命之舉。乾初兄和康流兄出於善意，可我橫豎撇不清與明史的關係了，倒不如盡性而為。太沖兄，當年我們在魯王行朝，海水為金湯，舟楫為宮殿，孤舟冷月下，你說起國朝舊事，我皆記錄在史，望太沖兄諒之。」

黃宗羲道：「伊璜兄，你我俱為故國留史，無分彼此。只是，你的《明書》能否見天日，怕是未知啊。」

「伊璜兄，你須謹慎，切莫再受二道罪。」陸嘉淑嘆道，「我們還是多聊聊唐詩宋詩之辯，亦好過史禍爭端。」

餘姚黃竹浦又名官隸浦、官船浦，是餘姚與寧波的進出水路要道，官船來往必經之路。入港是黃氏一族聚居之地，不入港往東則是寧波。元代詩人柳貫有詩：「連延黃竹浦，隱見白龍堆。」黃家竹橋兩岸竹林茂盛，別有幽情。

黃宗羲的船抵黃竹浦村口，夫人葉寶林攜小孫女阿迎站在黃家竹橋，阿迎鶯舌初調，甜甜地喚阿爺。

第三章　烽火遺響

黃宗羲掏出糕餅果子，阿迎叫得越發殷勤。黃宗羲放聲大笑，盡洗一腔鬱傷一身疲累。讀書倦時，黃宗羲牽起小孫女的手走向南面的化安山。鳥雀清鳴，山溪潺潺，野薔薇花清香漫溢。阿迎採花插在頭上，蹦蹦跳跳。

「阿迎，給阿爺讀首詩。」黃宗羲指著山景說。

「薔薇籬落香千屋，粉黛舟航豔一泓。村社春深隨杜宇，人情亂後仗神宮……」阿迎的小嗓門脆生生的。

這是黃宗羲寫的〈從洋溪暮歸〉，教幾遍阿迎就倒背如流。

「還記得太爺爺的詩嗎？」黃宗羲掬水洗她的小手和汗津津的小臉。

「越嶺尋幽處，行行幾曲涯。忽驚途欲絕，數轉地逢奇。」

這是黃尊素寫的〈化安山〉。一蒼老一稚嫩的吟唱在山巔水涯迴盪⋯⋯「峭壁當空出，飛湍帶石移。難將戴顧手，畫出景淋漓⋯⋯」

爺孫倆含飴弄孫之樂，淡化了黃宗羲對十二年前夭折的壽兒的思念之痛。

爺孫倆吟山詠水，摘花采果，清泉濯足。含飴弄孫之樂，淡化了黃宗羲對十二年前夭折的壽兒的思念之痛。

阿迎發現林中飛過一隻白鳥，歡喜地追上去：「百囀千聲隨意移，山花紅紫樹高低。阿爺阿爺，小鳥，小白鳥——」

黃宗羲喊慢慢跑別磕著。阿迎卻越跑越快，跟白鳥跑向黃家墓園。小白鳥停在一座饅頭小墳頂，對阿迎尖叫兩聲就飛走了。黃宗羲心中一悸，這正是壽兒的墳墓。順治十二年（西元1655年）黃宗羲心愛的小兒子壽兒出痘夭折，時年七歲。他悲慟地寫下〈亡兒阿壽壙志〉，此後又寫了八首詩痛哭愛子。翌年次子黃正誼之妻和一孫又相繼卒亡，「揭來四月疊三喪，咄咄書空怪欲狂。八口旅人將去半，十年亂世尚無央」，他在〈子婦客死一孫又以痘殤〉中痛訴慘痛家事。

黃宗羲本不想讓阿迎見到壽兒的墳，小白鳥還是把孩子引到了這裡。

阿迎問道：「阿叔睡在這裡會不會孤單？」

「不會，還有太爺爺、叔伯、大娘、小哥陪著呢。來來，回家吃果子，讀書，玩耍。」黃宗羲平時獨自來回墓地，不想未諳世事的稚兒過早體會生死況味。

阿迎一臉凝重：「阿爺，我曉得，阿叔是死了。」

黃宗羲驚道：「妳懂什麼是死？」

「死，就是花謝了，樹葉落了，山溪沒有水了，小白鳥飛去遠方不回來了。」她的目光裡有超齡的幽深，「阿迎跟阿爺走散了，再也找不著阿爺了。」

黃宗羲抱起她，急急離開墓園：「不會，阿爺跟阿迎不會走散，不會不會……」

暮靄漸聚，林子裡傳來悠長的風嘯，枯葉亂舞。

在家住了一段日子，黃宗羲又要去語溪教書，阿迎不肯讓他出門。黃宗羲說不出門就沒有銅錢銀子給

第三章　烽火遺響

她買果子吃，阿迎說只要阿爺在家，寧願不吃果子。

之後黃宗羲從語溪返鄉，餘姚正盛行痘疫，許多孩子染疫或病或亡，忐忑不安的黃宗羲再度去語溪，頻頻寫信囑家人要護好阿迎，千萬不要讓她出門染疫。

半點閃失，不管阿迎怎麼哭鬧撒嬌要出門玩耍，也不肯答應。

熬到十一月返回黃竹浦，黃宗羲老遠看見夫人和阿迎站在院門口相迎，阿迎如小山雀飛奔而來，他的心才稍得寬慰。十二月初七是阿迎的七歲生辰，黃家辦了一個熱鬧的生日宴，桌上擺滿餛飩，阿迎穿著紅色新衫，唸詩唱曲，把家人們逗得歡笑不斷。

當晚阿迎發起高燒，昏迷不醒，全身冒出狀如火瘡的痘子。黃宗羲找來郎中給她看病，翻尋古醫書尋找良方。用生綠豆、生黃豆、生黑豆、生甘草和金銀花，配成「三豆飲」水煎給她喝；用橄欖和生萊菔配成「青龍白虎湯」水煎給她喝；將痘疾存活者的痂屑吹入她鼻中；按葛洪《肘後備急方》用蜂蜜、酒浸中藥升麻抹在她瘦弱的身上……孩子被折磨得哇哇大哭，黃宗羲心痛如絞。

十餘日後的康熙五年（西元 1666 年）十二月，黃正誼之女、黃宗羲之孫阿迎夭折，葬於黃氏墓地。寒冬歲盡，冰雪滿山，與十二年前黃宗羲痛葬壽兒的景況竟一模一樣。他點起紙錢，紙灰飄裊，狀如白鳥。再定睛一看，山川茫茫，哪還尋得著那幽靈之鳥？

他含淚寫下〈女孫阿迎墓磚〉：「阿迎者，梨洲老人之女孫也。父黃正誼，母虞氏……夙慧異常兒，余甚愛之，其在左右，灑然不知愁之去體也……」

十二年前黃宗羲痛失壽兒，夜夜入夢相見。七年前他遊廬山圓通寺，寺內有「重來塔」，他夜夢壽兒與

他匆匆告別。回餘姚後阿迎不復夢見壽兒,此後不復夢見壽兒。這讓他深信壽兒現靈於圓通寺,「重來塔」即重來之意,阿迎乃壽兒的再生……萬萬想不到,「漚珠槿豔,七年旋瞬而失,抑緣分之有淺深歟?何其慰予而反毒予耶?」

「阿迎跟阿爺走散了,阿爺再也找不著阿迎了……」黃宗羲悲傷難抑。他可以勘破自身生死,卻無法勘破小孫女的生死。

「老來觸事盡無聊,兒女溫存破寂寥。阿壽五年迎七載,如何也算福難消?」

「為因望我太頻煩,囑我明年莫出門。我在家中猶未出,兒何反作不歸魂?」

黃宗羲猝然想到,他曾作詩〈書貽孫女迎〉:「鶯舌初調學話新,牽衣索抱喚頻頻。七年阿壽無蹤跡,見汝眉頭又一伸。眉清目秀齒排勻,掌上明珠價自珍。老子寄身為道士,女孫端合魏夫人。」

北宋女詞人魏夫人極具才情,金國大詩人元好問為心愛的第三女阿秀作詩,有「看取元家第三女,年真作魏夫人」之句。黃宗羲亦以「魏夫人」喻之,滿是對小孫女的珍愛與厚望。「女孫端合魏夫人」——元好問的女兒阿秀聰慧異常,卻不幸早夭。他痛悔自己為什麼要作此讖語詩句。

北風捲地,白雪紛茫,老淚順著黃宗羲臉上的皺褶曲折淌下,鬚髮沾雪,分不清哪是白髮,哪是白雪。

第三章　烽火遺響

第四章　斷橋雪夜

康熙五年（西元1666年）十二月，杭州，嚴秋毫揹著薄薄的行囊，在江天一白的西湖邊艱難地跋涉。

雪山雪水雪樹雪路，行人車馬寥落，西湖上下一白，浩瀚寥廓。他只想找到一處避風雪之地，以免被風雪埋了。往日他會溜進寺院，幫掃地僧掃個地，幫燒火僧燒個火，混幾日吃住，這些三天寺院皆大門緊閉。他的肚子越來越餓，身子越來越僵，眼看著連閉門羹都吃不上了。

邁上橋時，他才想到這就是有名的斷橋。

他記得東家說過杭州西湖如何美，斷橋殘雪如何絕色。他那時暗想一定要賞一賞西湖。後來他果然來到杭州，但那是一場生死逃亡。心境一變，天地亦變了。他到杭州已四年，從沒有賞過西湖，想來不過一潭水而已，一個顛沛流離人是沒有資格看風景的。

嚴秋毫的腦中恍恍惚惚，眼前模模糊糊，腳一滑，連人帶行囊從斷橋往西湖溜去。他張嘴喊救命，被灌了一嘴風雪，完了完了，要去見白娘娘了⋯⋯忽然他的身子凌空一掠，像雪球一樣落在雪地，一個滿臉絡腮鬍子的中年漢子杵在面前。

041

第四章 斷橋雪夜

「好好的生路不走，偏要跳湖，你活膩了？」漢子吼道。

嚴秋毫凍得說不出一句話。

「年紀輕輕有手有腳全毛全翅的，爹娘生下來讓你尋死的嗎？」那漢子仍罵著，好像把他救上來是為了罵他一頓。

「我並非尋死，我是，失足落水。」他在凍昏前虛弱地說。

高堂武館開在西湖邊一處巷弄裡，門面隱蔽，進院是一塊偌大的練武場，後院是住家。

高堂很滿意這種大隱隱於市的風水。他收徒嚴苛，不收太有錢的、太貧窮的、不收精明機巧、愚笨痴呆、品行不端、爭強好鬥、懦弱無能之輩，稱學武的唯一目的是強身健體，如此這般篩選下來，學武的都是家境中等、性情平和的子弟。徒弟們認真學武，不惹是生非，他教起來也不費神費力。

高堂孤身一人，吃喝不講究。嚴秋毫燒了幾道菜，廚藝一般，高堂卻稱美味，便讓嚴秋毫住下。高堂立了規矩，吃喝用度不計較，但不得學武。他收的弟子家世清楚，這樣就不必為他們在外闖禍惹事而擔心，但嚴秋毫來路不明，他不想擔風險。

「你不是學武的料，你的骨頭都硬了。」高堂看著他白淨的手斷言，「你或許能做個小書吏，搖搖筆桿子，吃墨水米飯。」

嚴秋毫羞愧地說：「高師傅，我也不是書吏的料。」

高堂說：「你記的帳，寫的招牌，有書法底子，你是讀過書的人。記住，小秋，別人可以看輕我們，

但我們一點也不能看輕自己。」

嚴秋毫沒想到自己還有被人賞識之處，暗暗歡喜。

除夕夜，高堂讓嚴秋毫置辦了一桌酒菜，加上弟子們送來的魚肉果品年禮，年夜飯頗為豐盛。

嚴秋毫殷勤地為高堂倒酒夾菜，說自己遇著貴人，無論如何要好好報答師傅的大恩大德。高堂說不必說這些虛頭巴腦的，今日不知明日事，活一天過好一天就是。嚴秋毫最感激高堂的是，他從不打聽自己的身世。他想高師傅若是追根問底，就如實相告——命都是人家救的，還有什麼可隱瞞的？有幾回嚴秋毫說漏了一些，高堂卻把話題扯到另一處。

正酒酣耳熱，外面響起敲門聲。起初嚴秋毫以為是風雪拍門，再細聽，分明還夾著急促的叫喊。

高堂醉醺醺地搖頭：「敲錯門的。除夕夜誰會上門？不管，喝。」

嚴秋毫知道風雪夜走投無路是什麼滋味，便說：「萬一，是高師傅的故人親戚——」

高堂的臉色一沉：「我沒有故人親戚，大年夜找上門的，是仇家。」

門板啪啪作響，來人顯然翻牆進來了，他的聲音穿透風雪，嚴秋毫清楚地聽見「魯伍長」這個稱呼。

高堂一頓酒杯，拉開門。

風雪撲面而來，油燈一暗。嚴秋毫連忙摸火石，重新點亮油燈。

一個陌生人出現在屋裡，全身披雪，約莫四十歲，面目黑瘦，腦後拖一根亂糟糟的辮子。

那人衝他抱拳：「魯伍長，山海關一別已二十二年，你還活著。」

第四章　斷橋雪夜

高堂聲音冰冷：「你不該找我。」

「我在北地苟活二十年，這些年累積了些許盤纏，四處打探消息，聽說南明魯王重建朝廷，心下歡喜就南下。魯伍長——」

高堂打斷他的話：「桂王死了，魯王死了，早死了。」

那人本就死灰一般的臉色愈加灰暗，鬍鬚花白的下巴顫慄著：「都死了？那大明怎麼辦，大明怎麼辦？」

「死得骨頭渣都沒了，馮龍你死了這條心吧。」

嚴秋毫暗想高師傅也太沒人情味了，如此相待二十多年沒見面的故人，於是大著膽子讓他坐下吃點熱的。馮龍感激地對他點點頭，便狼吞虎嚥。屋外風雪呼嘯，三人只顧吃喝，誰也不說話。

嚴秋毫朝高堂瞥了一眼，驚見他滿臉是淚，下巴懸掛的淚水滴落酒杯，他和淚嚥下，一杯又一杯。嚴秋毫知道他們之間一定有難以言喻的過往，不比他來得少。他匆匆吃完，欠欠身，想讓他們好好敘舊。

高堂喝道「坐下」，停了停，面無表情地講起來。

他曾是鎮守山海關南水門的伍長，轄下有馮龍在內的五名明軍。山海關北依角山，南傍渤海，城高牆堅，外築羅城、翼城互為犄角，易守難攻。他們是鎮守大明江山的最後一道屏障。

這是大明軍衛建制中最低階的軍職。山海關北依角山，南傍渤海，城高牆堅，外築羅城、翼城互為犄角，易守難攻。他們是鎮守大明江山的最後一道屏障。

高堂和明軍每天操練，高喊「日月山河永在，大明江山永在」。身為最低階的伍長，他不清楚日月與大

明有什麼關係，天地億萬斯年，大明之前是元朝，元朝之前是宋朝，宋朝之前還有很多朝代，帝王將相如長城內外的草木，春去秋來一茬又一茬，千百年來有什麼「永在」呢？他想不到那麼多那麼遠，但當氣壯山河的吶喊在群峰山谷之間迴盪，他莫名地熱血沸騰，命令手下僅有的五名明軍誓死護衛山海關。

崇禎十七年（西元1644年）四月二十二日，他們在南水門與李自成的大順軍肉搏血戰了很久。明軍像大片枯葦一樣倒下，大順軍同樣血肉橫飛。他和馮龍抵背互守，即將淹沒於屍山血海。驟然間，山海關南水門、北水門和關中門三門洞開，萬馬奔騰，箭矢如蝗，飛沙走石，清軍如洪水猛獸從關外直撲大順軍。一場更激烈的血戰再一次排山倒海而來。當時他不知道，那天山海關總兵吳三桂引清軍大將多爾袞入關，夾攻大順軍。

高堂逃過清軍的亂刀，爬到一條堆滿死屍的壕溝裡躲起來。帶著濃烈血腥味的風吹來碎衣屑和血肉沫，糊了他一臉。他問自己——我為誰而戰？我的敵人是誰？我是誰的敵人？我要死還是要活？天空飛過一群鳥，飛過肝髓流野的山海關振翅向南，他盯著鳥群消失在遠空，在心裡大聲告訴自己——我要活下去！

殺戮轉到離他很遠的地方。他不想知道此時占據上風的是大明軍還是大順軍，這一切與他無關了。他挪動血肉模糊的身體往壕溝外爬，爬了兩下不動了，因為有人死死抓住了他的腳。那人哀求著帶他一起走，高堂緩慢地轉過頭，看到一張猙獰如鬼的血臉。那人愣了愣喊：「魯伍長，我是馮龍。」

他們從死人堆裡爬出來，一路躲躲藏藏。後來在一處荒無人煙的村子裡找到一些殘存的糧食。他們蟄伏下來，像受傷的野獸無聲無息地舔舐傷口，熬過生死關。

第四章　斷橋雪夜

此時的天下不知是大明、大順還是關外韃子的，如果還是大明的，那麼他們是敗兵，會遭到嚴懲。如果是大順或韃子的，他們是敵軍，也難逃一死，不如自尋活路。兩人在一起，山海關會成為他們一輩子繞不開的痛，餘生都不得安寧。他們揮淚告別，約定有生之年不再過問對方生死音訊。

高堂輾轉漂泊到杭州，在湖山秀美之地隱名落腳，憑著一身好功夫開了家武館。為免惹是生非，他精心挑選弟子，指望安然度過餘生。

最初他時時被噩夢驚醒，如今已漸漸淡忘——直到馮龍又把他拉回那一場彌天血腥。馮龍回到老家山東青州，發現一家老小早已慘死於清軍屠村，村裡唯一存活的老者得知他從山海關逃回，痛罵他為何沒有守住國門。他無顏相對，只得再次離鄉遠走。

「身為大明軍，我沒有為大明守住國門，我恨自己。可我就是一隻螻蟻啊。」馮龍擦著淚說，「後來我開了家煎餅鋪子，十三年前娶妻生子。半年前，幾個清軍吃煎餅不付錢，我妻跟他們討要，他們侮我妻，殺我長子，還把我兩歲的小兒——」他嘶吼，「把我兒扔進煎餅爐子，活活燒死，活活燒死啊！」

高堂的手握成拳頭，手背上青筋暴起，仍一語不發。嚴秋毫悚然。

「我妻當夜懸梁自盡，我又成了孤家寡人。魯伍長，我恨啊，我恨沒能守住山海關，守住國門，守我的家園親人啊。」馮龍拎起桌上的酒罈往嘴裡灌，酒水嘩嘩淌了一身。

嚴秋毫忙勸阻，高堂冷然道：「讓他喝。」

馮龍大著舌頭打著酒嗝，舉起拳頭：「魯伍長，當年你帶我們喊口令，喊起來啊。呃，日月山河永在，大明——」他赤紅著眼，叫喊一聲比一聲高，陷入狂呃，大明江山永在。喊起來啊，呃，日月山河永在，大明——

046

熱的興奮。

嚴秋毫嚇呆了。這個大年夜闖進門的大明遺卒，自己不想活了，還要把他們都連累進去嗎？高堂沒有阻攔，也沒有惶恐，他不動聲色地喝酒吃菜，好像馮龍的叫喊是助興的伴曲。嚴秋毫到門口傾聽動靜，屋外唯有風雪肆虐呼嘯。

馮龍趴在桌上醉去，滿臉酒水淚水，發出「日月山河永在」的嘟囔。嚴秋毫費了很大勁把他拖上床，清理刷洗一番。他走到堂屋，一桌杯盤狼藉，高堂也去睡了。

嚴秋毫站在空蕩蕩的屋子裡，喃喃地重複「日月山河永在，大明江山永在」，聲音孤獨空洞，更像一種質問。驀地他捂住嘴。馮龍還能找到高堂訴說，可他的恨和痛無人可說⋯⋯

這個原本只有一個男人的宅院，現在成了三個男人的家。

高堂教徒弟練武，嚴秋毫和馮龍燒菜做飯打掃屋子。自那天後，他們誰也不提舊事，三個男人像一起過了大半輩子一樣安靜默契。

嚴秋毫自是歡喜，幹活越發殷勤賣力。一天凌晨，他正睡得迷糊，被爭吵聲驚醒。

「小民能活命就行了，改朝換代與我們何干？你好好活著不行，非得去送死嗎？」高堂吼道。

「你對得起山海關那麼多殉難的袍澤嗎？我只認大明不認清！」馮龍喊道。

「清夷入關二十多年，我們已是知天命年，活一天是一天。你非得找死，明天就走，別連累我過安生日子。」高堂冷酷無情地說。

第四章　斷橋雪夜

馮龍沒有走，此後也不再提那些話。高堂要嚴秋毫緊盯他，發現有異樣舉動就攔住。馮龍沉默地做事，把門窗什擦得閃閃發亮，把練武場打掃得連碎石子也找不著，每天挑滿水缸，把柴禾劈好碼成一堆，似乎要長住下來。高堂視而不見，也不提讓他走。

數日後一個清晨，高堂和嚴秋毫醒來發現馮龍不見了。巷弄外有人喊叫有刺客刺殺八旗將軍。他們隨人群奔向西湖邊的八旗營，再奔向事發的錢塘門。

順治五年（西元 1648 年），清廷在杭城西隅跑馬圈地千畝，建營地防城。

順治十七年（西元 1660 年）又瀕西湖為墊圈地。防城城頭設犬牙箭堆，壘築炮臺，炮口對準西湖，震懾百姓。內城五門、外城十門皆由八旗重兵把守，外城錢塘門由正黃旗把守。八旗營圍西湖，築湖濱，把它當作私家花園，普通漢民不可越雷池一步。

此時的錢塘門外，幾個旗兵團團護住一名八旗官，那官員吼叫著「殺死刺客」。

「日月山河永在，大明江山永在。日月山河永在──」嘶吼聲從人群裡發出。

旗兵朝倒地的刺客揮刀亂砍，刺客就像砧板上的魚，無能為力地抽搐幾下便不動了。高堂撲過去，嚴秋毫用從沒有過的蠻力把他攔住，拽著他拚命跑。

高堂說那晚馮龍突發奇想要刺殺杭州八旗營將軍，說既然反不了清，殺掉這個杭州最大的韃子官也夠本了。高堂嚴厲制止了，可他最終還是莽莽撞撞地死於非命。

數日後，他們把被扔在亂墳崗子的馮龍運到仁和縣郊外的山林。

高堂一邊燒紙錢一邊對著墳地吼：「我們死過一回，我們從死人堆裡爬出來，就是為了活下去，活下去！你為什麼要找死，為什麼要死在我面前，為什麼……」

一個離奇古怪的念頭，如墳前裊裊的紙灰繚繞著嚴秋毫——最大的鞭子官不就是鞭子皇帝嗎？那為什麼不去殺康熙？！……回過神，他為自己有如此想法而大駭，告誡自己不可胡思亂想，以免淪為又一個馮龍。也許只能像高師傅這樣，一年年麻木地活下去，直到帶著無數仇恨一起老死。

當晚高堂把嚴秋毫叫到面前：「從今往後，你跟我練功夫。」

嚴秋毫一驚：「高師傅，我沒有學武功底，我連殺一隻雞都不敢。您也說過我的骨頭都硬了，不是學武的料。」

「我說你不是，就不是。我說你是，就是。」

「那我怎麼學？」

「只為你以後被人欺侮時，能抵擋一把。這個世道能救自己的，唯有自己。」高堂從枕頭底下摸出一枚銅錢。

嚴秋毫見是一枚銘文模糊的康熙通寶，不由疑惑，一個銅錢能救自己？師傅是不是被馮龍的死氣糊塗了？

高堂帶他來到屋外一條深長的弄堂，指著十丈開外弄堂盡頭的牆壁說：「你每天用這枚銅錢擲牆上那個圓圈，早一天擲中圓心，你就能多一天活路。」

第四章　斷橋雪夜

嚴秋毫捏著銅錢思索片刻，開竅了，師傅準是讓他用銅錢擲人，好保護自己。可銅錢擲丟了多可惜，反正滿地是石子，石子不花錢。

他抓了一把石子，朝牆壁胡亂擲去。

連著幾天他天天擲石子，手臂疫疼，只覺又無聊又掃興。師傅武功這麼高，怎麼就教了自己這麼一種無趣的功夫？石子是能傷人，可人人都會用，這能算「救自己」嗎？⋯⋯他是不是嫌棄人了，借這個法子讓自己無趣地離開？

突然一個聲音炸響：「你以為你很聰明嗎？」

高堂一臉怒容，嚴秋毫慌忙拿出康熙通寶，高堂劈手奪過，一揮手，銅錢霍霍飛出。高堂令他去看牆上。

嚴秋毫跑過去一看，銅錢牢牢嵌在圓心，只露出小半片，怎麼也拔不出。這要是擲在要害處——他大為驚駭。高堂輕輕一彈把銅錢彈出。嚴秋毫羞愧地低下頭，暗想這等功夫不知得練多少年。

「如果我手上有金銀，就會讓你用金銀投擲。」高堂戳著牆上的圓心喝道，「器不在器，而在於心。器物越值錢，你就會越用心。懂不懂這個道理？」

嚴秋毫想起自己兒時學書法，父親拿出名貴的宣紙讓自己練習，他不敢落筆，怕弄壞了紙。在父親的喝斥中，他凝神靜氣地落筆，書法越來越好——原來是同一個意思。

「師傅我錯了，我明白您的深意了，我一定用心。」

「以後逐步增加丈距,直到銅錢入牆。什麼是最好的利器?你隨手用得著的,就是最好的。世事叵測,人不傷我,我不傷人,人若傷我,我必還之,切忌傷及無辜之人。」高堂把銅錢放在他的手上。

嚴秋毫緊緊捏著,手心出汗,彷彿捏住了唯一的護身符。

第四章　斷橋雪夜

第五章 絕學的真偽

康熙七年（西元1668年）三月，寧波城西鄞縣萬氏白雲莊，學子絡繹不絕地進莊，皆衝著白雲莊禮請的姚江大儒黃宗羲而來。

白雲莊古樸典雅，莊外河道環繞，小橋流水，莊內前庭後院，竹木幽深，清靜別緻，乃講學授業的好所在。此處是黃宗羲好友萬泰的別業。此時萬泰已過世十年，萬氏八子視黃宗羲如父師。

去年，萬氏兄弟率甬上二十五名學子，到黃竹浦拜在黃宗羲門下。學子們聆聽黃宗羲講學後欣然不已，之後每月在甬上舉行兩次「證人之會」共學。在此之前，黃宗羲在紹興恢復先師劉宗周的證人書院，每月逢三講學，從者雲集，一時大振越中學風。當年五月，黃宗羲至寧波為弟子們授蕺山之學，聽者如雲，書院亦命名為甬上證人書院。甬上弟子有不少是復社、抗清志士和遺民子弟，故極易接受黃宗羲的學問。慈溪學子鄭梁聽後，頓覺別開生面，一把火燒掉過往的書稿，執意追隨黃宗羲。

本年三月，黃宗羲放下手頭正在編纂的《明文案》書稿，與兒子黃百家再赴寧波。講學點最初在廣濟橋高氏家祠，即高斗魁兄弟的家祠，因聽者眾多場地局促，後遷至延慶寺，仍是聽者濟濟。之後一遷再遷，先後在多位友人家的書樓、祠堂講學，以萬氏白雲莊為最久。

053

第五章　絕學的真偽

「慎獨是學問的第一義，言慎獨而身、心、意、知、家、國、天下一齊俱到。……《大學》之道，一言以蔽之，曰慎獨而已矣。《大學》言慎獨，《中庸》亦言慎獨。慎獨之外，別無學也……」講堂內，一名侍講學士捧著劉宗周的《子劉子學言》朗聲宣讀。

黃宗羲端坐上首，萬斯年、斯程、斯大、斯同等兄弟在堂下首排其他學子們依次而坐，執筆書寫，側耳傾聽，或顰眉思慮，或若有所悟。等侍講學士讀完一段，黃宗羲示意學子們提出疑難。

一名學子起身作揖，問道：「梨洲先生，蕺山先生說慎獨是學問的第一義。昔日陽明先生說過，致良知是聖人教人第一義，慎獨之外更無知，致知之外更無學。如此說來，慎獨與致良知豈不是一回事？」

黃宗羲道：「先師蕺山先生之學，以慎獨為最宗大義，古往今來儒者人人皆言慎獨，唯有先師才始得真義。獨者，是人的本心本性。慎獨者，是盡本心、盡本性的學問。慎獨於身、心、意、知、家、國、天下，小至謹言慎行，身正影端，瓜田李下而不摘不取，守心明性，大至收拾人心，解世道之禍，為天地立心，當家國大義，皆是慎獨功夫。人若能慎獨，便可為天地間完人——」

說到這裡，黃宗羲示意黃百家回答。

黃百家道：「先師蕺山先生早年不喜陽明之學，以為陽明之學只從內心修煉，有流於禪學之危。之後先祖師回鄉修學，開始深研陽明心學。致良知，便是致達良知之道。能保持天然良知的，是聖人。能勉強保持良知的，是賢人。遮蔽良知而不肯做，是愚昧之人。愚人的良知雖被遮蔽，但並不是說他

054

們的良知沒有存在過。若良知還能致達，與聖人就沒什麼區別了。所以陽明先生說，良知之外更無知，致知之外更無學——」

「這麼說，慎獨與致良知還是沒區別啊，陽明先生致良知之說在前，蕺山先生為何還要倡慎獨？莫不是為了標新立異？」另一名學子急不可待地發問。學子們竊竊議論。

萬斯同起身向黃宗羲作揖：「先生，斯同願作答。」

黃宗羲點頭應允。

萬斯同說：「陽明之學後來愈來愈流於禪學，這並非陽明先生本意。陽明心學傳至數代後，遂創證人書院。」

萬斯選也起身答道：「慎獨最早出自《中庸》，『莫見乎隱，莫顯乎微，故君子慎其獨也』，人若能閒居獨處而恪守其心，實為良知。慎獨比致良知來得明瞭易懂。故蕺山先生創慎獨之學，開宗明義，啟發人心。」

學子們鼓掌稱好，黃宗羲讓大家繼續大膽提問。

「我讀過梨洲先生的《易學象數論》，只覺取古法、斥偽說，掘其源流，曉其是非，真是耳目一新。只是一事不明，我泱泱中華曆算數千年，精妙之極，為何還要以西洋人湯若望的《時憲曆》一統天下？如此，我中華古曆法豈不是無用了嗎？」另一個學子問道。

黃宗羲說：「宋代沈括《夢溪筆談·技藝》記載《春秋》的日蝕數量、時辰和蝕法，世人皆不疑有他。

第五章　絕學的真偽

我用西漢三統曆推算，魯莊公十八年二月是否有閏，用授時曆並參考西方曆法，查考比月頻食是不可能發生的；《春秋》記載的兩次比月食都是「前食而後不食」，我用中西曆並用，查證《春秋》中魯襄公二十四年之月食記錄有誤，而魯莊公十八年三月日食記錄確有其事。」

「郭守敬所著《授時曆經》集傳統曆法之大成，行用三百八十二年，為中國曆法之最長，不遜色於西曆。」又一個學子質疑。

「魯王監國時，我作成《大明監國魯元年丙戌大統曆》，為魯王所採納，頒之浙東；丁亥年我為《授時曆經》作注，只惜屠龍之技無可與語者。而今有幸與諸位共論，縱然詰難蜂起，我亦是喜不自勝。諸位不可墨守成規，而應擷取各家之長，為我所用。」黃宗羲耐心解釋如何妙用中西曆算之法。

「梨洲先生，中華古時即有容圓、測圓、割圓之學，西周商高、魏晉劉徽，皆熟稔勾股之學，時至今日，為何象數西學更勝我中華一籌呢？」

「中國數千年皆以科舉取才，寒門士子苦讀數十年詩賦經義，方得以出人頭地。八股文渾厚老成，歷經數千年而不朽。西學不倫不類，算得了什麼？」

「梨洲先生推崇曆算、樂律、測望、占候、火器、水利之流，希冀朝廷藉此而詔用人才，試問這等學問於科考何益之有？……」

學子們爭相疑問。黃宗羲侃侃而談，黃百家和萬氏兄弟次第代答。堂內文采激揚，聲震內外。也有人離席，稱荒謬不經誤人子弟。

此時門口喧囂起來，把講學聲都壓住了。黃宗羲停頓下來。幾位白髮長鬚老者走進來，一個個面紅耳

赤憤憤然。

萬斯同把他們扶到座位上：「諸位老先生請喝茶，慢慢道來。」

這幾位是當地教館老先生，近來教館學子越來越少，遲到早退不說，還傳出「勾股」、「經世致用」等離奇古怪的字眼。一打聽，原來他們都到萬氏白雲莊聽餘姚黃宗羲講學去了，還說黃宗羲的學問才是真正的大學問，八股文是早該被塞進灶洞當柴燒的老古董。老先生們於是相約前來興師問罪。

領頭的許老先生扶著枴杖，大聲道：「老朽早就耳聞梨洲先生大名。先生有才，我等也並非枉讀詩書。你道工商皆本，將商賈與我等讀書人相提並論，真是辱沒斯文。」

「士大夫不雜於工商。梨洲先生身為讀書人，稱『世儒不察，以工商為末』，我等實在不敢苟同。」

「天子重英豪，文章教爾曹。萬般皆下品，唯有讀書高。梨洲先生妄論工商皆本，荒廢八股經義，相授奇技淫巧，置讀書人的臉面於何地？置千古道德文章於何處？」

「真是世風日下，人心不古，禮壞樂崩……」

老先生們的質難劈頭蓋臉砸來。黃宗羲年輕時性情剛烈，若遇到這般狀況早與他們一爭高低了。而今他只是微笑恭聽。

弟子陳夔獻性子急躁，捋著袖子嚷道：「喂，有學問辯學問，有道理說道理，你們實是胡說八道——」

鄭梁起身道：「各位老先生，《周書》曰，農不出則乏其食，工不出則乏其事，商不出則三寶絕，虞不出則財匱少。無商，輕則三餐不繼，重則藥石無救，何以如此鄙視商家？」

第五章　絕學的真偽

鄭氏是慈溪名門望族，以刻書為業，算是商賈，故而不平。其他弟子也跟著紛紛相駁。

黃宗羲款款道來：「諸位老先生，所謂工商皆本，實為倡導有用之學，有用之道。士農工商者，道無定體，學貴適用，各任其能，竭盡其力。」

老先生們自知心虛，遂顧左右而言他。

「聽說梨洲先生推崇西洋天文曆算，我中華學問源遠流長，車載斗量，包羅萬象，為何長他人銳氣，滅自家威風？」

「我們有禮樂、象緯、醫藥、書數、律法、農桑、火攻、器制、圖書、皇極……」

「律呂、山經、水志、分野、輿地、算法、太乙、王遁、演禽、風角、鳥占……」

「兵符、陣法、卦影、祿命、建除、葬術、五運、六氣、海道、針經……」老先生們得意揚揚地數出一大堆學問的名稱。

等他們發洩得差不多了，黃宗羲又道：「昔日徐閣老徐光啟師從西洋人利瑪竇，學習天文、曆算、火器、兵機、水利諸學，最為推舉度數之學。他曾說，算學若能漸次推廣，更有百千有用之學相出，尤可直接用於錢穀財賦算計，這豈是八股經義所能涵蓋的？若廣泛用於禮樂刑政、天文律曆、朝章國紀、賦稅水利、兵機利害，更能衡量古今成敗興廢之故，天地陰陽之變。」

許老先生鬍鬚發抖，臉色赤紅：「一派胡言。中華千百年來善用數術，區區幾十顆算盤珠子，便可推演千百萬數目，世代延益迄今，又豈是你等奇技淫巧可招搖撞騙的？」

058

黃宗羲道：「治賦理財非算學而不能核，只是為歷代鄙視之，視為不入流之學。算學若能廣泛應用，精打細算，有明也不至於因財匱而九邊不守……」

當下時局雖不似前些年那樣草木皆兵，終究還須謹言慎行。故而黃宗羲講學一貫只談心學、慎獨以及天文地理曆算，少觸及時政，此時一言既出，眾人默然，老先生們也坐立不安了。

黃宗羲想起二十二年前的舊事。那時他舉兵抗清，衣甲糧食皆是自備，日日夜以算學籌謀兵餉，一個銅錢掰成兩個花，磨盡心血，最終還是兵敗如山倒。他困澀地嚥下話頭，對黃百家和萬斯同說了幾句，黃百家走向堂後。

萬斯同對眾人說：「諸位請移步庭院，一睹西洋奇觀。」

眾人紛紛湧向庭院。老先生們不情不願又忍不住好奇，也跟出去看究竟。黃百家抱來一塊用藍印花布包的物件，問老先生此刻是什麼時辰。老先生們遮額看日光，再看看樹影，有答巳時三刻，有答午時一刻。黃百家小心地把物件平放在草地，揭開藍印花布，露出一塊白色石盤。石盤四周雕鏤二十八星宿和子、丑、寅、卯、辰等十二時辰，石盤中心有一條金龍背負指標，日光照耀下，指標陰影落在晷面的十二時辰，正指晌午時二刻。

「日晷，這是日晷。我在書中見過。」有人高叫。

老先生們沒有說準時辰，又惱羞又發作不得。一般人家置不起日晷，官府也只用漏刻，這等精巧日晷更是少見。老先生們湊上前細看，既驚訝又不以為然。

黃宗羲撫鬚笑道：「多年前，湯若望來到中國，參與編纂曆書，發明多種西洋器物，製造了一具大理

第五章　絕學的真偽

石日晷進呈朝廷，還做了一批小型象牙日晷贈予朝臣。天啟三四年間，我與湯若望先生相識，初涉西學，自此喜好象數之學，深覺西學廣博，開啟智慧。崇禎十五年我入京應試，與湯先生再次相遇，互研中西算學，湯先生贈我抄刻本曆書和這一面日晷。湯先生歷兩朝變遷，兩年前病逝。他半生漂泊中國，倡導西洋絕學，令宗義受益良多啊。」

許老先生冷笑：「老朽要是沒有記錯的話，當年令師蕺山先生視西洋人湯若望為異端之人，請求崇禎帝將其驅逐出國，永絕異端之根。只可惜先帝心軟，以致洋賊轉而效忠於新朝，弄出個不倫不類的《時憲曆》。你此番言論，豈不是有違師道尊嚴？」

眾人竊竊私語。當年崇禎意欲師夷長技以制夷，劉宗周堅決反對湯若望製造火器攻防清軍，稱「火器終無益於成敗之數」，慺拗偏迂地堅持以「仁義」退敵。崇禎不得已再次將其革職。劉宗周的某些學說黃宗義亦是不甚認同。眼下也不便辯駁，於是他道：「老先生有何質疑儘管說來。」

許老先生越發得意地稱：「西洋喜作奇巧，究其根源並無太多智慧。中華早就有日晷，只不過少有人見過罷了。我中華絕學哪裡比不過西洋異端邪說？」他掐指數點，「河圖洛書，木人木鵲，龍骨水車，木牛流馬……」

黃宗義懇切道：「質疑辯難是絕好的事。自科舉之風盛起，世人為進仕途而死學，不知還有其他實用學問。宗義並非為西學而辯，實則旨在倡導有用之學，有用之道，兵農禮樂九流六藝切於民生，方是經世致用的實學。」

「這麼說，倒也有一點道理。」一個老先生若有所思道。

「宗羲少年時，父親諄諄教導，學者不可不通史事。自此我發奮研讀史書，明白一切學問終必以六經為根底，若沒有六經為底，只為迂儒之學，誇誇其談，於人於己都沒有好處。學必原本於經術而後不為蹈虛，必證明於史籍而後足以應務。讀史、窮經、經世，三者貫通融會，天下則無難讀之書，無難做之事。」

老先生們交頭接耳，漸露讚賞之色。

黃宗羲撫著日晷：「我期望朝廷錄用人才，應以絕學量取，考察其有成果發明而待詔錄用，否則不用也罷。倘若絕學早一日引入大明……」他還是說出很早想說的話，「或許，也不會國破山河在了。」

眾人鴉雀無聲。黃宗羲的話如一面刀刃，令遺老遺民子弟頓感切膚之痛。

許老先生讚道：「梨洲先生言之切切，老朽今後也要前來恭聽，受教先生的經世學問。」老先生們也跟著稱好。

掌聲、喝采聲響徹白雲莊內外，流雲飄過天空，掛在白雲莊簷頭，經久不散，彷彿亦在駐足諦聽。

第五章　絕學的真偽

第六章 焚書

康熙九年（西元1670年）初秋，杭州，嚴秋毫在巷弄掃地。

他在高堂武館一住四年。每年有兩天，高堂把自己關在屋內，與馮龍隔空對飲，一是他與馮龍從山海關死人堆裡爬出來的日子，一是馮龍慘死的日子。每年除夕夜，他們也會在桌上多放一副碗筷，對著空位沉默地敬酒。

嚴秋毫已經能把康熙通寶擲向三十丈開外，嵌在牆上，露出一大半。高堂說，啥時能夠把整個銅錢嵌進牆，他的功夫就到家了。

有時，他會夢見走進一片幽暗森然的血霧，霧中響著嘶啞的聲音，「日月山河永在，大明江山永在⋯⋯」，隱約出現馮龍血肉模糊的臉。他驚懼地跑開，血霧中又響起一個蒼老的聲音，「兒啊，欠帳遲早有一天要算清的，不要忘了把債討回來，不要忘了──」

他驚醒，跪在床上，對著黑夜淚流滿面⋯「父親，我至死都記得。可我兩手空空，卑微如蟻，怎麼辦，我該怎麼辦⋯⋯」

第六章　焚書

有時，他還會記起那位陌路相逢的黃老先生的話，「學問之道，以各人自用得著者為真」。寄人籬下終非長久之計，可到底該做什麼呢？早年他在東家和身為管家的父親的教導下，頗識文墨，還寫得一手好字，雖然他並不喜讀書。當年若無意外，他會接過父親的衣缽繼續為東家賣命，娶妻生子，獲得體面的終老⋯⋯世事難料，如今他連做一輩子奴僕也不能了⋯⋯

嚴秋毫蹲下身，撿拾嵌進青石板縫的落葉雜物。

「小哥，請問西山書鋪搬去了何處？」有人路過問詢。

嚴秋毫頭也不抬地朝巷弄外一指：「去年搬了，出巷弄往東，過兩條小巷再往西——」

那人謝過後就走，嚴秋毫朝那人背影瞥了一眼，頓覺眼熟，便跑到那人面前一看，欣喜地喊黃老先生。問路的是黃宗羲，他也一喜。

嚴秋毫一定要請他進院喝茶，再送他去書鋪。黃宗羲看看他身後的院落，聽得裡面傳出拳打腳踢的動靜，不免詫異。

嚴秋毫把這些年狀況大致說了下，道：「黃老先生，您救我於危難，有一飯之恩；高師傅救我於生死，如再生父母。你們的大恩大德小秋沒齒難忘，讓我請您吃個飯吧。」

黃宗羲略一思索便應了。兩人進院子，院裡十來個赤膊後生拳腳呼呼生風，一招一式頗見功夫。高堂在一邊指點。

嚴秋毫對高堂低語幾句，高堂對黃宗羲拱手道：「先生與小秋有舊識，我早已聽聞，請歇個腳吃個飯。」

064

兩人正要引他進屋，黃宗羲對著練武的後生領首，說哪一個入了門道，哪一個尚缺火候。高堂詫異，嚴秋毫更驚奇，這老先生竟然還懂武學？

黃宗羲道：「少林以拳勇聞名，主要功夫在搏擊，對手亦容易找到紕漏。內家拳則以靜制動，對方一應手容易落敗，故有別於少林功夫，自成一家……」

高堂警覺：「黃老先生到底是什麼人？為何還懂拳術？」

嚴秋毫與黃宗羲相識時，黃宗羲只說自己姓黃，沒有透露更多詳情，又聽他談吐斯文，只當他是個老儒生。沒想到老儒生藏得深。

黃宗羲笑道：「我兒曾拜四明內家拳傳人王征南先生，學得幾手拳術，我耳聞目睹多了，故而略懂皮毛。」

「王征南先生乃四明內家拳高手，我自然知曉。敢問黃老先生尊姓大名？」

「餘姚黃宗羲。」

高堂退後一步長揖：「久仰梨洲先生大名。小秋，快請梨洲先生入內，煮茶，做最好的酒菜。」他揮揮手，「今日散了。」

後生們蒙然散去。嚴秋毫更蒙，不明白自己的萍水之交為何轉眼成了高師傅的座上賓。

酒菜上桌，黃宗羲與高堂儼然故人重逢。

原來，黃宗羲的三子黃百家自幼喜武學，拜甬上內家拳傳人王征南為師，精通內家拳。後來黃宗羲擔

第六章　焚書

心兒子熱衷武學，會淪為少年狹邪之徒，遂令其棄武從文。黃百家起初不願，後來讀書讀出真滋味，遂長進神速。黃宗羲少年時亦學過搏擊之術，力大能舉鼎，千里赴京錐刺奸宦，青壯年時抗清舉事，皆受益於武學，故能道出一些門道。

高堂反過來向嚴秋毫介紹梨洲先生。他早就聽聞黃宗羲的抗清義舉和學識名望，所以久仰大名並非客套話。嚴秋毫方才明白，原來他無意間結交了一位大名鼎鼎的江南大儒，慌忙說自己有眼不識泰山，趕緊給黃宗羲倒酒夾菜。黃宗羲不善酒，以茶水摻之。

酒熱耳酣，高堂坦然說起自己蹈鋒飲血的往事。黃宗羲雖不曾親歷山海關之役，而亡國之痛遠甚於人，也說起追隨魯王抗清的舊事。兩人年歲相近，經歷相似，性情相親，一時杯觥交錯，長歌當哭。

「梨洲先生，我一介武夫，遠不如先生見識宏闊。請教先生，高堂和袍澤們忠君愛國，出生入死，守的到底是誰的邊關，護的到底是哪一家的天下？」高堂睜著通紅的淚眼問道。

黃宗羲早發現牆壁上貼著一張陳舊的軍事輿圖，走近一看，圖上還有幾處褐色血痕，顯然是高堂當年所用。

「問得好。芸芸眾生汲汲營營，少有人如此相問。」黃宗羲指著輿圖，「李唐，趙宋，朱明，千百年來，都以為天下為君王的天下，財富為君王的財富。那麼守護的自然就是君王的邊關和天下，百姓耕種的自然也就是君王的田地。既然如此，大明天崩地解，也不過是換了一個朝廷，偌大的國土與百姓又有何干？」

嚴秋毫和高堂大愕，他們從未聽過這等驚世駭俗之論。

「上古三代，君主為民制產，田土廣闊，井田養民，百姓有田可耕，瘠土之民不至於貧困。三代之

後，井田盡遭破壞，百姓自行購田，君王非但不授田於民，還要施以苛稅重賦，百姓豈能不貧困？大明豈會不傾覆？高堂先生，邊關將士再強的血肉骨骼，也擋不住夷狄入關啊。」黃宗羲撫著舊輿圖。

「正是，先生，我們護的只是老朱家的朝廷。」

「天下為主，君為客，天下之治亂，不在一姓之興亡，而在萬民之憂樂。其實，朝廷是朝廷，天下是天下，朝廷不是天下，朝廷代代更替，天下亙古不變。高堂先生，你們守護過的，並非一家一姓的天下，而是天下人的天下。」黃宗羲把酒杯舉到高堂面前，辭真意切地說。

嚴秋毫和高堂蒙了。這一番擲地金石聲聞所未聞，連想都沒有想過——天下，竟然可以是天下人的天下，而不必是帝王的天下？！

高堂顫然舉杯。原來，他和袍澤們歷經的血戰並非一文不值，至少，他為天下人的著酒水一飲而盡。

嚴秋毫怕他們醉了，又偷偷將酒杯換成茶杯。兩人只顧咀嚼故國山河，也沒覺出異樣。嚴秋毫也很想把縈繞胸口多年的心事吐出來，索性也跟著痛快淋漓一場，再三思慮，還是和著酒菜嚥下。父親說過，欠帳遲早有一天要算清的。

此番來杭，黃宗羲為蒐集編撰《明文案》、《宋儒學案》、《元儒學案》所涉史籍而來。高堂便讓嚴秋毫陪同，黃宗羲應允。嚴秋毫更是歡喜，他原本閒散慣了，只因感恩高堂，故不敢隨意偷懶，這回名正言順了。

第二天他便挑上書箱跟隨黃宗羲出門。

第六章　焚書

嚴秋毫輕車熟路，帶著黃宗羲專往冷僻的書鋪書肆鑽，那裡多有孤本珍籍，令黃宗羲大獲意外之喜。嚴秋毫堅持要結帳，說高師傅吩咐過了，若辦事不力會被責罵，會被趕走，就又要流落街頭了。黃宗羲也不再堅持。購滿兩箱書，黃宗羲將其放置在缽池庵，帶嚴秋毫遊勝。

他們泛舟西湖，遊覽南山、高麗寺、法相寺、煙霞寺、登風篁嶺、酌龍井泉、尋壽聖寺。簫鼓聲中明月落，湖山勝處些有趣的歷史掌故，黃宗羲說一「美人居」，「凌晨出郭門，一舸破煙霧。赤山遂登陸，落葉莽回互。初經高麗寺，澗水琤琮注⋯⋯」

嚴秋毫聽得津津有味，深深嘆服梨洲先生的博學多才。晚間他們借宿缽池庵，用過素齋後各自回房歇息。

嚴秋毫迷迷糊糊入睡，夢中又見血霧瀰漫，一個蒼老的聲音響起：「兒啊，欠帳遲早有一天要算清的，不要忘了把債討回來，不要忘了──」

「父親，我至死都記得。可我兩手空空，卑微如蟻，怎麼辦，我該怎麼辦⋯⋯」他無能為力地嗚咽。

父親慍怒：「你活著就要替我們報仇，此仇不報枉為我兒！」

父親的臉驟然變成另一張血肉模糊的臉，高呼：「日月山河永在，大明江山永在⋯⋯」

嚴秋毫連連後退，後背一痛醒轉過來，發現自己掉下了床。

父親的夢中相見都被打斷。高堂本不信邪，見他面相不祥，便帶他去馮龍墳前燒了一堆高香紙錢，此後倒也漸漸平息下來。如今倒好，父親與素不相識的馮龍結伴而來了。可他們明明知道，他一無武功二無文治，拿什麼報仇雪恨啊？一閉眼，父親和馮龍又在血霧中

飄來飄去，好像今夜非得逼他拿出一個答案不可。

嚴秋毫披著被子敲開隔壁房門，黃宗羲詫異地問這麼晚了還有何事。他支支吾吾說做噩夢睡不著，黃宗羲啞然失笑。他索性把馮龍的事說了出來，高堂講山海關往事時沒有提及馮龍。

黃宗羲一時沉默。甲申之變後，且不說揚州十日、嘉定三屠之慘絕人寰，且不說自己變賣家產紓國難，隨監國魯王駐兵錢塘江，五百義軍死難四明山，半生瀕十死，單是好友故交死於清軍屠刀下者便不知凡幾。馮龍亦是無數冤魂之一。

「梨洲先生，我們漢人還有出頭之日嗎？」嚴秋毫悲傷地問。

「我一直記得梨洲先生的話，學問之道，以各人自用得著者為真。可是，很慚愧，我不知自己的學問之道在哪裡。」

這種悲愴的質疑已然在黃宗羲心中長嘯多年，他可以解答弟子們的諸多學問疑難，卻難以對這個質疑給出一個圓滿的回答。

「這些年，你學得了哪些有用之學？」

「我替高師傅燒飯做菜，不擅文武藝，也不懂做生意。高師傅待我如兄弟，只是終非久長之計，不知日後何去何從。」

「你先問問自己，有何長足之處？」

「我自小跟父親學算帳，會幾個墨字。」

069

第六章 焚書

黃宗羲拿出文房四寶鋪在桌上。嚴秋毫猶豫了一下，定了定神落筆。黃宗羲吃驚，他這一手書法筆老墨秀，瀟灑俊秀，比他尚有幾分稚氣的面龐老練多了，便讓他再寫幾張。嚴秋毫唰唰落筆，一幅幅字各有千秋。

黃宗羲讚嘆：「小秋，你這一手書法至少該有十年功底。」

「我兒時跟父親學各家書法，稍長再跟他學算帳，只是沒能學得多少，父親的書法才叫好——」他喉頭一哽。

黃宗羲找了兩本墨帖給他：「你有家學淵源，加以苦練，日後必有長進。這兩本書有空多看看練練。」

嚴秋毫連聲道謝，又問：「梨洲先生，我考取功名行不行？」

嚴秋毫也並非異想天開。武館雖安好，可天下沒有不散的筵席，他時常盤算日後的謀生之道，但不得其法，所以也是苦悶日久。

這些年，黃宗羲告訴弟子們須以謀生為重，功名也可試一試，若是飢寒交迫衣不蔽體，哪來的心思做學問？自己後輩子做定了遺民，弟子們則不必蹈襲覆轍了。

黃宗羲說：「科舉之法早就弊端重重，只限於八股時文，士子不得盡其才，破壞人才尤甚。且每科限於名額，千人僅取一二，令士子們興嘆，只得以揣摩科考為意旨，哪裡還有做學問的真正樂趣？」

「讀書不是為了考功名，那是為了什麼？」嚴秋毫不解。

「我年輕時屢求功名，自覺經義之文不輸於他人。崇禎三年鄉試落榜，我遂棄時文制藝，專攻經史諸

子百家及至西方絕學。崇禎十三年、十五年皆落榜，此後絕了仕途之心，專研於著書立說。」

嚴秋毫愕然，梨洲先生這般飽學鴻儒尚難以登科，他又豈敢妄稱考取功名？

「考功名，須讀書。讀書，卻未必是為了功名。讀書的最終目的是經世致用，士子以振興聖學為己任，君主治天下，明白天下之治亂不在一姓之興亡，而在萬民之憂樂的道理，方是讀書做學問的真義。若是讀書而蠹國病民，倒不如不識字的種田翁。」

嚴秋毫瞠目，偷偷朝窗外看，好在外面只有風吹竹林聲。

「高師傅說要教我練武，可只讓我天天擲銅錢。考功名吧，我學識淺薄。再者，一字不慎還會招來殺身之禍。我是一無用處了。」嚴秋毫沮喪地說。

「一個人要用足自己的長處，便是我常說的，學問之道，以各人自用得著者為真。你既懂帳目，又通筆墨，好好學習簿記算帳，亦能安身立命。」黃宗羲又翻出幾本書給他，「這是我著述的書，你且看看。」

嚴秋毫翻看，《氣運算法》、《勾股圖說》、《開方命算》，只覺名字新鮮古怪，便說：「梨洲先生諄諄教誨自有道理，我一定好好讀有用之書，爭取有作為。」

「我明日去會友，你不必再跟我奔勞了，代我向高師傅致謝。」

嚴秋毫心知不可擾了梨洲先生的雅興，畢竟自己與他的學識見聞相距甚遠，且這回也算是報得恩情了，便點頭應允了。他在窸窸窣窣的翻書聲中沉沉睡去，腦海中飄過模糊的念想⋯東家當年因書而招來殺身之禍，為何梨洲先生還讀得如此欣然？

071

第六章　焚書

第二天嚴秋毫醒來，屋外秋雨瀝瀝。梨洲先生和書箱皆已不見，看來一早就走了。他悵然若失，這一別也許難以再見了。

想起昨晚跑來與黃宗羲同睡一室，他不免羞愧，便整理衣物書籍準備離開。一本書從桌上滑落，他撿起，封面上書：待訪錄，黃宗羲。

他翻開來看：「凡天下之無地而得安寧者，為君也。是以其未得之也，屠毒天下之肝腦，離散天下之子女，以博我一人之產業，曾不慘然，曰：我固為子孫創業也。其既得之也，敲剝天下之骨髓，離散天下之子女，以奉我一人之淫樂，視為當然，曰：此我產業之花息也。」

他大驚失色，朝窗外張望，缽池庵內只聽得雨打竹林蕭蕭聲。他顫著手繼續看下去。

「天下為主，君為客……為天下，非為君也；為萬民，非為一姓也……不以天下為事，則君之僕妾也……以天下為事，則君之師友也……天下之治亂，不在一姓之興亡，而在萬民之憂樂……」有幾句話黃宗羲說過，可說過的話風吹即散，寫下的可是白紙黑字。

這書是梨洲先生送他的，還是無意遺落的？嚴秋毫如置身雨地，巨大的恐懼從頭頂淋到腳底，再從腳底湧上，延向四肢百骸。

嚴秋毫剛進高堂武館的巷弄，巷口剃頭鋪子夥計問他怎麼才回來，武館出大事了。

高堂昨日去菜市買菜，遇到一隊八旗營兵調戲一個漢人女子。這本是常有的事，小民都只能忍氣吞聲。高堂本不願多事，但那女子慘叫聲聲，他忍不住拔拳相助，雖勇猛，到底敵不過惡狼，此刻不知生死。

夥計指點他，不花足錢財怕是替高師傅收屍都不能了。高堂有幾個富家弟子，但面對飛揚跋扈的八旗營兵，誰也不敢擔事。經過七拐八彎的託情，嚴秋毫花掉辛苦累積多年的工錢，得以進監牢看望高堂。

牢房角落稻草堆上，昔日一拳能撂倒四五個漢子的高堂血肉模糊。嚴秋毫小聲喊著，好一會兒高堂艱難地爬過來。他端上肉粥懇求師傅吃一些，一邊餵一邊哭，怪自己沒有照顧好師傅。

高堂喘息道：「小秋，陪梨洲先生遊玩可盡心？」

嚴秋毫越發哭得說不出話。

「師傅，我要救你出去，我一定要救你出去。」嚴秋毫恨聲道，「我會好好練武，殺死那幫清夷，為你報仇。」

「我還想著，以後再見到梨洲先生，聽他講學，看來是不能了。」

高堂吃了幾口粥，撐不住氣力躺倒⋯「我眼睜睜看著清軍入關，親歷亡國之役，我恨清夷。可是，還有比他們更可恨的。」

「哪個？」

「大明。」

「為何？你，不是忠心守護大明的嗎？」嚴秋毫愕然。

「我為大明守了半輩子邊關，出生入死，九死無悔。直到與梨洲先生一番談論，我才明白，什麼大明，什麼大清，都是帝王家天下。可他們連我們姓甚名誰都不知道，我們只是山海關腳下一塊脫落的牆

073

第六章　焚書

皮。呵呵，可憐的馮龍，可憐我為大明而死難的袍澤，可憐我自己……」

嚴秋毫一驚，高師傅的說法，與梨洲先生何其相似。

「高師傅，我們想辦法先出去……」

高堂劇烈咳嗽，嘴角溢出一股股血：「知道為什麼讓你擲銅錢嗎？因為你練武的根基不足，只能練小技。暗器，本為練武之人所不齒，只是要看用在哪裡。記住，不可傷害無辜之人。」高堂氣若游絲，「宅子賣了，小秋，活著，替我和馮龍好好活下去……」

嚴秋毫把高堂埋在馮龍的墳旁，一對難兄難弟在九泉之下又重逢了。

他重重叩了三個頭，抬頭時血從額頭滲下，滴進眼裡，眼前血霧瀰漫，如噩夢重現。此時他不再懼怕，還盼著父親從血霧中走出來。

漂泊多年的他遇到俠肝義膽的高堂，有了一個家，可一轉眼這個棲身之處也沒了。難道他真是命如漂萍嗎？紙灰裊裊，野林裡的鴉叫聲古怪悽慘，怎麼活下去？

「一個人要用足自己的長處，便是我常說的，學問之道，以各人自用得著者為真。你既懂帳目，又通筆墨，好好學習簿記算帳，亦能安身立命。」梨洲先生說得沒錯，一個人最終要靠自己安身立命。

多年前他以為難逃一死，還是活了下來。高師傅說讓他替自己好好活下去，那麼，從今往後他不只是活自己的命，還要活高師傅和馮龍師叔的命，不，加上……他一個人要活很多人的命。他身心一凜——無論如何也不能死，非但不能，還必須拚盡全力活下去。

他摸了摸鋪蓋和包袱,摸到幾本書,取出一本,一看是《待訪錄》。

他猶豫良久,把書舉到燃燒的紙錢上,火苗貪婪地舔舐紙張。

驀然,他想起六年前破廟燒書的情景,心中大慟⋯⋯為何屢屢與書有此孽緣?

第六章　焚書

第七章 密告

康熙十二年（西元1673年）十二月是黃宗羲的母親姚太夫人的八十壽辰。黃宗羲最覺愧對母親，所以逢母親整壽，便邀親友相賀。

姚太夫人是紹興上虞人氏，十六歲嫁入黃家，秉性賢淑，深明大義，歷經喪夫失子的生離死別、大明傾覆的天崩地解、抗清復明的顛沛流離、家宅屢遭火災的苦厄艱辛。當年黃尊素被害的噩耗傳至家中，黃宗羲的祖父憤然題字「爾忘勾踐殺爾父乎」，貼在家中出入處，耳提面命少年黃宗羲銘記。姚太夫人亦常提點他不要忘記祖父的壁書。她顛沛坎坷大半生，如今老邁之年才稍得安穩。

外地老友陸續寄來壽聯壽詩。理學大家孫奇逢寄來傾力之作《理學宗傳》和壽詩，史學家李清寄來《鶴齡錄》，復社舊友巢鳴盛寄來壽文。壽宴上黃氏家人和諸親友向姚太夫人祝壽，姚太夫人清楚地叫出他們的名字。

眾人逗趣問她還記不記得自己早年寫的詩，姚太夫人吟出〈詠蒲扇〉詩：「挺出淤泥不染塵，清寒透骨世無鄰。何人採織還成扇，留取遺風披後人。」眾人鼓掌叫好。

宴後送別親友，黃宗羲整理友人歷年相贈的壽詩壽文，發現舊稿《四明山古跡記》已遭鼠蟲齧咬，書

第七章　密告

中有老友陸文虎的評校文字，朱墨如新，而故人作土中人已近三十年，不禁泫然。陸文虎性情耿直，善作古文辭，文章氣節高昂，與萬泰相攜師從劉宗周，甬上有「萬陸」之譽。

三十一年前的崇禎十五年（西元1642年）十一月，黃宗羲與黃宗炎、黃宗會編寫《四明山古跡記》五卷，黃宗羲作賦，黃宗會作《四明山遊錄》。翌年十二月姚太夫人五旬大壽，黃宗羲的好友紛至祝壽。劉宗周書寫祝文，令其子送至黃竹浦，施邦矅、孫嘉績等好友送來壽文壽詩，陸文虎和萬泰至黃竹浦祝壽。黃宗羲拿出《四明山古跡記》請諸友評讀，陸文虎大為稱賞，稱要燒錄成書。

黃宗羲說還須削筆，未料一擱就是三十年。

二十八年前的順治二年（西元1645年），黃宗羲率世忠營赴錢塘江迎監國魯王，駐兵江上。是年十月十日，時任監國行人的陸文虎來看他，兩人臨江迎風，愁緒如江濤滾滾。望著對岸隱然的清軍舟旗，他們清楚地知道，諸事已不可為了。翌年十月十日，家僕從甬上次來告訴黃宗羲，見到陸文虎坐於轎中，全身束布，將入城葬殮。與老友的生離與死別竟是同一日，真是冥冥中的劫數。

黃宗羲細讀《四明山古跡記》，越讀越覺得舊稿凡例不齊，詞不雅馴，須好好削筆方可成書。他一則慶幸早年沒有應承陸文虎刻書，再則深覺愧對老友的成書之願，又念及同遊四明的三弟黃宗會亦在十年前作古，越發愴痛。黃宗會性情狷介，讀書過目不忘，每日必讀百頁書，若有事耽擱，次日必加倍補上。尤令黃宗羲哀痛的是，宗會逝日亦是自己的生日。

思舊念故，又想著老母不知還能過幾個壽辰，黃宗羲越發唏噓。

078

夫人端來茶湯，勸慰母親大壽之日不宜傷悲。

「麟兒，你已是耳順之年，須多聽聽妻兒的話了。」姚太夫人問他因何傷悲。

黃宗羲出生前，姚太夫人夢見祥獸麒麟入懷，故給他取乳名「麟兒」。只是他半生顛沛屢劫生死，哪有祥瑞可言？黃宗羲告知舊稿《四明山古跡記》有陸文虎批註，與宗會遊歷四明歷歷在目，而今山川依舊，故人已逝，故而傷感。

黃宗羲愧然：「母親言之有理，兒子只顧傷懷，疏忽了正經事，有愧於母親教誨，更有愧於文虎兄和宗會弟的遺願，兒子即日振奮精神，重為修撰。」

《四明山古跡記》未成書，本已是憾事，如今你唯有查漏補缺，用心削筆，方可告慰文虎和宗會在天之靈。逝者不可追，你留有念想就是了。」姚太夫人諄諄勸導。

這一年年末，黃宗羲和黃宗炎重修《四明山古跡記》，考證、勘誤、增刪，並將書名改為《四明山志》。

黃宗炎前不久從杭州回來，一邊整理書稿，一邊說起從杭州聽來的新聞。康熙撤三藩以來，吳三桂和其子吳應麒在湖南與清軍呈強硬對決。

稱「天下都招討兵馬大元帥」，舉起「興明討虜」大旗起兵，十三省泰半舉旗響應。眼下吳三桂和其子吳應

「大哥，吳三桂能取勝嗎？取勝之後真的會復興大明嗎？」黃宗炎把勘誤修改後的新稿寫上頁碼，捋齊書稿邊緣。

黃宗羲校勘過兩頁書稿後放下筆：「吳三桂首鼠兩端，進退無據，本無忠義節烈之心，當初歸順清廷

第七章　密告

是苟且，清廷早就防著他，故而必有撤藩之舉。這樣的人如何能成就大業，又如何會效忠故朝？」

「看來他是假興明討虜之名，成自家好事。」

「晦木，廁身儒林著書立說，是我們當下要做的事。」他把舊稿從書稿中抽出一頁舊稿，「朝代有如一頁換下的舊書稿，及時削筆還能用，若不然，只能如此。」他把舊稿扔進爐子，很快變成紙灰，又把一頁新稿夾進書稿。

黃宗炎點點頭，給爐火添上木炭。兩人繼續埋首於故紙堆。屋外北風呼嘯，室內暖意融融。

黃宗炎整理了一會兒又說：「大哥，你別笑我道聽塗說，吳三桂以朱三太子之名起兵討檄清廷。我在杭州，也聽說了朱三太子現身江南。這下夠康熙忙了，一手要平三藩，一手要對付朱三太子。」

甲申之變後出了南北兩起「太子案」。崇禎自縊前，將太子朱慈烺、三子定王朱慈炯託付給周皇親，四子永王朱慈炤託付給劉皇親。

李自成攻陷京師，三皇子皆不知所終。後來，逃出宮的太子朱慈烺得知順治哭祭崇禎，聲稱要善待前明後人，信以為真，遂返回京師找到周皇親。周奎思前想後，將太子獻給清廷。攝政王多爾袞稱朱慈烺是假太子，將其速決，一絕後患。不久弘光朝又來了一位太子，福王和馬士英等眾官員一致認定其為假冒，亦將這名太子處決了事。

「弘光非先帝之後。當時南明派出使臣與清廷和談，馬士英之流提出出使事宜，第一條便是『於天壽山特立園陵，厝先帝梓宮，並太子二王神禩』，意圖先聲奪人昭告兩太子死訊，以絕先帝之後，讓遺民徹底死了心。」提及南明時的潞王福王之爭，黃宗羲仍憤然。

「太子朱慈烺已死，定王朱慈炯和永王朱慈炤皆下落不明，江湖所傳朱三太子不知是哪一位？」

「朱三太子案我早有聽聞。定王或已蒙難，永王或尚存活，但不可能有東山再起之力。江湖中有真反清的，也有假復明的，多是拉虎作大旗。辛卯年，江湖傳言朱三太子被抓送往京師，其後不知生死。己亥年，又有丙申年，直隸真定也出了個朱三太子，聲稱復興大明，又買賣官職，被抓後亦被處決。個朱三太子出沒，據說半年騙了七萬餘兩銀子。」黃宗羲撕掉一頁舊書稿扔掉，「所謂朱三太子，早已淪為江湖笑柄了。」

「朱三太子出沒，也讓清廷嘗嘗草木皆兵的苦。」

黃宗羲拍拍書稿說：「朱三太子之疑不必管了，這書稿中還有幾處疑點，我須再去一趟四明山，實地勘察以定稿。」

康熙十二年（西元 1673 年）十一月，杭州汪氏書鋪。

嚴秋毫每天早起擦桌抹凳，整理書籍，烹茶焚香。等書鋪掌櫃汪先生進入時，室內已窗明几淨清香裊裊，一派書卷氣。

三年前高堂師傅死後，他打算離開杭州，行前一晚在一家書鋪簷前過夜。翌日起晚了，一睜眼對上一張驚詫的老臉。他慌不迭起身道歉，準備捲鋪蓋走人。那書鋪掌櫃問他前些日子還來買書，怎麼轉眼落魄至此。嚴秋毫細看，原來他此前與梨洲先生來過這家書鋪，買了十來本善本，掌櫃汪先生盛情相待，他也出手爽氣，故而認得。嚴秋毫只說東家回鄉養老，自己要另謀出路。汪先生對嚴秋毫頗有好感，再則書鋪正需小夥計，問他是否願意留下。嚴秋毫想自己雖命苦，卻也屢屢絕處逢生得貴人相助，遂磕了幾個響

第七章 密告

頭，就此留下。這一留又是三年。

嚴秋毫整理好書籍，把剪來的梅花插在花瓶中，擺上書架，正忙著，有客人走進店鋪。

「客官，我們書鋪有官刻本，私刻本，也有自家坊刻本，各大刻書堂號的都有。先生要四書五經，制義時文，還是詩詞曲賦⋯⋯」嚴秋毫一邊介紹一邊打量來人，此人四十歲上下，陳舊的青色粗布葛衣，挎灰白包袱，面容蒼白，神情蕭索。

「小哥，討一碗熱茶可好？」那人用嘶啞的聲音說。

嚴秋毫倒了一杯熱茶給他，那人迫不及待喝起來，喝了兩口就往後倒。嚴秋毫慌忙扶住他。汪先生正好走來，兩人扶他在躺椅上躺下。汪先生對醫術略有涉獵，搭了把脈說不礙事，多半是飢餓疲憊所致。

一番折騰後那人醒來，起身叩謝。汪先生又讓嚴秋毫送上熱粥小菜，問他哪裡人，來杭尋親還是訪友。

那人喝著熱粥，看看書盈四壁典藏雲集，再看看溫文儒雅的汪先生和殷勤熱切的嚴秋毫，遲疑了下說：「我姓王，表字士元，南直隸鳳陽府人，教書為業，來杭訪舊，只是友人遷居他鄉，錢物又被竊，故而頗為窘迫。」

嚴秋毫想原來世間苦命人不止我一個啊。

汪先生朝店鋪外一指：「王先生，沿小店往前走，往左過兩條小巷，有一個徽州會館，可襄助流落異鄉的徽州人，你雖是鳳陽人⋯⋯」

082

王士元像被蟲子蜇了，手上的粥碗差點又要摔了，連連擺手：「我還要趕路，多謝兩位恩人相助，王某銘記在心。」他擱下粥碗，起身對兩人深深一揖，朝門外走去，走到門口腿腳一軟，忙扶住門框。

「汪先生，他很虛弱，能不能留住幾日？」嚴秋毫忙說。

汪先生說：「王先生，你既入小店，便是我的客人，我不能讓你帶病離去，否則是我不仁義了，傳出去有損我書鋪名聲。小秋，帶王先生歇息，再找郎中來看看。」

當晚，王士元借宿嚴秋毫的廂房。嚴秋毫端來湯藥，王士元喝過後失聲痛哭，嚴秋毫一慌，以為他又怎麼了。

王士元平靜下來說：「這些年我江湖漂泊，嘗盡人世炎涼，小秋兄弟和汪先生大義相助，不知如何相報。」

「我也是無家可歸人，是汪先生收留了我。個中悲苦，我懂。」

「天涯同命，小秋，你我也是有緣了。」

「你先安心住下，擇日再作決定。天無絕人之路。」

第二天王士元的精神好了不少，向汪先生告辭，並從包袱中取出一本舊書捧到他面前：「汪先生，我身無錢財，只有一本舊書，帶著也是累贅，你開書鋪，懇請收下。」

汪先生一看吃了驚，是宋刻本《東坡集》。他連忙讓嚴秋毫關上鋪門。嚴秋毫不明白一本舊書為何讓汪先生驚惶如此。

第七章　密告

汪先生小心地翻看舊書，嘖嘖稱讚：「椒紙，工藝精湛，墨色清潤，版式精緻絕倫，校勘甚嚴密，真正是寸紙寸金的宋刻本。」他疑慮道，「王先生，如此貴重的宋刻本，你是祖傳還是……」

「故人相贈。我一則熟習東坡先生詩文，學他不畏苦難樂遊浮生，再則潦倒時，或可換飢飽寒暖。」

「王先生，一本宋刻本幾可換一幢宅子，我不可白白收受。若是出錢，我亦是買不起啊。」汪先生坦然相告。

嚴秋毫瞠目結舌，不就一本舊書？書鋪裡還有這麼多書呢，比它還新，難不成那字紙是金子做的？

王士元道：「宋刻本高古雅致，簡潔深蘊，向為歷代書家所喜愛。前朝藏書家張應文說，藏書者貴宋刻，紙質瑩潔，墨色清純，為可愛耳。藏書家高濂亦道，宋人之書，紙堅刻軟，用墨稀薄，開卷有一種書香。有宋刻本可讀，實在是讀書人的福分。我與汪先生有緣，書亦與貴鋪有緣啊。」

汪先生訝然，此人談吐不凡，學識匪淺，看來非一般人等。他既喜歡又覺得不妥，便道：「收受如此寶書，豈不是折煞我了？我賞讀一番就夠了。」

王士元望著窗外的晴空浮雲，道：「江山皆為雲煙，社稷轉瞬易主，一冊宋刻本又算得了什麼？只可惜，那年離開時，我只拿了一冊《東坡集》，行色匆匆帶不了更多。」

「那年離開時？」汪先生問。

「汪先生的恩情，是一本宋刻本相報不了的，懇請收下。」

嚴秋毫想到一事，便說：「汪先生，前幾日聽您說起，想請一位教書先生教小可讀書。」

084

汪先生欣喜地說：「正是，王先生學識廣博，定是出自書香世家。小兒不才，急待良師啟蒙。先生執意要我收下寶書，我卻之不恭，但恭請王先生為小兒良師，如此我才心安理得啊。」嚴秋毫竭力勸說。

「對對對，王先生做我家少爺的先生吧，如此兩相便宜豈不更好？」嚴秋毫竭力勸說。

王士元長長一揖：「恭敬不如從命，王某定當不負恩人厚望，傾力相授。」

王士元果然不負厚望，不知用什麼好法子，汪先生的頑皮兒子小可很聽他的話，讀書寫字無不恭正，汪先生夫婦大喜過望。

嚴秋毫和王士元同宿一室。王士元閒下來讀書，與嚴秋毫保持著禮貌的間距。嚴秋毫也只得耐著性子，讀《氣運算法》、《勾股圖說》、《開方命算》，深覺艱澀，但又讀出幾分趣味，一時又嘆氣又稱好。

王士元問他讀什麼書。這些書是抄本，封面沒有署名，嚴秋毫便說是一位江南大儒寫的書。嚴秋毫很想炫耀梨洲先生是何等了不得的人物，雖然他也不甚了然到底有多「了不得」，想了想，一則怕王士元問詢書中內容，答不上就露怯了，再則弄不好反而會給黃宗羲帶去大麻煩，於是閉口不提。

王士元細細翻看了幾頁《氣運算法》說：「好書。歷朝歷代制義時文，都不如這些經世致用的好書，只可惜——」他忽地噤聲，放下書，拿起自己的書讀了起來，似乎怕觸到什麼犯諱的話題。

嚴秋毫不知他可惜什麼，也越發好奇，他因何落難至此？與自己一樣也有難言之隱嗎？日後他會何去何從？……他猜測他人，思忖自身，感嘆命運何其相似乃爾，心頭紛亂，不覺迷迷糊糊睡去。

半夜裡他醒來發現王士元的床上無人，忽見窗外人影晃動，他貼近紙窗的破洞一看，王士元怎麼跑外面去了？是解溲？屋裡有夜壺啊。再則一個讀書人，怎麼會斯文掃地跑去街上解溲？

第七章　密告

嚴秋毫啟開窗縫，見王士元正面朝北方跪地叩拜，夜色中看不清神色，但看得出姿勢恭敬虔誠，還對著夜空低語，擦淚。地上有一堆紙錢，煙霧裊裊。深夜的街頭杳無人跡，寒鴉淒叫，遠處響著冷寂的敲梆聲。大半夜的，他拜神還是祭祖宗？

過了一刻，王士元進屋，嚴秋毫躺下裝睡，王士元悄無聲息地上床。嚴秋毫心中狐疑不止。翌日王士元一如既往，越發勤勉地教書授業。

沒出兩個月，汪小可學業漸長。王士元說再過一年少爺可以應童子試了，十之八九能考中，汪先生夫婦喜不自勝。嚴秋毫也釋然了。

王士元應該也有一筆沒人能算得清的舊帳吧，自己的欠帳還沒收回，用不著去管他人的閒帳了。

王士元空下來就讀書，汪氏書鋪對他來說有如魚入江海，飛鳥投林。汪先生和他探討各門學問，他都能道出一二，對史學尤為熟稔。

只是有時說到前朝，他三緘其口。汪先生也不在意，前朝遺民多是不願觸碰這一場隱痛的。

一天深夜嚴秋毫再次醒來，見王士元又在屋外燒紙錢叩拜。嚴秋毫被驚著了，難道他家死了那麼多人嗎？難道也遭了滅門之禍嗎？

嚴秋毫呆坐床上，直到王士元悄然進屋還沒察覺。王士元倒被黑夜中的他嚇了一跳，靜了靜問他是不是都看到了。

「沒，沒有，我在看書。」嚴秋毫慌忙從枕頭底下抽出一本書。

「看書為何不點燭火?」王士元點亮蠟燭問道。

嚴秋毫索性半夜說亮話:「士元哥,你為什麼多次半夜祭拜?你家到底遭遇了什麼變故?」

王士元的身影在燭影下龐大而模糊,如同身背一座沉重的大山。

「我祭拜先父先母兄弟姐妹——只是,江山變故如此,家門變故已是無足輕重了。」他黯然道。

嚴秋毫覺得他說的話似曾相識,再一細思,像梨洲先生,同樣揣一腔遺民之嘆,只是梨洲先生慷慨激昂,王士元則寂寥蕭條。

「江山變故算什麼?朝廷是朝廷,天下是天下,天下不是朝廷,朝廷代代更替,天下互古不變。」

兩人在昏黃的燭光下驚懼地瞠視對方。嚴秋毫從沒有說過這些話,他也被自己嚇著了,好像這些話一直堆在嘴邊,此刻脫口而出。

王士元直視他:「這些話,是你內心所想,還是聽來的?」

嚴秋毫恨不得縫上自己管不住的嘴,把拿書的手往身後藏去。

「是不是這書中所講?給我看看。」

王士元眼神裡的執意誠懇讓他心頭一軟,把封面燒焦的書遞過去,懇求道:「只可看看,不可外傳。」

「對了,那幾本《氣運算法》、《勾股圖說》、《開方命算》也是這位江南大儒寫的。」

王士元讀著,神情由迷惑而愕然而震驚。

第七章　密告

嚴秋毫在屋裡走來走去道：「天下為主，君為客，不在一姓之興亡，而在萬民之憂樂。大明只顧一姓之安樂，不顧天下萬民之憂樂，豈會不傾覆？還有……」他頗為能記住這些句子而得意。

他唸了一會兒，看王士元會不會誇自己。一看愣住了，王士元捧著書，眼神空洞，嘴唇囁嚅，神情痴愣。嚴秋毫喊了兩聲，他仍一動不動。嚴秋毫上前拍拍他的肩問他怎麼了。

「為何？為何會這樣？」他呢呢噥噥。

「士元哥你沒事吧？」嚴秋毫急了，一般人看不得《待訪錄》，他若是被這書驚嚇著，是自己的罪過了，「你快睡下。」

「為何，他為何會這樣？..」這下輪到嚴秋毫疑惑了。

此後每晚，王士元都要細讀《待訪錄》，讀得很慢，很細，似乎要把每一個字掰開揉碎，細嚼慢嚥，反覆回味。

嚴秋毫很慚愧。一來他從沒如此細讀過《待訪錄》；再者他還跟黃宗羲承諾過要好好讀有用之書，爭取有作為；最慚愧的是，三年前在高堂師傅墳前他還險些燒掉這書。當時火苗舔到手指，他陡然一驚，抽回書拍熄火苗，封面封底已燒焦了，心中甚是愧痛。

此後，兩人每晚各執一書挑燈夜讀。嚴秋毫有疑問相詢，王士元雖不甚了然，也能點通一二。黃宗羲那些深奧難懂的書，嚴秋毫越讀越有味，之後也讀起其他書。汪先生原本只當他是小夥計，能寫得一手好字已覺慶幸，不指望他學富五車，現在見他愛讀書自是欣喜，也越發覺得王士元是上天送來的貴人。

088

王士元有時讀著會游離出神，老僧入定一般，嘴唇囁嚅，眼神深幽，彷彿在與看不見的人說話。嚴秋毫不敢多說什麼，更怕與王士元點評《待訪錄》，畢竟他沒有細讀過，食髓而不知味，也不好意思索回，只盼王士元快快讀完了事。

有一晚王士元說：「小秋，我想抄錄《待訪錄》。」

嚴秋毫一驚，婉言道：「士元哥，抄寫太辛苦了。」

「我不怕辛苦，只覺憾恨。」

「為什麼？」

「大明若是早點讀到《待訪錄》，先帝要是早點懂得書中真義，刮骨去毒，切實行事，何至於江山變色？」王士元一臉沉痛。

莫非他是破落潦倒的前明官宦或大戶人家子弟？嚴秋毫見多聽多了這等事，也不覺稀奇。只是覺得他過於怪異，為自家性命憂心忡忡倒也可解，何必替故朝故君憂心呢？再說他又不是梨洲先生那樣的大儒，難不成也想文章濟世？

「士元哥，你才學過人，為什麼不去考功名？考上功名光宗耀祖，可告慰令尊令堂兄弟姐妹在天之靈。我功底不好，難有機會了……」嚴秋毫熱切地說。

「縱然一死，我也不會考清廷的功名！」王士元冷冷地說。

嚴秋毫想自己也是隨口一提，他何至於說得如此決絕？

第七章 密告

「我無力光耀祖宗，也不求祖上餘蔭澤後，只求不要禍及於我就好。此生，若能無虞老死而不至於橫死，便是最大的福氣了。」

嚴秋毫暗想，梨洲先生對功名也不以為意，可他說過「學問之道，以各人自用得著者為真」，聽起來就磊落大氣。王士元似乎對世間萬物不再有任何索求欲念，他還是更適合出家。

王士元用了三個晚上抄完《待訪錄》，裝訂成冊。嚴秋毫小心地把書收起，看了看他，欲言又止。

王士元會意道：「我會世襲珍藏，絕不會向人提及隻言片語，更不會讓人多看一眼。小秋你可放心。」

他用布把書一層層包起，裝進包袱，放在枕頭邊。

兩人讀了會兒書，吹熄蠟燭便睡覺。

半夜裡嚴秋毫被煙霧嗆醒，王士元推搡他大呼「走水了」。兩人在煙霧瀰漫中連滾帶爬逃出。汪先生一家也逃到街上。眾人潑水救火。火滅後，汪氏書鋪盡成灰燼，好在左鄰右舍的風火牆擋住了火勢，只燻黑牆面而未遭殃及。

原來當夜汪先生賞讀宋刻本，越讀越入味，後因睏倦沉沉入睡，蠟燭點燃了床頭櫥上的宋刻本，釀成火災。汪先生喊妻兒和夥計逃生。王士元驚醒後帶上了包袱，嚴秋毫則兩手空空，這回《待訪錄》真的葬身火海了，也許是書命吧。

兩人讀了會兒書。

汪夫人知道汪先生夜賞宋刻本而致火災，不免心生怨恨。嚴秋毫心知怪不得王士元，可他到底難辭其咎。汪先生稍作安定後叫來兩人。

他還沒開口，王士元跪道：「汪先生，是我的罪孽。」

090

汪先生扶起他：「天沒有塌，地沒有陷，沒有斷手斷腳，怕什麼？我在鄉下還有老宅田地，還怕養不活一家人？命，這就是命，命中合該有一劫，逃不過的。哈哈哈。」他抹了把眼角的淚，朗聲笑道。

嚴秋毫不敢吱聲，尋思自己真是倒了八輩子大楣，到一家毀一家，若汪先生知道他之前的遭遇，只怕會疑心是他的楣運殃及於人。

「只是我再也無力留你們了。本以為我們意氣相投，能走得更久一些。」汪先生懇切地說，「王先生，我不知你的身世，但看你舉止矜貴，定非一般人。日後你要謹言慎行，好好保全自己。」

一家人帶著殘留的物什坐上馬車，駛了沒多遠馬車停下，汪小可提著兩個小包袱跑來，對王士元深深一揖，說會好好讀書，不負先生期望，放下包袱抹著淚跑了。兩人打開包袱一看，裡面是四季衣裳和一碎銀。

他們在焦垣殘壁前告別，雖是半路結緣，沒想到因緣卻如此短暫。

「士元哥，你去哪裡？以後，我們還會再見嗎？」

王士元走進焦垣瓦礫堆翻尋，找到一個破碗，從破水缸裡舀了碗水走過來⋯⋯「小秋，這碗水就當離別酒吧。你好好活下去。持此盈觴，化為別淚。昔也姬姜，今為憔悴。」他喝了一半遞給嚴秋毫。

嚴秋毫喝完，把碗砸向瓦礫堆。

「山高水遠，無相見時。各保玉體，將死為期⋯⋯」王士元越走越遠，背影如被風吹落的黃葉，轉眼無蹤。

091

第七章 密告

嚴秋毫挎起包袱走了兩步，鬼使神差地一回頭，瞥見王士元剛才翻尋過的瓦礫堆，有本書露出一個角。他搬開壓住書的破櫥，一本殘書掉下來，撿起一看——《待訪錄》。封面封底燒毀了，邊緣焦卷，好在內頁基本完好。他想起，逃出房間時被床頭櫥砸了下，櫥是硬木，《待訪錄》藏在櫥裡，未及燒毀便被水潑滅，才得以留存。

他抱著書泣不成聲，天涯同命，書命不該絕，自己也命不該絕。

以後無論如何要好好護著它。

晚風吹起，書爐飄忽，伴著他的哭泣，猶如書魂幽泣。

康熙十二年（西元1673年）冬，杭州，寒風徹骨，雲天低沉。

嚴秋毫決定再碰一碰運氣，把趙記湖州貨鋪十二年前的欠款收回來，再離開杭州，就是幫東家收取這筆欠款，當時沒有收回，後來連帳單也被乞丐搶走。好在他書法極好，記憶過人，後來重寫了一張帳單，連收貨人的簽字筆跡也仿得極真。

他費盡周折打聽到搬了幾回的趙記貨鋪。店東趙茂，老家湖州，遷到杭州已十多年，店鋪以前專賣湖州貨，如今改名趙記蘇湖貨鋪。

店鋪比以前更為寬大敞亮，他很高興，要是趙家店鋪生意凋零或關門了，他更無從收款。

嚴秋毫站在店鋪門前的樹蔭下，又仔細看了看夾在《待訪錄》裡的帳單，貨物有湖筆、羽毛扇、長興銀杏、紫筍茶等，原計三十兩八百文，按眼下行情，最少也能拿到二十五兩銀子。十二年過去了，這筆帳對他來說還是兩難選擇，他希望趙茂記得這筆帳，又不希望他記得太多。他忐忑不安地走進店鋪。

092

小夥計在門口迎客：「客官，上好的蘇州西山板栗，又香又甜又糯，湖州長興紫筍茶剛到，芳香甘洌，客官品一品？」小夥計嘴上熱情招呼，見嚴秋毫衣著凌亂面黃肌瘦，嘴角浮起不屑的笑。

嚴秋毫拱手：「小哥，我找趙茂先生。」

「生意上的事跟我說也一樣。」

「我與趙先生是故人，麻煩小哥通報一聲。」

小夥計摸不透他的來歷，倒了碗茶給他，進去通報。嚴秋毫奔波多日，一口下去，身心一暖，覺得茶湯從來沒有如此好喝過。

一個冷硬的聲音響起：「你是誰？來做什麼？」

趙記蘇湖貨鋪店東趙茂一臉狐疑。小夥計說來了故人，可他根本不認識這個小乞丐。

嚴秋毫拱了拱手：「趙先生，我，是湖州春山貨鋪的夥計小秋，十二年前，來貴鋪收一筆款子。」他小心地取出帳單奉上，「您看，這是帳單，這是您的簽名。」

趙茂仔細看帳單，正面反面看了好幾遍。嚴秋毫的心跳得厲害，帳是真的，帳單是假的，要是被識破就糟了。十二年前他來到趙記店鋪，剛把帳單拿出，趙茂就告訴了他一個驚天大消息，提醒他避避風頭，他倉皇逃離。這筆款子一欠就是十二年。

趙茂嘆了口氣：「十二年了，這筆帳也該了了。小秋，這麼多年難為你還要再跑一趟。請坐，請喝茶。」

第七章　密告

嚴秋毫鼻酸眼熱，看來世道還沒讓人太絕望。

趙茂又和氣地說：「我剛進了一批貨，手頭有點緊。這樣吧，你暫且在我鋪子歇兩三日，我籌到錢就還你。當年是多少，現在就是多少，你東家是可憐見的，你也是命苦，我一文錢也不會少你。」

嚴秋毫幾乎要哭了，天無絕人之路，地有好生之德。他總以為自己是苦命人裡的幸運人，果不其然。

他飽餐一頓，洗了個熱水澡，晚上在趙茂安排的廂房睡下。快入睡時他迷迷糊糊地想：趙茂店大業大，要不要明天跟他說說……

窗外傳來篤篤聲，好似鳥啄木，又像有人在敲窗。他撐開黏滯的眼皮，貼近窗簷下一聽，有人在窗口加裝木板，敲上釘子。他的睡意陡然全無，屏住呼吸繼續聽。

一個聲音說：「他犯了啥事？不就收筆款子嗎，東家為什麼要把他關起來？」

另一個聲音說：「東家讓幹啥就幹啥，不該知道的別問。」

兩人離開，嚴秋毫癱倒在地。偌大的趙記店鋪怎麼可能拿不出幾十兩銀子？世間只有趙茂知道他祕不可言的身世，怎麼可能放過他？

他看了一圈，門窗皆出不得，屋頂又爬不上，真是上天無路入地無門。他拎起椅子憤怒地砸向牆，牆體晃了下，石灰紛紛脫落。他繼續砸去，牆上出現一個拳頭大小的洞口，原來是一口砌在牆上的櫥櫃。他繼續砸，木板裂開，露出一道門洞。他挎起包袱倉皇逃離。

趙茂捱到天亮，決定走一趟巡撫衙門。

094

他本打算去錢塘縣衙，想了想覺得錢塘知縣管不了這事，決定去杭州知府也未必管得了，心一橫決定上浙江巡撫衙門，這事非巡撫大人做不了主。

趙茂走到廂房門口，看門鎖紋絲未動，窗戶的木板釘得結實，叫小夥計打開門。門一開，屋裡牆倒櫥破，空無一人。

趙茂直拍大腿叫壞了大事。這廂房原本是倉房，修繕時磚頭木料不夠，他捨不得多花錢，便把一口舊櫥砌進牆，沒承想給了那小子機會。他原本謀算把嚴秋毫送往巡撫衙門，這可是一條十二年前的漏網之魚，當年心一軟放跑了他。現在網破了，魚還逃了。他氣得拖下床上的被子枕頭，狠狠跺著發洩怒氣。

趙茂一把撕碎帳單，連同夾在書裡的帳單一本書掉下來，書的封面封底都燒焦了。

還看書，一個下人看啥書？他翻了幾頁，頓時大驚，再看，書的封面封底都燒毀了。

「今也以君為主，天下為客，凡天下之無地而得安寧者，為君也。是以其未得之也，屠毒天下之肝腦，離散天下之子女，以搏我一人之產業，曾不慘然⋯⋯」

反書，大反書啊！

書沒有署名落款，如此妄議皇上朝政，真是逆了大天。趙茂陡然精神一振，那小子跑了不要緊，好在留下如此重要的罪證。果然有什麼樣的東家就有什麼樣的夥計。眼下白紙黑字確鑿無疑，若是按圖索驥查實著書之人，拿到首功，大筆賞銀是少不了的。

095

第七章 密告

趙茂越想越深信不疑自己神機妙算，若不是推說要籌錢，那小子不會留下，自己也沒法下手，反書也不會遺落……他匆匆寫了封密信，將事情略述一遍，把書小心地揣進懷裡，精神抖擻地出了門。

嚴秋毫不辨方向地奔逃，不覺跑到一處熱鬧的集市。

寺院、米店、布莊、飯館、茶樓、客棧，抬轎的，牽馬的，賣膏藥的，練拳腳的……人聲喧囂，馬嘶車鬧，車水馬龍，一條蕩蕩大河穿街而過，河上帆檣如雲。

他在埠頭坐下，看著來來往往的舟楫，河上南來北往，不覺悲從中來。人人有來處去處，只有他來去無著，天大地大，為什麼沒有他的一寸容身之處？與其這般苦熬，不如跳河一死了——「小哥，你也去京師嗎？去京師的船是哪一艘？」

一個挑擔的漢子過來問詢，嚴秋毫茫然搖頭，漢子匆匆走了。他清醒過來，發現是京杭大運河的香積埠頭。當年他從湖州來杭州，也在這裡登岸。從香積埠頭沿大運河北上，可抵達遙遠的京師。

京師？為什麼不去京師？別人去得，我為何去不得？這念頭像一道烈焰一閃，他心頭大亮，不如去北地碰碰運氣。

他摸了摸包袱，糟了，《待訪錄》連同帳單落在了趙記鋪子人手上，是害了梨洲先生啊。又想了想，所幸書的封面封底都燒了，沒有留下「黃宗羲」三字，應該查不到梨洲先生頭上吧。杭州無論如何待不下去了，必須快快逃離。

「山高水遠，無相見時。各保玉體，將死為期。」嚴秋毫朝城內方向拱了拱手，背起包袱朝碼頭走去。

096

趙茂不敢直接找浙江巡撫，他一介商人，地位卑下，沒有資格面對巡撫，但又不能不見。他找到在巡撫府做幕客的周姓熟人，花了一兩銀子，懇請對方將密信和書呈交撫臺大人。

周幕客翻了翻書，把密信和書呈給巡撫劉安，低語一番。劉安臉色驟變，喊呈書人進來。趙安連杭州知府都沒見過，這回直接面對巡撫大人，一時喜不自勝。

「小民趙茂叩見撫臺大人⋯⋯」

趙茂打躬的腰還沒直起，劉安喝令他快說書是怎麼回事，趙茂把來龍去脈說了一遍，並得意地透露了嚴秋毫的身世。

「撫臺大人，此人係湖州莊氏明史案餘孽，又挾帶反書，實乃罪上加罪罪無可恕。此書字字大逆不道，句句犯上作亂，不知出自何人之手。小民深知此書關係重大，故特意前來呈交，祈望撫臺大人速速緝拿嚴犯，固我大清江山。」

「大膽趙茂！」劉安厲聲喝道。

趙茂惶然，不知自己說錯了什麼。

「本撫撫軍安民，一日萬機，區區小書無非井蛙妄議，何足掛齒？輪得著你一介草民指教本撫如何做事？還不快快退下。」劉安趕蒼蠅似的揮揮手。

趙茂蒙了，他獻上如此重大機密，巡撫大人卻不屑一顧，難道他忙暈了頭，還沒明白此事的可怕之處？

097

第七章 密告

「撫臺大人，此書實在關係重大……」

「滾！」劉安一拍桌子，怒不可遏。

周幕客把趙茂帶了出去。趙茂蒙然問自己犯了什麼錯，周幕客冷冷地告訴他，若要活命，最好當作今天什麼事也沒發生過。

「我的書——」趙茂有氣無力地說。

「書？什麼書？哪裡有書？你進來時兩手空空啊。快走吧。」

趙茂一路大罵，想破腦殼也想不出自己錯在哪兒，再想到白花了一兩銀子，椎心地疼。他在大街上捶胸頓足，眾人紛紛側目。早知道這樣，他應該索性跑去京師獻給皇上，貪天之功，皇上一高興說不定還賞一頂頂戴花翎……說來說去都是那死小子害的。他把嚴秋毫罵了一遍又一遍。

此時的嚴秋毫躲在京杭大運河的漕船底艙。他給運漕糧的把頭塞了一些碎銀，把頭讓他做了背「土宜」的勞役。大清有不成文之規，默許漕船攜帶適量的茶、酒、菸葉、藥材等，沿途販賣賺點小利，此即「土宜」，以免漕工因收入微薄而生事。白天他幫把頭販運貨物，晚上睡在貨堆上，聞著汙濁發臭的混雜氣味，滿耳灌滿江浪拍擊艙壁的轟響，一心念著「去京師、去京師」。

浙江巡撫劉安確實是將書占為己有了，但並非貪天之功。這書對他與其說是功，不如說是禍。劉安很快斷定，此書就是餘姚黃宗羲的《待訪錄》。這個老遺民學識淵博，門生如雲，年輕時反清復明，如今還不老實。他在京師就聽聞遺民士子間流傳著黃宗羲的《待訪錄》，據說書中妄議為君、為臣、取

士、田制、兵制、財計等,直斥國是弊端,令他大為震驚,這可是他治下的疏漏。不過他沒有見過書,更不願無事生非惹出當年莊氏明史案那般軒然大波,只是裝聾作啞,捱過一日是一日。

順治親政後,推行羈縻軟化的「滿漢一體」國策,大力推崇漢文化,徵召前明遺臣,表彰殉君死難的前明忠臣和順治初年抗清死難的遺民,下詔赦令,凡順治十年(西元1653年)前聚山為盜者,只要能悔過,一律免罪;順治本人更是重葬崇禎、書制碑文,多次拜祭思陵,念及闢疆開土的艱辛,還哭喊「大哥大哥,我與若皆有君無臣」,也是千古奇聞了。

黃宗羲聲望不俗,處置不當或會適得其反:如今《待訪錄》落到自己手上,再也瞞不了天過不了海,要是被人檢舉自己治下有這麼一本反書,倒不如先行奉上以證清白。想到十二年前因莊氏明史案被革職查辦丟命的一連串官員,劉安的後背直涼。既然自己無法定奪,那只能交給唯一能定奪的人。下個月正是京察自陳之期,他決定把這本反書呈交朝廷——不,呈交皇上。

「浙江巡撫劉安奏,為遵例自陳不職,仰祈睿鑑罷斥,以肅察典事。臣無任惶恐,待命下之至,為此具本,謹具奏聞……臣謹奏《待訪錄》為反書,書中多有礙語,未敢擅便,謹題請旨……」他撕掉趙茂的告密信,恭恭敬敬地書寫自陳本。

第七章 密告

第八章 聖顏大怒

康熙十三年（西元 1674 年）早春，京師，都門煙樹，巍樓通衢。

清朝定都北京後，旗人居內城，漢人居外城，內外規制嚴格。之後外城日漸富饒繁華，街衢更是滿漢混雜。商舖棧房貨物堆積如山，酒館食肆歡呼酣飲，歌樓戲院通宵達旦，恆久不休。真應了前人詩中讚嘆，「萬戶千門氣鬱蔥，漢家城闕畫圖中。九關上徹星辰界，三市橫陳錦繡叢」。

劉安帶了兩名僕役風塵僕僕抵達京師，他祕揣《待訪錄》和京察自陳本平裝上陣，想盡快辦妥此事。

京察自陳，是三品以上京官和地方督撫京察之期以自陳方式奏請皇上考績的題本，述職自身履歷、任職地方所做的事蹟、功勞、財賦、府庫、農事、民生，乃至失職而受到罰俸等詳情。內容皆為公事循例奏報，亦可列入乞恩、認罪、謝恩及地方民務的陳情、言事、陳訴等。

劉安將《待訪錄》事因作為京察自陳本內容之一，自有巧妙考量。

順治朝規制，地方大員不得隨意進京，京察自陳是最好的時機。若為《待訪錄》而特意赴京陳情，表明他放縱地方出了這麼一本反書，巡撫浙江無能；若是作為京察自陳本述職內容之一，則表明巡撫浙江

第八章　聖顏大怒

雖有貽誤之錯，亦為無心之過，更能彰顯夙夜匪懈之德。

大清明令嚴禁各地督撫在京置業，不許在親朋好友同年處借住，以防交通賄賂結黨謀私，更不允二品以上官員出入客棧酒樓。會館多為各地進京參加會考的士子、商人等閒雜人等所住，亦是不宜。

劉安暫住寺廟，吩咐一名僕役將自陳本遞交通政司。按慣例，自陳本由通政司轉內閣票擬，經皇上批示，科抄到部，吏部考功司查核，呈堂具題，最後經皇上認定，科抄到部，遂完成考績。一圈下來最快也得兩三個月。他早有安排，再派另一僕役將奏摺呈奏事處，直達御前。

康熙親政後，深感題奏本煩瑣，難以一目了然掌握政情民意，遂允許地方督撫、提鎮大員用奏摺先行奏事，同時將題奏本交有司正式奏報。一本兩奏，既循規蹈矩不違祖制，又能提前得到御筆硃批，劉安很為這個兩全之策而得意。

諸事安排妥當，他背了個小包袱閒走，來到正陽門一帶。街上店鋪林立，人煙喧鬧，珠玉寶器日用無不悉具，南腔北調盈徹於耳。他東逛西走不覺飢渴，看看自己的商賈打扮，壯膽進入一家酒館。

小夥計跑來端茶送毛巾，問點什麼酒菜。劉安點了三菜一湯，要了一壺龍井茶。小夥計哎呀一聲，劉安警覺地問何事。

「小的聽客官有江浙口音，再則要龍井茶，故而貿然出聲，請客官見諒。」小夥計說。

劉安不願與之多言，讓他快上茶。片刻小夥計送上茶，退下候菜。

劉安喝著茶尋思，皇上批過奏摺後召見，應如此這般……酒菜上來，他繼續邊吃邊尋思。忽地樓梯傳

102

來急促的腳步聲，劉安一看是兵馬司士卒上樓，慌忙放下碗筷，朝屏風後躲去。屏風後另有一道樓梯，他慌張地下去，那小夥計正端菜上來，叫喊還有一道菜。

劉安說有急事要辦，摸出十來個銅錢給他，匆匆逃離。

五城兵馬司掌地方軍事、維護治安、查捕犯人、火禁等事務，還隨時訪緝地方官員隨意來京，並舉檢，必遭御史言官彈劾直至削職。劉安雖然奉公進京，可這回還是有點心虛。走出巷弄他一驚，小包袱忘在酒館了，裡面有一個錦盒，錦盒裡裝的是《待訪錄》。

《待訪錄》的封面封底燒掉了，品相粗鄙，呈交皇上大不敬，他剛才特意買了錦盒裝上。這是面聖證物，故而他隨身帶著，連放在寺廟也不放心。倘若被兵馬司搜去，那是抵十個腦袋也不管用啊。倘若被別有用心的御史言官指責自己散播反書，更是誅九族的大禍。也怪自己嘴饞，若在寺廟吃點素齋也不至於如此了。

回杭州定要把那趙茂好好治罪一番，無事生非把一個冒火星的爆竹塞到自己手上。還有那黃宗羲，若真遭不測，死活非得把這老遺民拖進來不可……

劉安回到酒館門外窺探，等到兵馬司士卒離開，他跑上樓，直奔剛才的酒桌。桌上已空無一物。正急著，那小夥計捧著小包袱跑過來。

他上前奪過，打開一看錦盒完好，腿一軟坐到椅子上，額汗直淌。

小夥計說：「小的見客官行走匆匆，遺忘了物品，便收拾妥當候著。客官，您沒事吧？」

103

第八章　聖顏大怒

「沒事沒事。」劉安掏出十文錢，乾笑著送給他。

「舉手之勞，客官不用客氣。」

劉安以為他嫌少，又添上兩文。

「保管客人遺落物品乃本店行規，亦是做人的本分，不義之財不可取分毫，更不可做昧心之事，客官請收回吧。」小夥計誠懇地說。

劉安的臉火辣辣的，這話怎麼這麼不好聽？他說了句「好人有好報」便下樓。

「客官慢走，下回再來啊。」春霖酒館小夥計嚴秋毫對著客人的背影照例喊了句，擦著桌子自語，「好人有好報？果真如此嗎？」

嚴秋毫憑著在船上結識的一個好心人託請的關係，到京師後，在這家酒館找到了跑堂的差事，暫時有了落腳地。

浙江巡撫劉安苦等了十二天，終於等到皇上召見的口諭。

他捧著錦盒，跟著引路小太監亦步亦趨，心中把推演了無數遍的稟告，又推演了一遍。小太監把他帶到乾清宮對面的御書房。康熙正在御案後批閱奏章，貼身太監小喜子侍立一側。

劉安拍打馬蹄袖行打千禮：「臣浙江巡撫劉安，皇上聖躬金安。」

「朕安，劉卿平身。」康熙的聲音清朗洪亮，「劉卿的奏摺朕已知悉，把你說的那本書呈上來。」

二十歲的康熙皇帝愛新覺羅‧玄燁眉目清朗，臉上有幾顆淡淡的痘印，正是這幾顆不幸的天花痘印

104

讓他幸運地坐上了皇位。順治臨終前接受西洋傳教士湯若望的建議，冊立出過天花的玄燁為太子，時年即位。

劉安奉上錦盒，小喜子查看一番呈上，康熙見這書邊緣焦卷，連封面都燒沒了，不由皺著眉讀起來。

劉安屏息斂氣等待皇上的聖裁。

他橫下心，倘若龍顏大怒，將自己革職查辦以至處死，他也要表達對大清和皇上的忠心——呈交反書，實出於公忠體國之心啊。

年輕的皇帝讀著書，由愕然而震驚而慍怒而恐懼，這些文字戳心戳肺，就像有人站在對面指著自己鼻子大罵。

「今也以君為主，天下為客，凡天下之無地而得安寧者，為君也。是以其未得之也，屠毒天下之肝腦，離散天下之子女，以搏我一人之產業，曾不慘然」，「故我之出而仕也，為天下，非為君也；為萬民，非為一姓也」，「蓋天下之治亂，不在一姓之興亡，而在萬民之憂樂。是故桀、紂之亡，乃所以為治也；秦政、蒙古之興，乃所以為亂也；晉、宋、齊、梁之興亡，無與於治亂也⋯⋯」

康熙的臉肌抽搐，痘印也跟著顫動，他拍案而起：「狂妄，可惡！」

劉安撲通跪倒。六名御前侍衛立刻出現，護在康熙面前，按著綠鞘方頭腰刀直逼劉安。康熙從一名侍衛腰間抽出腰刀，大步跨向門外小廣場。

小廣場上刀光凜凜，康熙動如脫兔，疾如閃電，緩若流雲，地上捲起薄薄的塵煙，人和刀一團眼花撩亂。

105

第八章　聖顏大怒

順治臨終遺詔，命索尼、蘇克薩哈、遏必隆、鰲拜四大臣輔佐年僅八歲的康熙。康熙少年習文練武，深領昭聖太皇太后「祖宗騎射開基，武備不可弛」之訓，勤習武備，能挽十五力之弓，發十三握之箭。之後鰲拜愈來愈獨斷專權，黨羽遍布朝野，直接威脅皇權。為剷除鰲拜，十四歲的少年皇帝親選一批貴胄子弟為少年侍衛，在宮中練習滿人摔跤術布庫。鰲拜只當他戲耍，未以為意。之後康熙召鰲拜觀見，以少年布庫與其切磋武藝為名，伺機將其擒拿，少年皇帝最終坐穩了皇位。

平時批閱奏章操勞國事一久，他都會舞刀弄劍以洗煩累。宣洩了一炷香時辰，他把腰刀扔給侍衛，回到御書房又讀起來。

「夫治天下猶曳大木然，前者唱邪，後者唱許。君與臣，共曳木之人也……」康熙不覺讀出聲，想著兩人抬木的模樣，不由朗聲大笑。

劉安錯愕，剛才皇上險些要砍人，現在又笑出聲，定是此書荒謬可笑。他悄悄扯了扯黏在後背的衣襟，後背滲出了冷汗，黏糊得難受。

「劉卿，抬木時唱邪唱許，是何意思？」康熙問道。

「這個，那個……」劉安額頭又滲出汗。

小喜子道：「皇上，這是人們拖拽大木時唱的號子，前面的人唱『邪』，後面的人和『許』，就跟船伕唱船號子一樣，這樣又有趣又能減輕吃力。」他是康熙的少年玩伴和最寵信的小太監，小時候在江湖飄蕩，深諳民間技藝，狡黠乖巧，百行百通。

劉安悄悄擦了額頭，懊惱該好好讀透這書。看樣子皇上不甚滿意，今年的京察情勢不妙啊。

106

「朕以前經過養心殿造辦處作坊，見過木工抬木，也是如此唱號，這一提倒記起來了。」康熙若有所思，「看來著書者頗懂民生日常。劉卿，此書作者姓甚名誰？」

「餘姚黃宗羲。」

康熙問他是什麼人。

此人是前明御史黃尊素之子，黃尊素死於魏忠賢之手，後來崇禎為其平冤昭雪，黃宗羲懷揣鐵錐千里赴京，在公堂上刺傷魏黨餘部，天生腦後長反骨；青年時參加復社，指手畫腳妄議朝政；明亡後追隨監國魯王反清復明，可謂亂臣賊子逆黨；中年後安分守己了，以著書傳道授業為生，聽說門生眾多盛名不薄，這些年倒是沒聽說過有什麼妄言。只是萬萬料不到，他表面循規蹈矩，私下竟造作了如此大逆不道的一部反書。

「皇上，浙江前有湖州莊氏明史案震驚朝野，現有《待訪錄》妄議朝綱政紀，此乃微臣管事不力，貽誤地方，有辱任使，伏祈皇上俯賜罷斥，以懲不職……」劉安連連叩頭謝罪。

明史案發的那一年，正值順治駕崩，八歲的康熙失怙，輔政大臣鰲拜責令刑部赴湖州徹查，嚴懲涉案人員，莊氏滿門抄斬，涉案者盡誅，此後朝野一提及「明史」即風聲鶴唳。想到「明史」，康熙緊眉頭。

順治二年（西元 1645 年）父皇詔令修《明史》，當時江山初定，百業凋敝，任命的各大纂修總裁或四下征戰，或因罪遭誅，無人顧及修史，迄今亦無實質進展。

「明史案發時，你還未巡撫浙江，倒也不必自攬罪責了。」康熙看了看書的封面封底，「你在奏摺中說這書被火燒過，怎麼回事？」

第八章　聖顏大怒

「臣也不清楚詳情。這書是有人夜間扔進巡撫府，想必是撿來的，怕擔罪責，所以偷偷送來。」劉安臉不變色心不跳。

「是嗎？有人撿到反書，非但不毀，還偷偷扔進巡撫府。你收到反書，非但不查，還辛辛苦苦千里赴京呈交於朕。」康熙沉下臉，「劉卿，你是怕朕平三藩忙得還不夠，上奏這麼個大好事讓我高興高興？」

「皇上恕罪，臣萬不敢作此大逆不道之想。」劉安大為恐慌。

「福建耿精忠作亂，餘寇潛至周邊，你浙江已是厝火積薪，你不但不加緊防備剿寇，還為區區一本小書跑來京師？你們這些督撫，一個個把大小繁難推給朝廷，生怕擔責，一旦上奏便以為與己無干，整天盤算不做就不會有錯，多做就會多錯，沒事就是本事。劉安，你敢說你沒有這樣想過？」康熙越說越氣，把三藩作亂以來的震怒、鬱悶、壓抑發洩到這個撞上門的倒楣巡撫身上。

「皇上，臣萬萬不敢啊。臣擔心有了一本反書還會有第二本、第三本。黃宗羲名望不俗，抓捕起來易如反掌，只是，怕皇上──」劉安帶著哭腔，不敢說出後面的話。

「朕敬仰中華文化，敬重博學鴻儒，推行滿漢一體，你故而不敢輕易處置黃宗羲，是不是這樣？」

「皇上……」

「好你個劉安，妄揣聖意，該當何罪？」康熙怒喝。

劉安連連磕頭，腸子都悔青了，早知這樣，還不如把書燒掉了事。

康熙不喜歡這些督撫大員不好好治理安撫地方，沒事跑京師揣摩聖意，跑官要官。朝廷明令禁止督撫

108

在京置業，可他們還是暗地裡購置宅院，買賣田地，販賣貨物，朝廷也只能睜一隻眼閉一隻眼⋯⋯不過，劉安說的也並非全無道理⋯⋯

康熙緩了口氣：「起來，我勘讀後再作裁決。你且回寺廟歇息。」

「皇上聖裁，臣告退。」劉安叩謝聖恩後退下，暗想這書字字確鑿，罪愆昭彰，皇上還要再讀出什麼花樣？

康熙向後一靠，揉著太陽穴閉目養神。

此時擺在他面前的最大危局是三藩之亂。平西王吳三桂受封雲貴，愈來愈呈狼子野心。他獨攬大權，兩省督撫無能為力，其用人不許吏部掣肘，用財不許戶部稽查，擴充綠營兵，打造軍器槍械甲仗，私鑄地方錢幣，與西藏達賴喇嘛互市，用雲貴茶葉換來剽悍騎乘⋯⋯每一樁都是滔天大罪。康熙洞若觀火，不動聲色地截其用人題補之權，奪其逃人審理之柄。

去年春，廣東平南王尚可喜和福建靖南王耿精忠迫於情勢，主動提出撤藩，康熙照准。吳三桂亦請求撤藩，實則希冀朝廷溫旨慰留。康熙認為其撤亦反，不撤亦反，遂欣然允許，順勢加緊撤藩。惱羞成怒的吳三桂於當年十一月誅殺雲南巡撫朱國治，以「朱三太子」之名舉起「興明討虜」大旗，自稱「天下都招討兵馬大元帥」，由雲南、貴州而進湖南，幾乎鯨吞整個湖南。吳三桂反叛激起了各地蠢蠢欲動的野心，平南王尚可喜年老多病，兵事由其子尚之信掌控。尚之信素性桀驁，官民怨恨，還敢在父親面前持刀相逼。靖南王耿精忠以稅斂暴於閩，縱令屬下奪農商之業，苛派伕役。三藩互通聲氣，與朝廷分庭抗禮。臺灣鄭經則渡海進兵福建漳州、泉州和廣東潮州⋯⋯尚未平穩的大清江山亂成了一鍋粥。

第八章　聖顏大怒

康熙一度要御駕親征，大臣們諫止，遂命順承郡王勒爾錦為寧南靖寇大將軍率軍討伐。清軍攻荊州、武昌、宜昌，但不敢貿然渡江與三藩對陣，一時東征西討顧此失彼。康熙通宵達旦批閱各地邸報，好幾回累得咯血。

國步艱難，內憂外患，眼下又多了一本反書。燒幾本書殺幾個人都不是事兒，麻煩的是後面會帶出更多事。甲申之後，前明士子或拒詔，或隱居，殺身殉國人數之多為歷朝罕見，朝廷奇缺博學鴻儒，《明史》編撰遲遲未定……

康熙讀著《待訪錄》踱來踱去，時而用滿語惱怒憤恨低罵，時而又讀出幾分道理，深感微言大義，忍不住叫好。小喜子跟在他身後又納悶又好奇，皇上喜讀書，但讀得這般喜怒形於色的卻少見。

「小喜子，聽著。」康熙大叫。

小喜子腿一軟要跪下。

康熙踢他一腳：「豎起耳朵給我聽著。」他興味盎然地念道，「三代之法，藏天下於天下者也。山澤之利不必其盡取，刑賞之權不疑其旁落。貴不在朝廷也，賤不在草莽也，在後世方議其法之疏，而天下之人不見上之可欲，不見下之可惡，法愈疏而亂愈不作，所謂無法之法也……」

「皇上，奴才愚鈍，這是啥意思？」

「這話的意思是，上古堯舜禹湯文武三代，把天下當作天下人的天下。君主不會貪婪地攫取山川、湖澤的物產，也不會因刑賞大權旁落而心生疑慮。不以身處朝廷為尊貴，也不以身處於鄉野而自賤。」

說到這裡，康熙一臉鬱鬱不快，好似自己抽了自己一耳刮子。

小喜子明白他的心病——封藩、撤藩之舉，豈不應了皇上剛說的什麼「因刑賞大權旁落而心生疑慮」嗎？當初順治爺管不住一大片天下，把大權放給三藩，以致今日亂象，皇上讀到這等句子能不堵心窩火嗎？這寫書人也真是的，怎麼趕巧捅中了皇上的心思？

「皇上，今日您御門聽政一整天，奏摺批了一大堆，又跟臣工議事這麼久，書可以慢慢看，該用晚膳了。那什麼鳥生魚湯歸鳥生魚湯，咱大清自有國情在。」小喜子乖巧地說。

康熙笑罵他「白丁」，看向暮色混沌的宮殿，揣起書說去慈寧宮，不用跟著。

昭聖太皇太后正準備用膳，見孫兒進來自是歡喜，笑著說「來得早不如來得巧」。

昭聖太皇太后為皇太極之妃，順治之母，智慧勇毅，膽略過人，殷憂啟聖，扶佐康熙即位，擒拿鰲拜，培育孫兒一步步羽翼漸豐。康熙最為尊崇祖母，忙揀好吃的菜、好聽的趣事與祖母。

太后笑吟吟地說：「你一來，我覺得飯菜也香了，心也開了。」

康熙暗叫慚愧：「近來庶務繁忙，以後我多多陪皇祖母用膳。」

康熙愧然：「皇祖母，您素樸節儉，孫兒送名貴一些的衣物飾品您都不肯收，國家平叛怎麼可以用您

「倒也不必。平三藩軍需甚急，我籌措了一些首飾銀兩，你拿去應個急。」

「家國一體，何分彼此？如今國用浩繁，雖說是涓涓細流，亦能匯流成河。皇祖母老了，幫不了你什麼，這些錢能給前線將士添些衣被食物也是好的。」

的內帑？」

第八章　聖顏大怒

康熙的眼眶發紅，忙喝湯掩飾。縱然貴為九五之尊，他也有不及黎民百姓的凡常——自小喪母失父，是他癒合不了的痛，是以祖母是他唯一的至親。

飯後祖孫倆在花園散步，太后拍拍他的手背問有什麼心事，康熙支吾了下，太后看他一眼：「難不成還有比平藩更讓你操心的事？」

康熙只得把浙江巡撫添的堵說出來，太后說要看看書。康熙掏出書，太后在廊椅坐下看起來，有宮女過來掌燈。

康熙來慈寧宮確實是想跟皇祖母訴苦，想個什麼辦法懲治一下這個著書人。聊了一陣子，又覺得不該給老人添煩。可他自小被皇祖母看得透透的，藏不了半點心事。太后讀了幾頁書，閉目沉思少頃，又繼續看，拿書的手微顫，看來她的心緒並不像臉上那樣平靜。

「想不到江浙還有這麼多悖逆之論，真是屢教不改，我讓浙江巡撫嚴查。」康熙憤然道。

「查？皇帝打算怎麼查？像當年湖州明史案那樣查嗎？」

康熙想，眼下莫說沒有時間和精力對付這事，就算有，明史案那樣的查法也太過興師動眾。可置之不理不當一回事，又著實不甘心。

「皇祖母如何看待明史案？」

「明史案發那年，你父皇駕崩，四大臣輔政，諸務繁重危急。此案由鰲拜督促刑部徹查，他實則拿此事殺雞儆猴，在朝野樹立威名。我雖知其中涉及冤屈之人，但顧慮與鰲拜牽繫重大，故而也只能避其鋒芒。」

「不過莊氏也太大膽了，不但私修《明史》，書中還有大量悖語，此書要是修成還得了？只可惜，案發後大量史籍史料毀於一旦，以至於如今史料闕如甚多，修史維艱。」

太后走到一叢絢爛的迎春花叢前，輕撫花朵：「前明永樂皇帝朱棣，一生做的最大錯事是什麼？」

康熙脫口而出：「不就是靖難之役嗎？」

太后搖搖頭：「朱棣或朱允炆做皇帝都一樣，說實話朱棣的治政手腕還超過了朱允炆。可他做了一件大錯事——殺方孝孺，滅其十族，險些絕了天下讀書種子，留下了千古罵名。此足以為訓。」

「兒時，熊賜履老師說過此事，一說起便是淚水漣漣。」

太后舉起手中的《待訪錄》：「那你意欲如何？」

「孫兒想聽聽皇祖母的想法。」

太后翻開書唸道：「蓋天下之治亂，不在一姓之興亡，而在萬民之憂樂。是故桀、紂之亡，乃所以為治也；秦政、蒙古之興，乃所以為亂也；晉、宋、齊、梁之興亡，無與於治亂也⋯⋯這《待訪錄》說的都是大實話，而實話從來都不會是動聽悅耳的。」

「簡直就是太難聽刺耳了。」

「明史案牽累的史籍以海量計，聽說顧炎武也有出借的上千冊珍貴史籍毀於一旦。有明二百七十六年，乃至中華數千年歷史，如今多在明遺民的文字記載和口耳相傳。與其任由稗官野史氾濫，不如站出來正正經經修史，如此既能堵住悠悠之口，又能招攬明遺民為我所用，復得道統法統之正，更可前事不忘，

第八章　聖顏大怒

後事之師，累朝興替之事端，庶幾備矣。」太后摘下一莖迎春花，舉在手上笑盈盈道。

康熙幫著摘花：「孫兒與皇祖母想的一樣。只是當下三藩驟起，翰林院還沒有時間精力修史，我也難以顧及。」

「修史乃千秋大業，你修不完，還有兒子、孫子，哪怕修上一百年，也要修成一代信史，足備千年法戒。皇帝，到了偃武修文、以崇大化的那一天，修史的，必定是那些遺民大儒。」

「皇祖母，孫兒明白您的意思，知道怎麼做了。」康熙頓覺心頭暢亮。

劉安在寺廟等了七天七夜，廟門都不敢邁出一步，皇上還沒傳來消息。他急得頭髮一把把地掉，絕望地想出家算了。

皇上罵他「妄揣聖意」，可做官的要是連聖意也揣摩不了，還怎麼混仕途？朝中重臣要員，哪一個不是精準拿捏聖意爬上去的？無非就是自己笨拙了些，被皇上一眼看穿了心思。眼下耿精忠餘部潛逃，浙江各府縣也有上報，他在京察自陳本中也提到浙江做好了防備。只怪自己急於求成，沒有揣摩到眼下皇上的整個心思都放在平三藩這事兒上，可皇上不發話如何處置那本書，自己又如何斷？⋯⋯得想個法子讓他盡快批覆⋯⋯

乾清宮書房，康熙批閱奏本奏摺，忽地一拍書桌大喊「胡說八道」。

小喜子急步上前：「皇上有何吩咐？」

康熙指著奏摺：「山東、湖南兩地來報，傳聞朱三太子出沒，兩地上報日期只隔了兩天，難道這朱三太子長了翅膀兩地來回飛嗎？什麼狗屁奏摺。」

「奴才也有所耳聞，說朱三太子重出江湖了。」

「前明諸皇子亡故多年，父皇在世時，江湖上就有朱三太子傳聞，均係假冒。跟吳三桂一樣，必定是這幫督撫辦事無鉅細上奏無遺，以為上奏了就跟他們無關，他們以為朕閒得發慌嗎？」

康熙一揮御筆批示：以後凡涉朱三太子案，未經查實，不必上奏，真有其事，拿人犯來見。該部院知道。

批了兩個時辰，康熙讓小喜子拿來《待訪錄》。小喜子窺看他臉色沒有惱恨，遞上書，悄悄摸了摸口袋裡沉甸甸的金錠，藉機問劉安的事如何處置。康熙瞭了他一眼，讓他找出內閣票擬呈上的劉安的京察自陳本。

「臣資質庸愚，淺材庸力，蒙天恩稠疊，感激情殷，聖恩之提命不惜頻宣。臣職之奉行終慚未逮。浙江前有湖州明史要案震驚朝野，現有《待訪錄》妄議朝綱政紀，此實乃微臣管事不力，貽誤地方，有辜任使，伏祈皇上俯賜罷斥，以懲不職……」

京察自陳本內容與劉安呈上的奏摺大體相同，只是更為詳盡。看得出，劉安實為《待訪錄》而赴京，生怕再釀明史案之類禍事，說到底也是明哲保身，再討個嘉獎，這些人的縝密狡詐心思自己還能看不出嗎？

君主與人臣是從共同治理天下而有的名分，如果人臣沒有治理天下的責任，那麼對君主來說，人臣和君主就是陌生人。人臣為君主做官，如果不把天下人的事當作一回事，那麼人臣就是君主的奴僕，如果

第八章　聖顏大怒

把天下人的事當一回事，那麼人臣就是君主的師友……想到《待訪錄》中的言論，康熙深深一嘆，不得不承認黃宗羲之說切中肯綮，但就算自己願意學賢者處實而效功，當下時勢詭譎莫測，坐而論道是緩不濟急啊。

他對黃宗羲和《待訪錄》的惱恨所剩無幾，只有無奈和憾嘆。無奈的是，上古明君確有至高無上的嘉德聖譽，這是自己難以達到的高度；憾嘆的是，前明縱然有如此遠見卓識的大儒，還是江山易主。治天下，實是一門絕世大學問，盡其一生能學得幾分？做到幾分？

「皇上，《待訪錄》到底算不算反書？」小喜子小心地問。

康熙拍了拍書：「《待訪錄》雖有礙語，但更多是崇論閎議，絕非凡才淺識。我大清入關多年，再對文人大開殺戒只會適得其反。況且《明史》修撰乃父皇夙願，這幾年我亦掛慮此事，只是三藩未平難以顧及。一俟平定，我必招攬鴻儒修史。當下不宜動輒得咎。」

「皇上說得有理。那劉安還在寺廟待著呢，皇上再不給他個準信，他急得頭髮都快掉光，該出家了。」

「你倒是很替他操心啊。」康熙白了他一眼。

小喜子心頭一顫，摸著頭皮嘿嘿笑。

「不過要不是他，我還不知道世間有這等奇書。」康熙一揮筆，在京察自陳本上批示：劉安簡任浙江巡撫，辦事忠勤，著照舊供職。《待訪錄》無須列入禁書。該部院知道。

「皇上寬宏聖明，那黃宗羲真是祖上燒了高香啊。」

「治世右文風教洽，彬彬儒雅遍宗藩。治天下應恢儒右文，將來寫史書，還得靠這些文人士子，我總不能拿刀逼著他們落筆啊。」康熙意味深長地說。

劉安伸長脖子，等到了這樣一道口諭：浙江巡撫劉安速回浙撫軍撫民，恪守乃職，不要多事。欽此。

他傻眼了。皇上怎麼就輕易放過了反書、放過了黃宗羲，還命他「不要多事」？再一轉念，好在已上奏此事，有後患也怪不到自己。只是辛辛苦苦跑一趟京師，指望或能擢升，結果虧了一塊金錠，蝕了米，還觸怒龍顏險些性命有虞——算了算了，皇上不也說了，「不做就不會有錯，多做就會多錯，沒事就是本事」，回去找那奸商趙茂算總帳。

117

第八章　聖顔大怒

第九章 救命

康熙十四年（西元1675年）二月，餘姚四明山，積雪初融，春寒料峭。

冬春之季，四明山向來積雪封山，荒無人煙。唐時杜甫有「覆穿四明雪，飢拾栖溪橡」之句。此時雖已雪意漸融，山路卻是越發泥濘溼滑。

王士元揹著包袱拄著樹杈，艱難地行走在崎嶇山道。與嚴秋毫分別後，他在錢塘縣小鄉村做了一年多教書先生，之後決定再往南方走。多年來，他從不敢在某個地方逗留太久。

這天他翻山越嶺到了一個小山村，人家說此處叫四明山，屬紹興府餘姚縣。原來走岔了方向。時近黃昏，淡雲孤雁，寒日暮天，山中隱有狼嚎，他慌不擇路，發現前方煙霧裊裊，估計有人家，就跌跌撞撞奔去。

身後傳來一陣嘶嚎，王士元回頭一看，一頭狼凶猛地撲來，他發足狂奔，一路荊棘撕拉著衣裳皮肉。他清楚地聽見呼呼風聲中夾著自己絕望的慘叫前方出現一處懸崖，他收腳不及，直直地墜下去。

許山與女兒許舜華在草屋吃晚飯。桌上有煮花生、山筍蒸臘肉、清煮小溪蝦。草屋貼山崖而築，有

第九章　救命

三四十間，隱在蔓藤攀岩的崖下，遮蔽性極好。外人發現不了此地隱藏著一座山寨。

許山喝著酒吃著肉，瞇眼笑道：「我女兒做的菜越來越好了，以後嫁人是吃不了虧的。」

「我才不要嫁人，我要陪爹到老。」許舜華嗔道。

「我女兒要長相有長相，要武藝有武藝，要廚藝有廚藝，從小爹就由著你性子，可也不能做老姑娘啊。說說，這山頭你喜歡哪一個。」

「打打殺殺是我們的命啊。這十里八鄉沒有一個你看得上眼的？這樣吧，明天跟爹去山神廟燒高香，求老天爺給你送來如意郎君——」

「就知道打打殺殺，整個山頭的人加起來都認不得十個字。」

「啊——」一條黑影從屋頂而降，屋瓦嘩啦啦砸了一地。

兩人跳開，迅速提起靠牆的大刀，橫刀護胸，朝門口退了兩步。

緊接著，屋外又傳來慘烈的狼嚎。父女倆回頭一看，一頭狼落在地上，在血泊中抽搐。許山上前幾刀，那狼一命嗚呼。父女倆趕緊進屋，從天而降的是一個人，摔在床上已昏迷，衣衫襤褸渾身是血，緊抱一個包袱。

許山抓了抓頭皮道：「行，就當累積了一樁功德，老天爺佑我日後成大事。」

「看來他從懸崖上摔下來了，爹，快救他。」許舜華忙上前。

王士元醒來睜開眼，對上一張年輕美貌的面孔。他驚慌地一動，痛得連聲慘叫。

120

「不要動,你從懸崖上摔下來,斷了兩根肋骨一根腿骨,還有多處傷。」許舜華端過藥碗,「你醒了正好,來,喝藥。」

她把一根蘆葦稈插進藥碗,遞到他嘴邊。王士元仍怔怔愣愣。

「快喝。」許舜華喝道。

王士元不敢正視對方,老老實實地喝藥。她怎麼把自己扶上床的?怎麼脫下衣裳的?這裡還有沒有其他人?男女授受不親如何是好?他又羞愧又害怕又無奈。

喝完藥,許舜華用手絹擦擦他的嘴,手指不小心撫過他的臉。王士元聞到蘭香幽幽,大著膽子瞥了她一眼。這位姑娘髮髻高挽,眉清目朗,秀唇皓齒,一身颯爽英氣。

「你是哪裡人?遭遇了什麼?」許舜華好奇地問。

「我是鳳陽人氏,來此尋友不遇迷了路,又遭惡狼追擊,慌不擇路而墜崖。」他拱手作謝,「多謝姑娘相救,待我傷癒後再作重謝。」

許舜華抿嘴一笑:「是我爹和我救你的。你先好好養傷。」

「寶地稱作?」

「四明大嵐山,此處叫降龍山降龍谷。」

「在下王士元,可否請教姑娘芳名,以銘記恩情。」

「我叫許舜華,我父親許山……」

121

第九章 救命

門口草簾一掀,許山進來…「醒了?舜華,去看看山雞湯熟了沒有。你小子有口福,我想吃我女兒還懶得做呢。」

「多謝許伯救命之恩,傷癒後,容我再叩謝大恩。」王士元對許山拱拱手。

「爹,龍鳳接骨丸還有吧?你快拿來給這位先生用上。」

「只有三五顆了,爹要留著自己用呢。」

「爹,你別這麼小氣。」

「咋說話的?我床底下藥櫃裡,妳去拿,順便看看山雞湯。爹跟人聊兩句。」

「他傷得很重,你別凶人家,好好說話。」許舜華不放心地叮囑。

許山慈眉善目地目送女兒的背影,一回頭,面目猙獰…「你是什麼人?是途經還是特意來這裡?」

王士元不防他驟然變臉,驚懼地支吾…「我,我是鳳,鳳陽人氏,來,來此尋,尋友不遇……」

許山揪起他的胸襟,晃動大刀,圓瞪虎眼…「說話結結巴巴,你是不是官府派來的細作?是不是潛入我山寨偷軍報?說!」

王士元被他猛然揪起,渾身裂痛…「不是,我,我不是細作。我,我是教書先生。」

「教書先生?真的?」

「真的,我,我背一篇書給你聽。」

「背!」

122

王士元念道…「子日…學而時習之，不亦說乎？有朋自遠方來，不亦樂乎？人不知而不慍，不亦君子乎？曾子曰……」

「行了行了，我頭都大了。」許山鬆開手，「有點像教書先生。」

一落床，王士元痛昏過去，許山見勢不妙欲離開。

許舜華端著雞湯進來，氣惱道：「爹，你怎麼這樣對待一個重傷病人？你嫌人家還不夠慘嗎？」

「我怕他是細作，嚇嚇他，給他一個下馬威，嘿嘿。小心點是不會有錯的，這是爹的經驗，妳學著點。」許山把刀插進刀鞘。

「爹，你還算是義士嗎？還算是永忠道大當家嗎？以強凌弱，以大欺小，傳出去都讓人笑掉大牙。」

「防人之心不可無嘛。妳好好照顧他，對了，別忘了給他吃龍鳳接骨丸。我自己都捨不得吃呢。」許山躲出去。

許舜華精心照顧王士元，兩個多月後他就能起床走動了。許山忙著操兵練陣，也顧不得理會他們。許舜華要王士元教詩書，王士元欣然從命。

許舜華幼時，許山從山下抓了個教書先生，故而她頗通文墨，心慕斯文。

晴天，他教「遲日江山麗，春風花草香。泥融飛燕子，沙暖睡鴛鴦。江碧鳥逾白，山青花欲燃。今春看又過，何日是歸年」；雨天，他教「去年春恨卻來時，落花人獨立，微雨燕雙飛……琵琶弦上說相思，當時明月在，曾照彩雲歸」……

123

第九章　救命

一個輕吟一個慢讀，一對眼，彼此心頭溫瀾潮生。

這天兩人在山嶺摘野果，不知不覺走遠了。王士元從樹葉間看著許舜華清秀的眉眼，紅潤的唇，不覺痴痴出神。許舜華轉過臉，他慌忙移開眼神，摘果子的手被灌木刺了下，不覺叫出聲。許舜華跑過來，抓起他的手指吮血，嗔怪他太不小心了。

王士元只覺全身酥麻。他強自定了定慌亂的心神道：「許姑娘，我快好了，過兩天就走，實在勞煩你們父女了，我也不知該如何報答為好。」他望著山間的連雲疊嶂霧靄重重，實則不知何去何從。

「傷筋動骨一百天，王先生，你要養透身體才可以動身，若是留下遺患，以後年老了會傷痛纏身的。」

許舜華巧笑倩兮。

「年老？我能活到年老的那一天嗎？」他慘然一笑。

「胡說八道，以後不許說這樣的話。呸呸呸。」她逼他吐口水。

兩人在岩石上坐下。遠處深谷幽林，山谷瀑潤，近處山林草屋，炊煙裊裊，他悵然一嘆，若能老死於此，此生亦足矣。只是自己一無所長，人家出手相救已是大恩大德，怎麼能厚著臉皮賴著不走呢？

許舜華嘴角含笑，再靠近一些，握住他的手。蘭香襲來，王士元頓覺頭暈目眩，眼前的山川林木恍惚成一片炫彩。正心馳神蕩，忽覺她的手不像一般女子那樣柔若無骨，糙得很。他抓起她的手一看，有一個繭。山野生活艱難，把一個女子的柔荑練成了鐵砂掌。

他心頭痛惜：「這手承受了多少磨難？只恨我不能替妳分憂……」

124

許舜華的眼神生情：「那要看你願不願意……」

前方山谷傳來低沉的吼聲，伴之刀槍碰撞鏗鏘聲，王士元一驚，拉起她就要跑，許舜華問他怎麼了，他驚慌地說有山賊土匪來了。

許舜華嫣然一笑：「不要怕，是我們永忠道義軍在練刀槍。」

「永忠道？許姑娘，你們是──」他懼怕地倒退兩步。

「我父親結寨四明山十五年，每日練武強身，只為他日有所作為。」

山谷再次響起吼響，王士元凝神聽了會兒，聲音清晰起來：日月昭昭，世忠大明。日月朗朗，永忠故朝……

「你是大明子民嗎？」

「為什麼這麼喊？」

王士元遠眺，只見兩面大旗在林梢間高高飄揚，一面上書「明」字，一面上書「永忠道」三字。

五十八歲的許山在帶領三百多義軍操練刀槍，喝令他們提起精神。他們看起來像山民，但比山民多一把刀槍，多一身武藝，還多一面迎風獵獵的大旗。他們每日清晨至午前營生，午後至黃昏練兵，高喊「日月昭昭」。這句話在許山心頭喊響了無數遍。

許舜華說：「我們永忠道永忠大明，舉反清大旗，行復明大業。清廷竊我大明國土，殺我大明子民，我們遲早要奪回來。」

第九章　救命

王士元呆立片刻，一言不發回頭就走。如果不是還傷著，他幾乎要跑起來。許舜華喊他慢點別傷著——話音未落，他從斜坡摔下去。

許舜華眼捷身快，像飛燕一樣掠過去，墊在他的身下。

王士元摔倒在許舜華身上。兩人臉貼臉，身貼身，一時僵愣不動。

王士元觸摸到她柔軟的肌膚，聞到她身上的幽香，幾乎要暈過去。他忍著痛艱難地翻過身。許舜華縱然生性爽朗也不免羞澀，把他扶起，轉過身，掩飾地整理頭髮。

「許姑娘，我不是故意的，哎喲。」經此一摔，他又疼痛起來。

許舜華拉開他的衣衫，王士元只得任她擺布。他的傷口又滲出血。許舜華掏出隨身攜帶的小藥瓶，將藥粉灑在他的傷口。

「我又連累許姑娘了，還是早點離開吧，以免勞煩你們。」

許舜華抬起頭，眼眸清澈如水。王士元垂下眼皮，心頭悸動。

「你說已無親無故，不如留下來。」她言語爽快，臉龐泛起紅潤。

「留下來？」

她指著不遠處的山地，山民在耕田鋤地，放牛砍柴。她柔聲說：「男耕女織，朝朝暮暮，難道不好嗎？」

這不就是他夢寐以求的日子？她把他隱祕的念想說了出來。

126

「士元哥，你看。」許舜華指向山間爛漫如畫的野桃林，吟道，「桃之夭夭，灼灼其華。」這是他教過她的詩經。

「之子於歸，宜其室家。」他不由接上下一句。

「桃之夭夭，有蕡其實。」

「之子於歸，宜其家室。」

「桃之夭夭，其葉蓁蓁。之子於歸，宜其家人。士元哥，我許舜華宜不宜？」她盯著他的眼睛，率直純真，毫無忸怩之態。

他面紅耳赤，無言以對。

「你不願意？」

「沒有，我，我……」

「那就是答應了。好，我們回去跟爹說。」許舜華嬌俏一笑，挽起他的手臂就走。

王士元躺在床上，只覺全身載浮載沉。若不是身上的疼痛，他以為自己在夢中。

許姑娘貌美如花深情如許，若在清山幽谷間與她共度一生，不啻神仙眷侶啊。可自己真有如此好運嗎？他年已四十有三，少年迄今顛沛流離已三十多年，苦難才是他的宿命，一點點人間甜頭反而讓他心驚肉跳，不敢奢想命運還能垂青於己。不，這一定是夢。

門咚咚敲響。他起床開門，許山大步進來。

第九章 救命

「許伯有何指教?」他忙拱手。

許山目光凜厲如鷹,王士元直打戰。

「王士元,你說過,傷癒後要報答我和舜華的大恩,是不是?」

「正是,許伯請講,但凡我能做到的,萬死不辭。」

「你應我三椿事。一、我永忠道正缺一個軍師,兄弟們殺敵勇猛,但認字不多,你正好當我的軍師。二、我女兒舜華相中你了,你小子好運氣,山裡這麼多後生她一個也看不上,獨獨看中你這個從天而降的外鄉人,半老頭,真不知她中了哪門子邪。我許山就這麼個女兒,她中意就好。你做我女婿,我們就是一家人,日後共謀反清復明大業,哈哈。」許山又著腰大笑。

王士元的後背涼颼颼的,剛才的綺夢遁得無影無蹤。他想著兒女情長,豈料人家盤算的是刀光劍影。

他定了定神問第三椿事。

「明日讓風水先生給你們算算生辰八字。你們以後給我生十個八個孫兒,我許山早該兒孫滿堂了。這就是你對我們的報答,怎麼樣,沒讓你吃虧吧?哈哈。」許山摸著絡腮鬍子兀自興奮。

「多謝許伯和許姑娘垂愛,士元感恩之至。容我明日祭祀通稟父母兄弟姐妹的在天之靈,許伯以為如何?」

許山心滿意得:「好好,真是大孝子,我許山平生最賞識孝順的人,我女兒沒有看走眼。明天我讓人採辦祭祀物品,後天看八字,擇日完婚。早點歇著。」

王士元看著許山闊步離開，關上門，喘著氣盤算這一番心驚肉跳的事端，門砰地又打開，進來一個挎大刀的義軍，個子粗壯，長相凶猛。他一驚，問對方做什麼。

那人橫著眉眼：「你來我們山寨到底做什麼？」

「我早跟許伯說過了，我是墜崖受傷，不得不暫居於此，別無他意。」王士元小心地答道。

「暫居？那你的意思是很快會走了？」

王士元含糊地說：「也許，可能⋯⋯」

那人嘩地抽出刀，喝道：「說清楚，到底什麼時候走？」

「你，想讓我怎麼樣？」

那人的手指輕撫刀刃，猛地一按，手指立刻湧出血，王士元嚇得一搖晃，連忙扶住門框。

「你是讀書人，我們是刀口上舔血的，你的八字跟降龍谷不合，跟許姑娘更不合，你還是趕緊滾蛋，要不然——」他用淌血的手指拍拍他的臉，笑道，「下一次出血的是你，你全身會有一百零八個窟窿嘩啦啦地出血。」

那人把刀插回刀鞘：「山路陡峭，出門小心。」他跨出門頭也不回地說，「對了，我叫李大良，永忠道二隊隊副，跟許姑娘青梅竹馬，說清楚了，省得你不死心。天亮之後別再讓我見到你。」

王士元緊緊抓著門框不讓自己滑倒，啞著嗓子說：「我明白了，您請放心。」

片刻後，王士元揹著包袱佇立窗子外側。窗內的許舜華在縫衣，縫著縫著托腮凝思，發出輕笑。他想

129

第九章　救命

到她顧盼生情的模樣，心頭刺痛。

「許姑娘，士元有負妳的深情。其實，就算別人不逼我走，我也留不下。我深藏家國大恨，自顧不暇，如何能護妳一生周全？妳跟著我只會受苦，此生難有安定的日子。妳慧美雙修，必有好歸宿，只願妳一生吉祥如意。許伯，您的大恩大德此生難報，恕我不告而別。」他對著窗口長長一揖，踏著月光下山。

天亮後，許山發現王士元失蹤了，命人瞞住女兒，只說自己帶王士元下山購買祭祀用品，率了幾十餘名義軍搜山。

沒多久，他們在一處山坳找到王士元，他慌不擇路中又摔傷了。

王士元跪地謝罪：「許伯，請恕我不告而別。」

「王士元，你找死！」許山揮出大刀。

王士元仰頭閉目一動不動，一副生死有命的樣子。

許山劈斷一棵樹，吼道：「你應婚又悔婚，我女兒的臉面還往哪兒擱？你這沒良心的斯文敗類，信不信我一刀剁了你？」

「你早有婚約？」

「沒有。」

「你娶妻成家了？」

「我有難言之隱。」

130

「沒有。」

「嫌我女兒醜?」

「許姑娘慧美雙修,實乃佳偶。」

「這也不是,那也不是,為什麼你答應了又半夜逃走?說!」

「我身世悽苦,怕給不了許姑娘福氣,更怕以後連累她⋯⋯」

「既然如此,你為什麼挑逗我女兒,還應承婚事?畜生,你定是官府派來的細作,盜我永忠道軍情,如今得手就逃。舜華瞎了眼才看上你。」許山舉刀朝他劈去。

「住手!」許舜華飛身趕至,撞開父親。

許山氣得拎起王士元的包袱重重一摔,包袱散開,露出一地筆墨書本和衣衫物品。

「快查查,看有沒有軍情輿圖。」許山喝令。

許山翻來翻去看不懂,交給女兒。

許舜華看了幾頁,把書舉到王士元面前:「這書從哪裡來的?是你寫的,還是抄來的?」

王士元緘默不語,無力解釋眼下的一切。許舜華又看了幾頁,抬起頭,一臉不可置信的驚疑。許山問女兒這到底是一本啥書。

「這是一本罵皇帝的書。書裡說,百姓是天下的主人,皇帝只是客人。」許舜華簡單地告訴父親。

「啥?百姓是天下的主人,皇帝只是客人?」許山從未聽過這種破天荒的奇談怪論,揪住王士元的衣

第九章 救命

襟,「書上真的這樣說嗎?」

王士元默默地點頭。

許山瞪著眼前這個從天而降又要悄然遁逃的教書先生,一拍手喊道:「我們永忠道反清復明,你的書罵皇帝,那我們就是一路人,你為什麼要跟我們分道走?沒道理,太沒道理了!」

王士元的嘴唇囁嚅,還是默然。

「都是反清的,你為什麼不肯跟我們一起幹?為什麼不肯娶我女兒?我許山的女兒有哪一點配不上你?」許山用刀尖戳著他的衣襟吼道。

王士元像被點了啞穴,依然沉默不語。

許舜華羞憤難堪,轉身奔向崖邊⋯⋯「爹,你再逼他,我跳下去。」

許山連忙收刀⋯「王士元,你不願留下我也不逼你。你要是敢透露我永忠道半絲風聲──」他揮刀又劈斷一棵樹,「你試試。」

王士元看著泣不成聲的許舜華心如刀絞,再朝四周眺視,發現山林隱隱露出一角土黃,再細看,是一所寺院。他思慮片刻,心頭一橫,指向寺院⋯「許伯,我願出家為僧,老死山林,絕不洩漏半絲風聲。」

眾人驚愕,許舜華秀目圓睜,不敢置信。

「我出家,一則斷絕紅塵俗念,再則您隨時可找到我,也不必擔憂我洩漏什麼。這樣你們看可好?」王士元心平氣和地說。

許山大笑：「哈哈哈，好，再好不過。這是清源寺，住持是我老友，走，這就帶你去做和尚。王士元你咋這麼聰明？你不做我女婿真是可惜了。」

王士元撿起書和包袱。許舜華放聲大哭，朝山上跑去，驚飛一路鳥雀。王士元與她相背而行，此生他沒有回頭路可走了。

最後一綹頭髮從王士元的頭上落下，他陡覺頭皮清冷，三千煩惱絲離身，人世煩憂或能少一些吧。他心頭低呼：舜華……山門外，許舜華蹲在濃蔭庇地的菩提樹上，哭得雨打梨花。她小時候在寺院進出玩耍，沒想到，小寺如今成了她的斷腸處。

王士元改法號空心，此後日日誦經佛焚香淨心。他自小通讀書籍，包括佛學經書，加上許山跟清源寺住持一念和尚叮囑過，故而一念對他另眼相看，讓他做了一個閒事不管只管唸經的清閒和尚。

王士元默誦：萬事皆空，因果不空。萬般不去，唯業隨身……由愛故生憂，由愛故生怖。若離於愛者，無憂亦無怖……紅塵外，山寨裡，許山和義軍繼續操練，高擎「明」字杏色大旗，高喊「日月昭昭，世忠大明。日月朗朗，永忠故朝」，山高林深間隱匿著滾滾風雷。

許舜華時常像鳥一樣蹲在菩提樹上盯著寺院。王士元穿著僧衣的瘦長身影經過時，她像刀一樣的目光恨恨地飛去，恨不得把他扎個穿心透。有一回，幾個小和尚欺侮王士元，讓他掃落葉，又把落葉弄亂，他默默地一遍遍掃地。許舜華抓起樹上的鳥蛋擲過去，正中那幾個和尚光禿禿的腦袋，嚇得他們抱頭逃竄。

許舜華掛著淚笑了。

住持一念和尚聽說王士元差點成為許山的女婿，便有意無意打探他的身世。王士元以誦經相對。

第九章 救命

黃宗羲和僕童在大嵐山走了一整天，又累又餓又渴。黃昏時，他們敲開清源寺的山門，求宿一夜。

去年黃宗羲把《四明山古跡記》定名為《四明山志》，為勘定幾處疑點，再次上山求證。此事本應在去年完成，因三藩之亂延禍浙江，清軍南下圍剿耿精忠的叛軍，一時兵盜四起，黃宗羲不得安生，他只得帶一家人和老母來到濱海泗門，寓居老友諸來聘家。

他們住在諸家的書屋，書屋兼灶房、臥房，一下雨屋頂如敲瓦磬，境況窘迫。諸氏父子時常招呼他們聚餐小酌。閒暇時，黃宗羲和諸來聘泛遊仇汝湖、東山寺和小鎮。他作詩贈謝老友：「小堂占盡一湖春，咫尺村煙接市塵。日日街頭鮭菜滿，不妨長作泗門人。」其間他整理唐代詩人陸龜蒙和皮日休的四明山唱和詩，輯為《四明山九題考》，也越發急於定稿《四明山志》。

本年五月耿精忠兵敗，黃宗羲一家回到黃竹浦，他安頓好家小母親後，匆匆上山。

小和尚斜著眼說住持師父出門了，不能做主讓他們過夜。

「兩位施主，小寺簡陋，草房倒還乾淨，如不嫌棄可住一宿。」王士元捻著佛珠過來，對黃宗羲合掌施禮。

小和尚嘟著嘴走開。上次他和師兄欺侮這個外來和尚，後腦勺捱了一把鳥蛋，嚇得唸了一夜經。後來又在他飯碗裡撒沙子，結果晚上屋裡竄進幾隻老鼠。此後再沒人對他不敬。只有王士元清楚這事是誰做的。

王士元把他們帶到草房前，推開一間請他們將就一宿。

黃宗羲合掌致謝：「多謝師父，請教師父法號？」

兩人對望一眼，俱一怔，彼此頗覺眼熟。王士元避開對方眼神，說一刻時辰後用素齋，便退下。黃宗羲覺出此人有書卷貴胄氣，看來多半是沒落的前明富貴家子弟，暗想他不知為何來到四明山出家。

「敝人姓黃。」

「空心。」

王士元把《待訪錄》收入袖中：「一位故人的舊書，頗覺有味，便抄了一本，功課之餘細讀消遣。」

王士元招呼一聲繼續讀書。黃宗羲見他讀的是一本薄薄的手抄書，封面沒有字，便問他讀什麼書。

西首院牆有一點光亮，他循光過去，見那空心師父藉著微弱的燈光在讀書。

用過素齋後，黃宗羲在寺院踱步。寺院只有三進殿宇，好在樹木蔥鬱，鳥鳴空靈，倒是不錯的苦修處。

黃宗羲不便追問，泛泛地說了幾句閒話，準備回屋歇息。

「黃先生，山間野地，夜裡有禽獸喧譁，先生不必驚慌，牠們叫嚣一陣子自會退去。」王士元說。

「多謝空心師父。我有過避居山野的經歷，倒也不懼怕。」

「正是，較之兵禍連結，有時還是禽獸好防備一些。」

黃宗羲想，又一個遭受兵燹之災國破家亡的淪落人，這幾十年不知有多少士子隱入深山野林，或漁樵為生，或削髮出家。

「縱使朝遷市變，此地也算是清淨避世地。」

「黃先生想必是讀書人，貧僧請教先生，這天地是明明白白的好，還是清清朗朗的好？」

135

第九章　救命

黃宗羲隨即想到他說的是隱語，指明朝與清朝相比如何。

「商彝五百五十載，周鼎八百年，終歸還是日暮西山。」黃宗羲指向暮色四合的天地山林，「日沉月升，朝夕輪迴，細細想來，千百年朝代鼎革亦如此。天地自然是明明白白、清清朗朗的好，可若是沒有一個好君主、好朝綱，再明白清朗的天地也會混沌。想必空心師父亦懂個中道理。」

暮鼓響起，沉鬱悠長，在靜寂的山林迴盪。

鼓聲停歇，王士元向黃宗羲合十：「清淨是菩提，愛染難離，蒸沙為飯飯終非，暮鼓晨鐘勤懺悔，怎免阿鼻？先生開悟了貧僧。」他提燈離開，僧衣飄飄忽忽。

黃宗羲看著他的背影沉思，這不只是一個茹素念佛的和尚，他的僧衣下似乎藏匿著一座破碎的江山。

王士元走到寮房前，門上紮著一把小飛鏢，釘著一對紙折雙飛燕。他取下雙飛燕進屋。許舜華時不時送來野花野果，紙折玩意，臘雞臘肉，後者他偷偷丟出牆外，晚上多念一卷經懺悔。

翌日黃宗羲找空心師父告別，小和尚說他出門了。黃宗羲總覺得在哪兒見過此人，可無論如何也想不起，想自己真是老了，記性一年不如一年。

此次遊歷四明山經過清源寺，便欣然而入。

前明致仕御史胡樸崖這些年愛好兩樁事：遊山玩水，叩訪寺院。

住持一念和尚與胡樸崖見過幾次，胡樸崖給寺院捐過香火，於是拿出最好的茶招待。一念抱怨寺院破敗，佛像殿柱遭蟲蛀無力修繕，擔心寺院坍塌被埋了都沒人知曉。胡樸崖笑吟吟地表示不要捐香火錢。

胡樸崖在殿內外查看，發現幾處梁柱確實已朽壞，尤其是大雄寶殿的棟梁岌岌可危，一個和尚在梁柱下結跏趺坐誦經。

一念大喜，合掌稱阿彌陀佛功德無量。

「師父，梁柱朽壞極危，不宜趺坐。」胡樸崖好心提醒。

王士元繼續誦經，誦完一段後合掌道：「三界無安，猶如火宅，眾苦充滿，甚可怖畏，常有生老病死憂患，如是等火，熾然不息。多謝施主，大廈傾梁柱壞，砸中貧僧也是天數。」

胡樸崖又好氣又好笑，這和尚念糊塗經了。他與一念和尚聊天時得知寺院新來了個和尚，出家不過數月，此前是教書先生，還險些被人招了女婿，心想應是此人。又看他不過中年，相貌清俊談吐不俗，不免生出惜才之心，這般人才用來讀書考功名多好，深山冷杳青燈古佛實在可惜……

「師父，我在餘姚城開了一間教館，一些頑皮小兒不肯讀書上進，可有良策？」胡樸崖試探著問。

王士元稍一沉吟道：「《禮記‧學記》說，一些老師只會高誦長吟，言語晦澀艱深，不顧學子是否領悟，令學子不能盡其材質之長。如此相教已違背情理，學子必然心生牴觸，亦必然使學術隱微而怨恨其師，苦於學業之難，而未能體會學習之樂了。」

「說得好，說得好。」胡樸崖讚嘆，話頭一轉，「那麼師父是否願意還俗，而令善歌者使人繼其聲，善教者使人繼其志？」

王士元訝然，手中的佛珠落地，他連忙撿起，不知如何作答。

第九章　救命

「出家解世間迷苦，亦是人生所向。只是師父一身才學長伴青燈古佛，未免有遺珠之憾。依老朽之見，年輕時或經略四方，或傳道授業，之後終老山林，方是不虛此生。」

「老先生見笑了，貧僧虛學末才，倒不如做個與世無爭的山人。」

胡樸崖越發覺得此人謙遜溫良，隨後找到一念和尚聊了聊，心裡有了主張。

王士元繼續青燈古佛生涯，只是閒時跌坐寮房床上，看著紙折雙飛燕，想起教許舜華念「落花人獨立，微雨燕雙飛」，不由眼眶溼潤，再回想與她在一起的風光旖旎，心中悸動，連忙念起佛經懺悔。

敲門聲響，他把紙折燕揣進口袋，打開門，一念和尚帶著幾個和尚站在門口，讓他收拾行囊就走。他大吃一驚。

「你不是跟胡樸崖胡先生說好了，要做胡家女婿嗎？咦，山門外迎親轎子都來了，你沒聽見迎親嗩吶聲嗎？」一念說。

「荒唐，我從未與胡先生有此說。」王士元面紅耳赤。

「你入山門前與紅塵女子有瓜葛，入山門後又有塵緣牽繫，我佛不度無緣人，你還是離開為好。」

「師父，空心矢志向佛，已割斷紅塵，姻緣之事我從未應過，你留下我吧。」

「整個寺院都知道你要做胡家女婿了，你讓清源寺以後還怎麼接香客？」

「師父，空心只願終老山林，絕不離開。」

一念大怒：「清源寺雖小，也是我一念說了算，由不得你。來人，此人修為脆薄，六根不淨，與佛無

138

緣，把他逐出山門。」

清源寺山門外，一支迎親隊伍吹吹打打正熱鬧。和尚們把王士元架出寺門，扔出包袱。王士元撿起包袱摸了摸，要緊東西都在，《待訪錄》也在。轎伕一擁而上把他塞上轎，他拚命掙扎，忽地幽香入鼻，頭一暈就倒下，轎伕們抬起轎子就跑。

一念望著迎親隊伍遠去，捻著佛珠自語：「此人到底何方神聖，女人都哭著喊著要嫁他？阿彌陀佛，罪過罪過。」

他掂了掂手裡沉甸甸的袋子，裡面是胡樸崖捐給寺院的二十兩香火錢。那天胡樸崖跟他做了個交易：他給寺院捐錢，寺院讓王士元還俗，做胡家的教書先生兼女婿。他家有個守寡多年的女兒。

清源寺來了迎親隊伍的消息飛遍山野，許舜華聞訊趕來，只看到大紅轎子在山道密林間掠過，她跟著跑了一程，不小心崴了腳。

「王士元，我恨你，恨你，我生生世世都恨你⋯⋯」她抓起一把山泥朝那個方向扔去，痛哭不已。

139

第九章　救命

第十章 七政盤與大壯之年

康熙十四年（西元 1675 年）除夕，黃竹浦，黃雲白日，雪晴雲淡。

黃百家和千兒在院子裡撥弄一個三重套環的奇物，其質地為銅鑄，裡層有七星盤，盤外層設有火、木、土三星，其中木星又帶有四星，土星帶有五星；中層置有地球和月亮；內層置金、水二星；正中間是太陽。此物名七政盤，是推演日月和金木水火土五星運行的西洋器物。

黃百家性情曠達，興趣廣博，早年喜武藝，之後繼承父親學問，接觸西學後，尤對歌白泥的「日心地動說」感興趣。他據西學記載製作了七政盤，觀察日月天地玄妙。

千兒好奇地問這問那：「阿爹，村裡人說爺爺和阿爹總是讀古裡古怪的書，研古裡古怪的學問，還說我們家藏了個觀天怪物，是不是這個啊？」

黃百家握著千兒的手教他撥動扳鈕，三星便繞太陽滾動旋轉。

「正是，這一重叫恆星，第二重填星道，第三重歲星道，第四重熒惑道，第五重地球道，地球每日自東向西旋轉於本道一周，地球旁還有一小圈為月道，月繞地球周圍而行；第六重為太白道，第七重辰星

141

第十章　七政盤與大壯之年

道，中為太陽，萬年亙古不移他處，月道、地球道皆環太陽而轉……」

千兒興奮地扳動桿子，一不小心碰落了一顆星星，嚇得縮回手。

「無妨無妨，阿爹會修復的。」黃百家安慰兒子。

「阿爹，天上的星辰可也會落下？」千兒發問。

「放眼觀天地，息意探古今。人生短短不過百年，而日月星辰、江河山川亙古長在，天地間的學問實在玄妙。你多讀書好用功，凡事求實證，日後自會找到你想要的答案。」

「說得好。」黃宗羲出來，慈愛地對孫兒說，「自古聖賢盛德大業，從來沒有不經刻苦向學而能獲得成就的，你須謹記。」

孩子懂事地說曉得了，葉寶林喊孫子進屋取暖。

黃宗羲觀察著七政盤：「百家，你近來對日心地動說有何新解？」

「父親，西洋曆法有三家，一多祿茂（古希臘天文學家托勒密），一歌白泥（波蘭天文學家哥白尼），一第谷（丹麥天文學家第谷）。三家立法各不同，所推結果也不盡相同。我對地動說也時疑時信，不過以為，地轉說當以歌白泥立法最奇。太陽居天地之正中，亙古不動，地球繞其循環旋動。太陰又附地球而行……我打算以後著一部書，專門說說天旋……」

「天文曆算、日心地動，皆是西學之長，但亦要防中學西竊……」

正說著，黃百藥和黃正誼帶著妻兒，提著年禮進來。一家人吃年夜飯，共享天倫。飯後婦孺們在廚房

焐豆子煨年糕，黃宗羲與兒子們喝茶敘聊。

黃百家說：「父親可知九月康熙謁十三陵的事？」

黃宗羲淡然道：「聽說了，康熙謁明陵，奠長陵，令百官分祭諸陵，規制甚是超常。」

「順治朝開始，每年春秋兩祭崇禎帝思陵，倒是籠絡了不少漢人的心。」黃百藥說。

「他們哭祭歸哭祭，反清復明還是不斷，如今三藩未定，江山好打好殺不好管啊。」黃正誼說。

黃宗羲沉吟少頃問：「三藩還有臺灣鄭經的情勢如何了？」

「吳三桂盤踞西南和湖南一帶，氣勢不弱。」

「尚之信是三藩逼迫下反叛的，其子尚可喜暗中勾連清廷，留了後路。」

「去年四月，耿精忠與鄭經也開始交戰，後來以福建楓亭為界劃地而治才停戰。三藩勾心鬥角，終不成氣候。」

兒子們你一言我一語，憤慨唏噓。

「吳三桂鎮守雲南十年，驕橫跋扈，未得民心，本就是大明反賊，哪有大義可言？尚可喜、耿精忠亦如此。」黃宗羲想了想又說，「不過，我對臺灣鄭經倒頗存一線希冀，他日復明或可指望。」

「父親對鄭經有期待？」兒子們有點訝然。

「聽說，鄭經在臺灣興兵不廢農，民殷國富，野無曠土，軍有餘糧，以至於閩粵一帶百姓紛紛赴臺謀生；還造聖廟，設學校，延請中原通儒教學。以詩書為教學，以禮儀為風俗，以刑法為規範，以忠敬為激

第十章 七政盤與大壯之年

勵，外族與土著皆悅服感化。」黃宗義眼中熠熠生光，「這正是《待訪錄》所期望的大壯之年。」

村莊上空閃爍起耀眼的火花，響起劈劈啪啪的爆竹聲和小孩的歡鬧。

「拿上爆竹，除舊迎新。」黃宗義走向屋外。

雪花從幽暗的天空撲面而來，天地呈現異樣的敞亮空曠。黃百家把爆竹插在雪地，點燃引線。爆竹竄天而起，在雪亮的夜空爆響，閃出絢亮的火花。

「近了，又近了一年了。」黃宗義仰望雪花與火花交映的天空，蒼老的面容露出孩童般的笑意。

「父親，何事又近了一年？」兒子們問道。

黃宗義吸了口寒冷的空氣說：「我信胡翰十二運之說，遂有二十年後交入『大壯』之推算。《待訪錄》成於癸卯二年，迄今過去十二年。只是，不知我能不能等到大壯之年。」

「新歲大吉，父親必定會等到這一年。」兒子們齊聲道。

「我還有一憂。清廷入關多年，越來越懂馭民之術，順治、康熙父子極喜中華文化，這不是壞事，也未必全是好事。」

「父親，這作何解？」黃百藥問。

「《中庸》曰，『柔遠人則四方歸之，懷諸侯則天下畏之』，《新書·無蓄》道，『懷柔附遠，何招而不至？』你們想想，懷柔之術用於士子呢？」

「父親，您擔心康熙懷柔馭民？」黃正誼說。

黃宗羲眉頭緊蹙，說出心中的久憂：「康熙如今忙於平藩，一俟平定，必會以懷柔之術右文之策招撫遺民，若是大壯之年起於當時，實在令我意難平啊。」

「父親，您早就鼓勵弟子們科考會試，清廷用或不用懷柔之術，有何不同？」黃百家不理解父親矛盾的想法。

黃宗羲喟然一嘆：「孤臣孽子，其操心也危，其慮患也深。回家守歲去吧，百家留下幫我補闕《明文案》。」

《明文案》集有明代政經、文化、武備等各方文獻，始於康熙七年（西元1668年），與甬上證人書院開學相前後，歷時八年，本年七月終成二百餘卷浩繁卷帙。

葉寶林送來熱茶，勸說父子倆過年也該歇歇了，說著咳喘聲聲。

黃百家扶她坐下，黃宗羲輕拍她後背：「夫人，妳早點歇息，不可陪我熬油點燈啊。」

「夫君，你終年勤勉著述，未曾有一刻懈怠。百家，你要幫父親多做事。」

「母親放心，兒子會全力以赴。」

黃宗羲歉疚：「你母親嫁入黃家這麼多年，我未曾給過她一刻安穩，一家人時有飢寒性命之憂。為兒為夫為父，我實在有愧啊。」

「父親說這樣的話，真是愧煞兒子。兒子只恨不能深得庭訓，若不然，父親也不必如此操慮了。」黃百

第十章　七政盤與大壯之年

家愧然道。

葉寶林笑道：「你們父子倆也不必謙讓了。對了，聽說陳錫嘏、萬言、仇兆鰲、范光陽今年都中舉了？」

陳錫嘏等都是甬上證人書院的黃門弟子，本年同登鄉榜，一時傳為甬上佳話。萬言是萬泰之孫、萬斯年之子，性情耿直，極富才學，深得黃宗羲器重，認為他與慈溪鄭梁皆為得意弟子。

黃宗羲道：「陳錫嘏列榜首，萬言中副榜，癸卯二年中進士的張士壎入京候補，可謂碩果纍纍。」

葉寶林輕嘆：「只可惜，甬上證人書院寥落了。」

這些年，弟子們或中舉授官，或出遊教學，或不幸卒亡，曾經書聲琅琅的甬上證人書院業已落寞。黃宗羲早料到會有這一天，自己倡導經世致用、經世應務，弟子終歸有一天要走向更開闊的世界。

「母親，過去很多人攻訐甬上證人書院，認為講經授課妨礙仕途。現在他們知道書院弟子多有中進士，都不得不信服了。」

黃宗羲神色沉鬱：「弟子們入仕有司，進而弘揚中華之道，令中華文化不被摧殘，得以完整保存發揚光大，長此以往，足以令要荒之人成為魯衛之士，進而影響中華成為魯衛之區。」

「只是一些遺民不理解父親⋯⋯」黃百家為父親抱屈。

黃宗羲擺擺手：「不說這個了。海昌縣令許三禮邀我明年講學。夫人，又要妳受累了，百家和兄弟們多照應家務，送母親歇息去吧。」

黃宗羲呵了呵手，寫下「明文案」三字，不甚滿意，換紙再寫，還是不滿意。少頃桌上堆滿十來張紙。看著這些字，他眼前溜開一片交錯紛亂的畫面——

天啟時的家難，崇禎初年的訟冤，家國傾覆的天崩地解，弘光時險遭黨禍，魯王監國健跳所寄命於舟楫波濤，乞師日本，避地化安山，康熙初年龍虎山堂和故居的火災，藏書多毀損，避地第四門……先師劉宗周，老友張蒼水、萬泰、陸文虎、錢謙益、沈壽民，父親、愛子阿壽、孫女阿迎、三弟宗會、四弟宗轅、五弟宗彝……相繼為土中人……

舊友凋零，書院空樓，獨留他在江山變色的天地間踽踽而行，血淚凝鑄的《明文案》交給哪一個去讀？黃宗羲陡覺無比孤寂。

「冰纏雪壓僅遺民，一載那堪去數人？忍死終然留不住，如何忍過此三旬？」淚水湮入墨水，他蘸筆寫下〈除夕懷亡友〉。

從最初被迫入贅胡家的氣惱中緩過來，王士元領略到家的溫暖。

胡英娘比他大一歲，守寡多年，溫柔賢淑，更可喜的是知書達理，夫妻倆相敬如賓；胡家上下視他若半子，沒有「入贅」的慢待，也沒有刨根問底查探他的來歷家世；胡樸崖滿腹經綸，岳婿倆吟詩賦詞談論史事，頗是投緣。王士元也沒有白吃胡家飯，在餘姚城南學宮附近的胡氏教館教書，激發學子性情，一時學童盈館。

一回岳婿倆喝酒吃菜聊掌故趣聞，胡樸崖忽道：「士元，教書終非久長之計，你可想過考取功名？」

王士元被一口酒嗆住，咳得面紅耳赤。胡英娘挺著孕肚過來，嗔怪父親讓相公喝太多酒。王士元忙說

第十章　七政盤與大壯之年

「以士元的才學，加上有我悉心指點，考取功名並非難事。」胡樸崖捋著髯鬚沾沾自喜，「士元，胡家並不缺你教書的幾個束脩。我當年乃大明御史，只可惜兩個兒子缺讀書的天分，令我耿耿於懷。我當初撮合你和英孃的婚事，實指望你能為胡家光宗耀祖啊。」

胡士元恍悟，原來這才是胡樸崖的真正緣由。

「學成文武藝，貨於帝王家。士元，你若能考取功名謀得一官半職，我胡樸崖死也無憾，英孃此生也有靠了。你不會讓我失望吧？」

胡英孃雖不明白王士元所想，也知他不樂意，便道：「父親，相公喜歡教書還是考功名，得由他自己，您不能強人所難啊。」

王士元緩過神：「岳父，士元資質平平，教幾個學童還可以，若考取功名，難免外赴，不能晨昏定省謀悅親之道。懇請岳父寬宥小婿。」王士元懇切地說。

「你竟如此不思進取？」胡樸崖氣惱。

「岳父，我只想教書育人，好好照顧英孃和您老人家，考取功名實在難於登青天。」

王士元放下酒杯，拂袖而去。

這天教館散學後來了幾個熟人，詢問子弟讀書的事，王士元便與他們閒敘。

他們平時聊一些前明舊事，激憤唏噓一番，又各自回家過日子。

148

聊著聊著,不知哪個說到康熙祭祀十三陵、奠長陵,百官分祀諸陵的事,說祭祀儀規如何隆重,康熙儀態如何恭敬,康熙還說有朝一日要去南京祭祀明孝陵。遺民們不像以往那樣憤然,而是感嘆清廷也算有一點良知。

「無恥之尤!」王士元拍案喝道。

眾人大詫。胡家女婿一向斯文有禮溫良謙恭,平時只會謙和地附和,今日怎麼會突起高聲?

王士元笑容僵硬:「拙荊即將臨盆,今日不留諸位了。」等他們走遠,他一字一句恨恨道,「祭明陵,說幾句無關痛癢的話,就能抹去亡我大明、喪我先帝之痛嗎?就能洗去揚州十日、嘉定三屠、江陰八十一日的血腥嗎?休想,休想!」

胡家僕人跑來,說小姐快分娩了請姑爺趕緊回家。

胡宅張燈結綵喜氣洋洋,給左鄰右舍分喜蛋紅花生。王士元抱起襁褓中的兒子淚流滿面。

胡朴崖捋著鬍鬚,不冷不熱地說:「日後,我可得好好教導孫兒勤勉好學,可別像有的人胸無大志不思進取啊。」

夜深人靜,王士元來到院子,舉三炷清香告慰逝去的父母兄弟姐妹:「原本,我以為此生斷根絕種,不想老天還留我一條血脈。岳父待我恩重如山,可我終究拂逆了他的夙願,個中苦衷難與人言說。唯願喜得麟兒後興家有望,不負胡家恩情⋯⋯」

康熙十五年(西元 1676 年)秋冬化安山龍虎山堂,黃宗羲掩上《行朝錄》的最後一頁書稿,欣然喊⋯

「夫人,又成稿了。」

第十章　七政盤與大壯之年

屋內空寂無聲。他回過神，不勝悲涼。再也沒有夫人笑盈盈地端上熱茶溫言勸他歇息。葉寶林已在本年六月去世，黃家墓園又添新土。

本年初，他應海昌縣令許三禮之邀赴海昌講學。許三禮早年受業於黃宗羲好友、著名學者孫奇逢門下。康熙十二年（西元1673年）任海昌縣令，重文教，興義塾，辦書院，修縣誌，整飭縣政興利除弊，是一名極有才幹和清譽的官吏。海昌是官辦講學，以科舉為主，兼顧文苑、天文、曆算等諸學。聽課者多是官吏，風氣比不得甬上滔滔雄論。

黃宗羲告誡海昌弟子：「讀書窮理，各人自用得著的方是學問。若只在字裡行間尋淺顯言論，以附會先生的意思，則一切聖經賢傳都成了糊心的學問。就像朱子說，『譬如此燭籠，添得一條骨子，則礙了一路明』。」他坦然相告求教的海昌官吏：「諸公能在公務日常做到愛民盡職，便是學到了真正的學問。」

海昌講學最多時達二百餘學子，出了查慎行、陳詵等諸多黃門弟子，日後成名。查慎行是黃宗羲老友陸嘉淑的愛婿，其族叔即是查繼佐，查繼佐於本年去世，據悉《明書》改名為《罪唯錄》，應了「知我罪我，其唯《春秋》」之說。查慎行受黃宗羲「詩不分唐宋」、「詩道至闊」的詩學觀影響，詩文自成一體。戴山、梨洲之學從浙東傳至浙西，海昌文風煥然一新。

正當黃宗羲孜孜不倦講學時，夫人葉寶林積勞成疾危在日夕，他遂返回餘姚陪夫人度過最後的時光。

明天啟五年（西元1625年），黃宗羲娶祖籍餘姚的廣西按察使葉憲祖之女葉寶林為妻，那年她十七歲，他十六歲。葉憲祖擅長寫雜劇，葉寶林通經史擅詩書，性情賢淑。翌年，黃尊素遭閹黨搜捕，餘姚知縣率兵到黃竹浦搜捕，姚太夫人不畏不懼端坐石臼，葉寶林侍立在旁寸步不離；黃宗羲從京師昭雪父冤回

來，葉寶林典衣鬻珥助葬家翁；黃宗羲追隨監國魯王，葉寶林傾囊相助義師，並身揣匕首，決意若失敗以死自誓；臨死前兩日，她還拖著病軀提熱水供婆婆薰沐。

夫婦倆一生共擔家破人亡之苦，毀家抗清之危，瀕於十死之難……如今稍得安定，她撒手而去，黃宗羲再一次潸然淚下。

黃百家過來輕聲說介眉兄來了。

陳錫嘏，字介眉，寧波鄞縣人，長於制義時文，尤精經學，去年名列鄉試榜首。本年黃門弟子赴京師參加春闈，陳錫嘏中進士，萬言落了榜。之後他入翰林院任庶吉士，此次回鄉，把亭林先生顧炎武相托的書信書稿交予先生。

黃宗羲精神大振，說快快讀信。

顧炎武，字寧人，南直隸崑山人，居亭林鎮，時稱亭林先生。博學於文，生性耿忠，亦是復社人士。

少年時屢試不第，終識「八股之害，等於焚書」，遂絕意科考，講求經世之學。

顧炎武信中先說了自己的狀況，順治十八年（西元1661年）他來到杭州，想渡過上虞曹娥江前來拜會，因故未能成行。之後遊歷北地，迄今已十五年，離群索居遍訪古蹟，簡直像個鄙賤之夫。如今年過六十，幾乎沒什麼成就可言──當然這是自謙之辭。

順治十四年（西元1657年），抗清失敗的顧炎武變賣崑山家產北上，此後子然一身遊蹤不定。他憑弔山海關古戰場，哭祭十三陵，「下痛萬赤子，上呼十四皇。哭帝帝不聞，吁天天無常」；莊氏明史案牽累他的好友吳炎、潘檉章，遠在山西的他作詩遙祭好友，此後又遭遇「萊州黃培詩獄案」無妄之災，險死於

第十章 七政盤與大壯之年

獄中……十餘年間，顧炎武奔走於燕趙齊豫陝晉之地，九州歷其七，五嶽登其四，與北地學者切磋共學論道，實地實證與平生所學互為印證，深感快慰，唯有一事念念不忘——恢復明室。

顧炎武感嘆，自己年輕時只研習瑣碎的學問，做一些吟風詠月的文章。深索古今歷史後，方知治學要弄清學問的根源，做事要先本後末，明白了先有河流後成海洋的道理。如今他讀聖賢六經，有了國家治亂之源、民生根本之計的一些所思，讀到梨洲先生的《待訪錄》大有知己之感，故而來信相談。此前黃宗羲在海昌講學，徐秉義也來聽課，黃宗羲得知其舅在北地，遂讓在京的陳錫嘏和萬言將《待訪錄》抄本贈給亭林先生指正。

「天下並非沒有賢達，一百個帝王造成的亂世災難弊端，還會重現，而上古三代的盛世也會慢慢到來。天下事，有見識的人往往生不逢時，而逢時之人又未必有見識，因此，古時的君子著書待後，這樣當後世有聖明君主出現時，可以從書中獲得深蘊的道理⋯⋯」顧炎武在信中說。

「著書待後，著書待後⋯⋯」黃宗羲反覆品味四字，只覺心亮神明，幾欲泫然。讀懂《待訪錄》的不少，而讀到入木三分鞭辟入裡的，顧炎武當是第一人，他深深明瞭「待訪」即「待後」之深義。此時，他只恨不能與顧炎武相對暢言。

顧炎武信中又說，他把這些年所見所思編寫成《日知錄》。最自喜的是，十之六七的觀點與《待訪錄》相通，只有「奉春」一策有異議，他認為應建都關中，不認同黃宗羲建在秣陵的策議。奉春即國家建都問題，秣陵即南京。顧炎武看好廣袤開闊的關中，認為南京乃偏安之地，不足以建都。

「《日知錄》八卷和《錢糧論》二篇，都是數年前所作，懇請先生不吝賜教。如果先生對《日知錄》予以

152

抨彈，不厭與我通訊探討，打開我的愚鈍，這將是後人之福，萬世之幸。」信的最後落款，「同學弟顧炎武頓首。」

黃宗羲臉上浮起久違的笑意，一掃知音難覓的愁傷，就連夫人離世的悲傷也沒那麼沉重了。讀過幾頁《日知錄》後，他擊節讚賞：「《日知錄》考據精詳，切中時弊，堪為大觀。亭林先生遊歷北地十五年，與我同聲相應同氣相求，實在令我寬慰啊。」

陳錫嘏說：「亭林先生說，可惜他此生誓不南歸傷心地，若是能與梨洲先生暢敘，該是何等愜意。」

黃百家說：「父親，記得您說過，屈指可數的當世人物，只有八閩李元仲，江右黃雷岸，天中孫鍾元，三吳歸玄恭，還有崑山亭林先生五位人物而已。」

「正是。癸卯二年我多次至崑山，欲與亭林先生會面，總是無緣得見。關山相隔，我知他不願南歸的痛切。」黃宗羲讓兩人讀一讀《待訪錄》與《日知錄》有哪些意氣相通之處。

《待訪錄》說：「向後二十年交入『大壯』，始得一治，則三代之盛，猶未絕望。」《日知錄》說：『百王之敝可以復起，而三代之盛可以徐還也』。」

《待訪錄》說：『有生之初，人各自私也，人各自利也，天下有公利而莫或興己，有公害而莫或除之。有人者出，不以一己之利為利，而使天下受其利；不以一己之害為害，而使天下釋其害』。《日知錄》說：

「天下之人各懷其家，各私其子，其常情也……」

「《待訪錄》說……」

第十章　七政盤與大壯之年

黃百家和陳錫嘏你一言我一語，擇兩書精華而讀。看著父親欣喜的模樣，黃百家慶幸他從母親去世的傷悲中慢慢掙脫出來。隨即又擔憂，父親的期待甚高，大壯之年、三代之盛若是未得實踐，他又該多麼失望啊……

隨後，黃宗羲問陳錫嘏入仕翰林院的狀況。陳錫嘏說康熙對翰林院極關注，有徵召鴻儒的打算，《明史》要重新修撰。

黃宗羲說：「介眉，你入翰林院任庶吉士，為師甚欣慰。庶吉士自洪武初年開設，皆選拔文學優等及善書者。三年期滿再試，留下的二甲授編修，三甲授檢討，餘者為給事中、御史，或外出為州縣官。你意下如何？」

「弟子得先生經學相授，只想做學問，無意宦遊。」

「做官是一時，做學問是一世。你當勵精圖治，以編修為專攻，以揚我中華文化為己任。」

「弟子銘記於心。」陳錫嘏遲疑了下說，「先生為反清復明砥礪多年，如今我效命於清廷，心生愧疚啊。」

黃宗羲把桌上的《行朝錄》書稿遞給他。陳錫嘏讀著讀著眼眶溼潤。《行朝錄》記錄南明抗清史實，從隆武紀年至江右紀變，皆是黃宗羲親身所歷和遺民實錄。

「我今年六十六歲了，此生堅不仕清。你們不一樣，我教你們經世致用，就在於用在切實處。人非草木，你們還要為一家老小而為稻粱謀啊。我並非食古不化之人。」

黃百家和陳錫嘏靜靜聆聽。

「大明雖已傾覆，文化仍生生不息。如今清廷求賢若渴，正是恢宏中華文化之時，若一味拒絕入仕，任由中華文化自生自滅，那才是真正的斷根絕種。能否恢宏中華文化，有賴於介眉你們啊。」

陳錫嘏道：「我原先只囿於學問本身，真是膚淺了。先生言近旨遠，弟子領會於心，定當不負厚望。」

及後陳錫嘏官至翰林院編修，編撰《四庫總目》，卒於康熙二十六年（西元1687年）。此屬後話。

第十章　七政盤與大壯之年

第十一章 嚴秋毫的翰林院之路

康熙十五年（西元1676年）秋冬，京師，雲簷風棟，酒幌飄搖。

街市熙攘，皇城根下有騎乘寶馬香車的富家公子，提著鳥籠逗著蟋蟀的紈褲子弟，錦服裘衣的官宦千金，也有趕著驢牛馬車的苦力，挑擔叫賣的黎庶。上一等的謀算升官發財，下一等的只為果腹填飢。

春霖小酒館裡推杯換盞，甚是喧鬧。小夥計嚴秋毫一邊擦桌，一邊心不在焉地朝樓下張望，險些把桌上的醬油罐擦飛出去。他趕緊擋住，濺了一手醬漬。

他在皇城待了三年多，與人為善，誠懇勤快，還兼任帳房，所以工錢比別人多一些。他這一行看人下菜，過往吃的苦，教會他更好地在世道夾縫中存活。

他很久沒有夢見父親。有一回，他夢見他挑飯菜擔給客人送熟菜上門，送到菜涼了，被人家斥罵一頓扣了菜金。他抹著淚往回走，煩愁著要賠錢了。經過一排青灰色宅第時聽見有人喊他，一看是父親，站在大宅門口向他招手。

「你從江南流離到北地，就是為了糊一張嘴嗎？就是為了有一個棲身之地嗎？你忘了全家怎麼死的嗎？」父親問道。

第十一章　嚴秋毫的翰林院之路

「沒有，我沒有忘記——」

「兒啊，欠帳遲早有一天要算清的，不要忘了把債討回來，不要忘了——」

「父親，孩兒記得，孩兒至死不敢忘——」

父親飄然消失在大宅門裡。他追上去，腳指頭一痛醒來，發現自己趴在櫃檯打瞌睡，腳指頭踢到了壁板。這青灰色宅第是什麼地方？

他為什麼夢見父親出現在這裡？他百思不得其解。之後趁暇在附近大街小巷轉悠，怎麼也找不到那地方。

看門夥計高聲唱喏：「多吉大人來了。」

嚴秋毫一喜，擦去手上的醬漬，迎上前：「多吉大人吉祥安康，小的等候多時了，您請。」

圓頭肥腦的滿官多吉走向慣坐的臨窗酒桌。嚴秋毫擦了擦本來就乾淨的桌椅，泡上花茶，稍過一刻送上四菜一湯，垂手侍立一邊。

滿人多吉有幾分才學，憑藉戰死山海關的兄長餘蔭，謀得翰林院提調官之職。提調官掌管翰林院各館章奏文移、考核各員功課等具體事務，由二至四名滿漢官任職。在人才濟濟的翰林院，多吉不算出眾，滿官不把他放在眼裡，漢官表面恭順暗地裡又看不起他。春霖酒館是魯菜館，也做川菜，最合滿人的口味。

數月前，嚴秋毫把一盤木樨肉送到多吉桌上，多吉責問「我的涼拌木耳呢」，另一桌客人喊「我的木樨

肉呢」。嚴秋毫發現送錯了菜，正要換，多吉吃了口木樨肉說好吃，那人慌忙磕頭喊「多吉大人」，端來酒菜跟他拼桌，還多要了幾個菜，多吉是提調官，那人是供事。

兩人喝到半夜，醉醺醺地摟肩搭背出門，多吉拍著那人的臉說，「你個奴才走狗屎運了，從明天起你就是謄錄官了」，那人涕淚交零。

那天，嚴秋毫目睹了一個人命運的嬗變。

如今的他懂得了，在官員多如過江之鯽的京師，多吉不算有權有勢，但也是他認識的最大官員了。此後他對多吉格外殷勤，桌椅抹得乾乾淨淨，茶葉上最熱乎的，菜品上最新鮮的，關照要好的廚師多加菜量。

這天多吉吃完又點了個菜，叫夥計把菜包上。嚴秋毫拿來菜盒裝上菜，取來帳單。多吉倒也不白吃白喝，到底是翰林院的，傳出去名聲不好。他懶洋洋地瞟了眼帳單，斜著眼問帳單誰寫的。

「大人，是小的寫的，算錯帳了嗎？」

多吉盯著他寫，再上上下下打量他，盤問他的來龍去脈。嚴秋毫說父母雙亡，來京師投奔鄉親不遇，所幸得春霖酒館收留做夥計等。

「你為什麼能寫一手好字？」多吉疑惑，這小夥計不像讀書人。

多吉狐疑地看著他⋯「你寫的？寫幾個字給我看看。」

159

第十一章　嚴秋毫的翰林院之路

「我父親從小教我練字，一天二百字，若不然不能吃不能睡。」嚴秋毫坦然相告，這是實情。

「漢人一向如此，以為一手好字就能修身齊家治國平天下。前明文人誤國，我大清馬背上得天下。哈哈哈。」

嚴秋毫也跟著笑：「就是就是，大人說得在理。」他終於把憋了很久的話說出來，「承蒙大人看得起，小的想叨擾託請大人一個事。」

「什麼事？」

「小的，想，想謀個衙門書手的差事⋯⋯」

「再說一遍，你叫什麼名字？」

「嚴秋毫。」

「會滿文嗎？」

「會會會。」

「很好，給我等著。」多吉提上菜盒，大搖大擺走了。

嚴秋毫送他到樓下大門口，計謀得逞的微笑從嘴角溢出。自從知道多吉是翰林院的，他開始每次把帳單送到他面前，可多吉沒留意過帳單上的字，直到今天才發現，並且讓他「等著」。

跟五湖四海的客人打交道多了，他也懂了官府的一些門道。自己擅長的唯有寫字，衙門書手雖然收入微薄，比之酒館夥計還是穩當多了。京師多衙門，多吉是翰林院的，幫他謀個書手差事，應該不是難事。

160

他在忐忑不安中捱了三天。

第四天多吉來到酒館，邊吃邊說：「翰林院要招一名供事，做些抄抄寫寫雜七雜八的事，你願不願意去？」

嚴秋毫張大嘴說不出話。他從來沒有妄想進翰林院，他只是想做個書手，每月賺上一兩工食銀。眼下好事來得太快，他難以置信，就像一個人原本指望多吃一個饅頭，擺到他面前的卻是一桌滿漢全席。

「你替我姪兒隆多之名，補缺其位，領三成薪俸，餘者歸我。」

嚴秋毫仍是愣愣怔怔，多吉掉轉筷頭敲打他的腦袋。

嚴秋毫清醒過來：「大人說的可是真的？」

嚴秋毫更清醒了，點點頭：「明白了明白了。」

「你真的會滿文？」

「我姪兒不爭氣，不懂漢文，一手書法像狗爬。明白嗎？」

「是，掌櫃的令我們學會滿文好招呼客人，不過我不太會寫──」

多吉摸出一本滿漢文冊子：「快快熟習，十天後我再來找你。」他喝著酒嚼著肉，「進了翰林院，不許多說一句話，不許隨意與人搭訕，不許惹是生非，一切由我安排。此事若透露半絲風聲──」他拿起一根筷子啪地折斷。

「小的明白，小的明白。多謝多吉大人大恩。」

第十一章　嚴秋毫的翰林院之路

多吉也暗暗鬆了口氣。兄長死後，撫養姪兒隆多成了他的職責。

可隆多不學無術，只會逗狗遛鳥，他有兩個未成年的兒子要養，家境著實不寬裕，可翰林院又無油水可撈。那天他發現這個小夥計有一手好字，生出了這一計策。「冒領餉銀」在前明已蔚然成風，不足為奇。翰林院非等閒之輩能進，但安插一個抄抄寫寫的小供事，對翰林院提調官來說易如反掌。

嚴秋毫拎著小書箱，亦步亦趨跟在多吉身後，走向東長安門的大清翰林院。

他離一排青灰色的宅第越來越近，也越來越驚愕。這不就是他與父親夢中相見的那地方嗎？難道是父親指引他來到這裡？高不可攀的翰林院與一介草民之間，怎麼會突然有了一種不可思議的勾連？

他朝身後看了一眼，街上的人們趕著駱駝挑著擔，駱駝從容地撒下一泡泡熱騰騰的屎，人和牲畜面目混沌呆滯，任由命運推推搡搡。

這一次，他掌握住了自己的命運。

他拍拍衣衫，跨入翰林院高高的門檻，這是他迄今為止踏入的大清最高等階的官府大門。一陣略帶晦霉氣息的風迎面吹來，他恍然覺得，過去的嚴秋毫被吹到了身後。

三十二歲的嚴秋毫瘦小文弱，膚色白淨細膩，看起來比實際年齡年輕不少。多吉把他介紹給同僚，傷感地表示，當年兄長征戰沙場，顧不得妻兒老小，姪兒隆多從小沒吃沒喝故而瘦小，請各位多加關照。同僚們心知肚明，這「隆多」哪有半點滿人長相？但一些供事雜役也是他們沾親帶故薦舉的，故而都打著哈哈道「好說好說」。

翰林院初設於唐朝，為歷朝養才儲望之所。唐宋之翰林為內廷供奉之官，有明專稱文學之士為翰林。清承明制，翰林院負責朝廷的經筵日講、進士朝考、論撰文史、稽查史書、錄書、入值侍班、教習庶吉士等事務，地位向來清貴不凡。

順治元年（西元 1644 年）承明制設翰林院，次年並於內三院，即內翰林國史院、祕書院和弘文院；順治十五年（西元 1658 年）改內三院為內閣，另設翰林院；順治十八年（西元 1661 年）歸併內三院；康熙九年（西元 1670 年）內三院又改為內閣，恢復翰林院。可謂一波四折。翰林院設庶常館、起居注館，編纂人員有內閣大學士領銜的監修總裁、提調、纂修、謄錄至打雜跑腿的收掌、供事等，人員眾多龐雜。

嚴秋毫入起居注館做最低階的小供事，有如螻蟻混入蟻群，滴墨潑入瀚海，無人注目。

他聞著書香與藝香混雜的氣息，輕輕撫摸著汗牛充棟的書架，生起難以言喻的親切感，恍惚間回到很多年前，他和父親從外面購來一車車書，重重疊疊堆到屋頂。他問父親，東家購這麼多書做什麼用，父親讓他別多問⋯⋯

幾個史官過來拿書，漠然掃他一眼。他趕緊低頭做事，告訴自己：要像這裡的一本本書不起眼，又要像一本本書那樣有用處。

他以滿名隆多、漢名嚴秋毫開始了翰林院小供事生涯。登記考勤、記錄功課、收發卷宗、謄錄史稿以及掃地倒茶。他低眉順眼，長年的小夥計生涯把他錘鍊成如貓一樣溫順、狗一樣機敏、牛一樣勤勞，一手書法尤得眾人認可，誰都可以對他招之即來、揮之即去。沒多久，他成了起居注館不起眼又不可或缺的角色。

第十一章　嚴秋毫的翰林院之路

嚴秋毫把領到的第一個月薪俸交給多吉，多吉也把三成分給他。

他無比感激，越發謹小慎微地做事。

有一回抄錄完史稿，他校對時嚇著了——漏了康熙年號。各史館對收發紙張、抄錄有誤、紙張遺失損壞均有紀錄，輕者賠補，重則問罪，漏寫年號更是頭等大事，尤加嚴處。

嚴秋毫揣起紙悄悄拿給多吉看，多吉急急把稿紙收起，命他重寫一份。那天散班後，多吉把他叫進小胡同，劈頭蓋腦兩巴掌，罵他差點害死自己，所幸及時遮掩應對過去了。

「記住，你就是我用來填坑的，多做事少說話，再給我惹下麻煩，滾蛋！」多吉又惡狠狠地踢他一腳，「翰林院什麼地方？非進士不入翰林，非翰林不入內閣。朝中文臣沒個翰林加持，都會被人瞧不上。從順治爺到當今皇上，都對翰林高看一頭，龍顏一悅還會臨幸翰林院呢。要不是你會寫兩個好字，翰林院的門朝哪邊開你都摸不到，你個小王八羔子祖墳出青煙了知不知道？」

「是，多吉大人，小的一定謹記，再不給大人添麻煩。」嚴秋毫卑微地說。

王士元挈婦將雛來到餘姚虞宦街購置壽禮。胡樸崖即將七十大壽了，王士元準備好好籌辦一番，以謝岳父大恩。

他勤勤勉勉授學，有幾個學子中了童子試，名聲不脛而走，送來的學子更多，他越發忙了。

餘姚乃是一座古雅秀美的江南小邑，相傳為舜後支庶所封之地，舜姓姚，故云餘姚，秦時置縣。東漢有高士嚴子陵，唐有大書家虞世南，大明有大儒陽明先生，當世有梨洲先生黃宗羲，文脈源遠流長，無愧於宋代范仲淹譽之「東南最名邑」。

夫妻倆攀爬龍泉山，臨舜江樓，登通濟橋。通濟橋接餘姚南北雙城，始建於北宋慶曆年間，亦屢毀屢建。樓橋向有「長虹騰空，飛閣鎮流」之聲。他們走上橋頭西望，舜江如綠絲帶依龍泉山緩緩流淌，青山碧水，白帆點點。

「山如碧波翻江去，水似青天照月明。」王士元欣然吟誦北宋王安石的詩句，王安石任鄞縣縣令乘舟經舜江，多次遊歷過餘姚。

「喚取仙人來此住，莫教辛苦上層城。」胡英娘接上後面兩句。

過了通濟橋，他們走向虞宦街。虞宦街因餘姚虞氏仕宦家族而得名。東漢迄今，餘姚虞氏家族先後有二十餘人載入歷朝國史正傳，多有封侯者和三公九卿。名望盛者有三國虞翻，易學、天文、曆法、諸子學等多有建樹；東晉虞喜歷史、天文研學深厚，有史以來最早發現「歲差」；初唐虞世南書法、文學卓絕，位列「凌煙閣二十四功臣」之一，所編《北堂書鈔》為唐代四大類書之一。

王士元抱著兒子，與妻子聊餘姚的歷史掌故。走著走著心中莫名悸動，扭頭一看，人群縷縷行行並無殊異。再走了一段路，他只覺背脊刺痛，似乎被一枚釘子釘上。再回頭望去，街市依舊肩摩轂擊熙來攘往，恍然發現一個熟悉的身影掠過。

他說遇到熟人了，讓妻子去附近店鋪歇息，他跟人聊幾句。胡英娘溫順地抱過兒子。王士元跟上去，與那人一前一後走進一條小巷，那人回首，刀劍一般犀銳的目光直刺而來。

一身男裝的許舜華冷聲道：「王士元，你好福氣。」

「舜華——」王士元叫道。

第十一章　嚴秋毫的翰林院之路

「福氣？」王士元苦笑，「舜華，其實，我過的是朝不保夕的日子，我只怕連累你——」

「你到底犯了何等滔天罪孽會連累人？如今你娶妻生子，難道不怕連累他們嗎？不喜歡我就不喜歡我，何必找這種拙劣藉口？！」許舜華怒道。

「我喜歡你——」王士元說完又覺得不妥，連忙閉嘴。

「可笑至極，你說這話，一則對不起我，再則對不起你妻兒。我許舜華瞎了眼，竟然會看上你這種薄情寡義之人。」她轉身欲離開。

他攔住她：「許伯現在怎麼樣？」

她冷冷道：「與你何干？」

「請轉告許伯，不要再做逆天之事，以免鑄成大錯……」

「管好你自己，別管我們。山上的事你若是走漏半絲風聲——」

她朝牆上的磚頭重重一拍，磚頭頓時斷成兩截，冷冷道，「我會比我爹下手更狠！」

「別管我們。」她轉身就走。

「舜華，一定要勸住你爹，我真的不想你們以卵擊石……」

他拉住她的手：「答應我一定要勸住你爹。」

「放手！」

「答應我好嗎？舜華。」

166

許舜華一巴掌打在他臉上,兩人呆愣了。

胡英娘抱著兒子跑來,喊道:「住手,何方狂徒,光天化日之下對我相公動手?」

許舜華看了胡英娘一眼,再看看呆若木雞的王士元,恨聲道:「王士元,這輩子,我再也不想看到你了。」她轉身跑開,邊跑邊擦淚。

胡英娘心疼地:「相公,他為何動手?你說的熟人就是他嗎?」

王士元望著人影杳然的長巷,苦澀地說:「我欠了她一筆債,如今,都清了。」

康熙十六年(西元1677年)五月,黃宗義從海昌回到黃竹浦。

兒子們為父親洗塵,勸說父親此次回來不要再外出講學了。黃宗義則高興地告訴他們,海昌講學地由原先的海昌北寺遷至海昌講院,環境寬敞潔淨,弟子有本境的也有鄰邑的,他打算在家住些日子再去。

黃百藥急了:「父親,您年事已高,不可再顛沛勞累了,路途迢迢,若是有個閃失,讓兒子們如何是好?」

黃正誼懇求:「父親,您已六十八,該是兒子們奉養您的時候了。」

黃百家道:「父親,陸文虎先生尚暫厝淺土。兒子們怕您路途顛沛,萬一有個三長兩短⋯⋯」

黃宗義臉色大變,讓他們把事情說清楚。黃百家說,甬上萬斯大派僕人來報,陸文虎仍暫厝淺土,問先生怎麼辦。黃宗義悠悠醒來,老淚縱橫:「三十二年了,文虎兄還未入土為安,這是我的罪過啊⋯⋯」

黃宗義眼前一黑暈了過去。好在兒子們通岐黃之道,一番掐人中捏虎口揉心門。

167

第十一章　嚴秋毫的翰林院之路

黃宗羲盼咐他們，讓萬斯大擇吉日葬陸文虎於甬城西。七月浙西僅存的蕺山同門陳確也去世了。十一年前陳確提出儉葬，讓他莫負先生忠義殉國之節。《陸文虎先生墓誌銘》、《陳乾初先生墓誌銘》……康熙十六年（西元1677年）成了黃宗羲的「墓誌銘年」。

這一年，他為順治五年（西元1648年）抗清殉難的明刑部員外郎、南明右僉都御史、東閣大學士錢肅樂作《錢忠介公傳》，書其才華出眾、精忠報國而遭奸臣傾軋陷害的一生：「獨公沈湛於大全，以歐、曾之法出之，故一時號為名家……上言國有十亡而無一存，民有十死而無一生……」

他為避世隱居的明進士余若水、出家為僧的明進士周唯一作《余若水周唯一兩先生墓誌銘》，敬慕二人甘為遺民悽苦終老，又喟嘆自己鼓勵弟子入場屋的苦衷遭人中傷：「生此天地之間，不能不與之相干涉，有干涉則有往來。陶靖節不肯屈身異代，而江州之酒，始安之錢，不能拒也……」

他為離世十三年的張蒼水作《兵部侍郎蒼水張公墓誌銘》：「語曰：慷慨赴死易，從容就義難。所謂慷慨、從容者，非以一身較遲速也……西湖之陽，春香秋霧。北有岳墳，南有於墓……同德比義，而相日暮……」

曾勸他「餘生絕不替清廷做半點事，寧願把學問爛在肚子裡」的朱朝瑛七年前終老於家，老友高斗魁逝於六年前，復社領袖熊開元去年葬於徽州雲谷監院，其師弘儲禪師五年前示寂於靈巖山……「君埋泉下泥銷骨，我寄人間雪滿頭。」舊雨相繼凋零，留他這個未亡人，踽蹌穿行於孤寂的人世間。每作一篇悼友文，對他都是一場不堪回首的噬骨之痛。一篇篇墓誌銘，寫的是故人生死，剖的是自家心跡……

薰風入院，別院深深，翰林院的老槐樹傳出蟬鳴聲聲。

168

嚴秋毫捧著厚厚一沓書稿，眼睛、鼻子都被遮擋，額頭滲汗，來回穿行於翰林院各廳堂。他書法出色，又是新來的，故而收掌、謄錄人員把一些搬運書稿、抄錄事務也推給他。

一個年輕人搖著扇子，昂首闊步跨入翰林院大門。他一身寶藍長袍，外罩一襲紫紅團花背心，個子中等，膚色白淨，深眉高鼻，臉上有幾顆淡淡痘印。他跨入廳堂門檻，細長的眼睛掃視各館，透出鋒銳的神色，卻沒有留意有人從大門內側過來，兩相一撞，嚴秋毫捧在手上的書稿散落一地。

年輕人打了個趔趄，身後兩人及時扶住，旋即將嚴秋毫反擒，喝道：「大膽奴才，竟敢衝撞皇上！」

「皇上駕到！」

寂靜的翰林院響起桌椅書籍碰撞的聲響，修史官們像一群魚一樣從各個角落游出，跪地山呼：「臣某某恭請皇上聖安。」

康熙擺擺手：「我正好經過翰林院，隨便看看，眾位太史請起。」

讓兩個小太監鬆開嚴秋毫。

嚴秋毫看著眼前這個比自己年輕一些的青年，再看看跪地的翰林們，似乎不明白他們怎麼突然像一排割倒的青草那樣伏地。提調官多吉跪在地上直打戰，恨不能將他摁倒在地磕十八個響頭。要是這小王八羔子的身分被揭穿，他準丟了老命。

康熙見嚴秋毫直盯自己，頗為驚異：「你是做什麼的？」

翰林院侍讀學士葉方藹聞訊匆匆趕來，暗暗抱怨年輕的皇帝總喜歡冷不丁跑來翰林院，給太史公們送

第十一章　嚴秋毫的翰林院之路

一些「驚喜」。

葉方藹，字子吉，號紉庵，江蘇崑山人，順治十六年（西元 1659 年）一甲第三名進士及第，亦即探花，才學人品俱佳，敏而好學，重才惜才，為人虛懷若谷。有明以來，江南士紳一直拖欠朝廷賦稅，致使朝廷稅銀不濟重挫財力。康熙即位後，責令拖欠賦稅的江南士紳一律剝奪功名，欠稅官員一律降職呼叫。江蘇巡撫朱國治火速將拖欠賦稅的一萬三千八百多名士紳官員名單呈交朝廷，其中赫然有探花葉方藹。

葉方藹所欠賦稅摺合銀子一厘，合銅錢一文，亦被降職呼叫。時稱「江南奏銷案」，民間遂有了「探花不值一文錢」之稱。好在朝廷賞識其才學，知道他是被「誤傷」的，不久即判他與此案無關，重新起用，之後任會試同考官、日講起居注官、翰林院侍講。

葉方藹氣喘吁吁地跑進廳堂，驚見眾員跪迎而一名小供事站立直視皇上，喝道：「大膽小供事，快快叩迎皇上。」

嚴秋毫如夢初醒，連忙跪地：「大清翰林院起居注館供事嚴秋毫給皇上謝罪。小的從未觀瞻過龍顏，誤撞聖駕，懇請皇上降罪。」

二十三歲的康熙大度地一笑，轉向眾人：「諸位供職有高低，掌管有不同，但皆為翰林院太史，國之良材，請起。」

葉方藹恭請康熙去後堂喝茶。嚴秋毫收拾地上散亂的書稿，康熙瞥了一眼正欲離開，見書稿書法工整秀美，便讓他呈上。

康熙讚嘆：「好書法，頗有歐顏之風。誰寫的？」

170

嚴秋毫惶然：「小的塗鴉，請皇上訓教。」

康熙喜愛書法，每日臨千字，自幼以歐陽詢、顏真卿築基，再學王羲之、懷素、米芾、趙孟等大家，近來推崇董其昌，對書法出眾者自然尤為關注。

葉方藹見康熙不怒反喜，暗暗吁了口氣。多吉擦著額頭的汗，稍稍寬了心，思索待會兒怎麼教訓這個小王八羔子。

康熙令他寫幾個字看看。在眾人斂聲屏氣的圍觀下，嚴秋毫哆囉哆嗦地提起筆，墨水濺在宣紙上，怎麼也落不下筆。

康熙令眾人轉過身不許看，和顏悅色地對他說：「你只當這屋裡空無一人，大膽寫來，跟你平時書寫一樣。」

「是，皇上。」嚴秋毫連吸兩口氣，稍一思索便寫下兩行字。

「山不厭高，海不厭深。周公吐哺，天下歸心。」康熙暗暗吃驚，這是三國曹操〈短歌行〉中的詩句，道出了當下的心思。此時朝廷已扭轉三藩之亂的基本局面，耿精忠腹背受敵，倉促撤兵請降，尚之信也隨即降清；吳三桂仍固守一方，與清軍在江西、廣東、廣西、湖南等要地對峙，臺灣鄭經盤踞於福建漳、泉、興、汀等地，各地反清勢力仍然此起彼伏……他期盼的偃武修文、天下大治之時不知何時到來，內心極為憂慮。

這十六字彰顯了曹操建立曹魏政權的雄心，亦透露出求賢若渴的心思，更昭示了亟盼「天下歸心」之願。這個瘦弱不起眼的小供事寫得一手好書法，還寫出如此撫慰人心的吉語，翰林院果然人傑薈萃。康熙

第十一章　嚴秋毫的翰林院之路

簡直懷疑此人洞察了自己的心思。

「你為何能寫一手好字？」

「小的自幼跟父親學字，一天五百字，若不然沒得吃飯睡覺⋯⋯」

多吉暗暗吃驚，上次他還跟自己說一天二百字，一眨眼成了五百字，小王八羔子不像表面那麼老實啊。

康熙忍俊不禁，這跟自己小時候練字差不多。他對小太監說了聲「賞」，便步向後堂。小太監奉上一支玉管羊毫，上刻「經天緯地」、「內廷恭造」題銘。康熙對有功之臣賜金銀糧帛，來翰林院則會讓小太監帶一些文房四寶，賞賜看得順眼的太史。

嚴秋毫捧著從天而降的玉管羊毫，只覺輕如鴻毛又重如泰山。

眾人看他的目光與平時不一樣了，錯愕、驚訝、疑惑、羨慕、不屑⋯⋯皇上每年會臨幸翰林院幾回，受賞的都是大學士、監修總裁等，從來沒有賞過小供事，眼下破了天荒。他們回到各自案牘，失落地繼續抄抄寫寫。嚴秋毫小心地收起御賜羊毫，繼續忙碌地搬書稿，裝著沒聽見同僚們的竊竊私語。

多吉剛才想的懲治嚴秋毫的幾個法子消失無蹤。這小子險些闖了大禍，又意外得主隆恩，走了什麼狗屎運？把此人帶進翰林院真是最蠢不過的事。可眼下，他只能眼睜睜看著那小王八羔子在眼前晃來晃去，原本的彎腰駝背，似乎堪堪地挺直起來。

康熙檢閱史籍，考勤史官，聽取葉方藹和其他監修總裁稟報各館的事項，查看葉方藹編撰的《孝經衍義》史稿，讚賞稱好，又問《明史》所集史料進展如何。

順治二年（西元1645年）五月始提修撰《明史》。大學士馮銓、李建泰、范文程、剛林、祁充格為總裁，提名副總裁和編纂官，設收掌官、滿字謄錄、漢字謄錄；康熙四年（西元1665年）十月重開明史館，因編纂《清世祖實錄》而暫停；康熙十年（西元1671年）康熙重提《明史》修撰，責熊賜履總裁此事。熊賜履是順治朝國子監司業，入弘文院侍讀，康熙朝任祕書院侍讀學士、國史院學士、翰林院學士。他深知修史維艱，自知對明史研學不深，遂懇請顧炎武出山修史，還請來顧炎武外甥徐乾學說項。顧炎武回應：

「若要我修史，我要麼像介子推那樣逃入深山，要麼像屈原那樣投江自盡。」

順治曾多次至內三院閱覽史志，「上幸內院，閱通鑑，至唐武則天事」，「上幸內院覽明史」，「入內三院御覽明史纂修進展」。而康熙仿效父親不時臨幸翰林院，尤關注《明史》程序。

葉方藹如實稟報：「明朝歷代實錄奇零，天啟朝實錄七年之後付之闕如，崇禎朝更無實錄，史籍史料各地尚無進獻，邸報、檔案類更是寥寥無幾。再則——當年湖州明史案後，相關史籍毀損甚廣，修史難度甚大啊。」

康熙喝著茶思忖，三藩未定，自己也沒有心思作出定義，怪不得太史們。熊賜履不堪重任，顧炎武拒之不及，葉方藹千頭萬緒事務龐雜……

「諸位太史公，當今人品文才俱佳的大儒還有哪幾位？」他問。

葉方藹和一眾總裁官不敢輕易作答。

甲申之變後，大批有名望有才學的士子文人紛紛殉國，明工部尚書、東閣大學士范景文投井；戶、兵

第十一章　嚴秋毫的翰林院之路

二部尚書，文淵閣大學士方岳貢自縊，戴山學宗、左都御史劉宗周絕食而亡；武英殿大學士黃道周斬首而立身不倒；翰林院編修、禮部尚書、東閣大學士傅冠濺血於翰林院編修、南明吏部右侍郎楊廷麟沉骨於水塘，戶科給事中、南明吏部右侍郎、東閣大學士瞿式耜就義於桂林……隱居避世者如顧炎武、王夫之、呂留良等，更是不計其數。有明殉國士子之多，實為歷朝歷代所罕見。

葉方藹硬著頭皮，報出了一些避世者的名字。

康熙更沉默了。他無緣親歷父祖輩開基立業的霸氣，從祖母和大臣們的口傳和大量史籍中知道，從「建州女真」到「滿洲大清」是一段何等艱難的開疆闢土史，「愛新覺羅氏」是一個何等榮耀的冠姓，「定鼎燕京，以綏中國」是何等豪邁壯闊的氣度。三藩之亂終將鼎定，之後還須將臺灣納入版圖，消除北境羅剎威脅……盛世修志弘文，不能再拖延不決了。

「《明史》修撰是翰林院的業內事，紉庵先生還須好好籌劃。若有大儒當及時延聘，興朝效命。」康熙說。

葉方藹眼神一轉，欲言又止，康熙讓其他人退下。

葉方藹稟告：「皇上，臣記得有一位當世名儒，不知是否合宜？」

「誰？」

「浙江餘姚黃宗義。」

「黃宗義？」康熙狡黠點一笑，「紉庵先生讀過他的哪些著作？」

葉方藹謹慎答道：「臣聞黃宗羲學問淵深，甲申之後曾舉兵起事，現今著書立說，門生眾多，深研各類學問，倡導經世致用，其著作倒是沒有讀過。」

康熙的笑容越發詭祕：「讀過《待訪錄》嗎？」

葉方藹誠實地說：「聽聞過，但未曾見過，更沒有讀過。」一些文臣隱晦地說過此書，他揣測此書絕非簡單，故不敢輕易評議。

康熙吟道：「一人奉天下，而非天下奉一人。天子所是未必是，天子所非未必非。」

葉方藹臉色煞白，開始懊悔提起黃宗羲。

康熙繼續道：「古者以天下為主，君為客，凡君之所畢世而經營者，為天下也。今也以君為主，天下為客，凡天下之地而得安寧者，為君也。」

葉方藹大惑：「皇上從何處聽聞這些危言聳聽？」

康熙吟道：「四年前，浙江巡撫進呈此書，指書中多有大逆之言。我讀過後，以為此書雖言辭逆耳，卻大有深意。皇帝也是人，哪有一做了皇帝就什麼都是對的、永不犯錯的道理？」

葉方藹暗暗歡喜，年輕的皇帝確實見解不凡，便小心地問：「皇上會禁《待訪錄》嗎？」

康熙負手踱步，吟道：「向後二十年交入『大壯』，始得一治」。昔日王冕曾仿效《周禮》寫了一卷書，自稱『我若一時還沒死，倘若能拿這本書遇到明主，成就像伊尹、姜太公那樣的豐功偉業，也不是難事』，但是王冕還沒遇到明主就死了。王冕的書我沒有見過，按其書中之法究竟能不能

175

第十一章　嚴秋毫的翰林院之路

治理好天下，也就無從知曉了。現在亂世還未結束，又怎麼能很快進入『大壯』這一治運呢？我雖年老，遇到箕子那樣被明主所拜訪，請教治國之道的機會還是有的。豈能因為未來的治世還不明朗，而不敢公開自己的主張呢？」

「皇上，這些言論都出自《待訪錄》嗎？」

「沒錯。紉庵先生認為這些言論如何？」

葉方藹此時已揣摩出上意，於是笑道：「依臣愚見，黃宗羲著書迄今近二十年，今時豈不正是大壯之年？而遇明主之言，豈不正是指我大清明主嗎？」

康熙喝了口茶，臉上不動聲色，心中堪堪得意，又道：「對了，紉庵先生還記得洪武帝有一番『天下之治，賢士共理』的話嗎？」

「容臣想一想。」葉方藹心領神會，皇上喜歡從別人嘴裡聽好話。

「我只記得大概，忘了詳說。」

「洪武帝曾釋出詔書，『天下之治，天下之賢共理之。今賢士多隱巖穴，豈有司失於敦勸歟，朝廷疏於禮待歟，抑朕寡昧不足致賢，將在位者壅蔽使不上達歟。不然，賢士大夫，幼學壯行，豈甘沒世而已哉。天甫定，朕願寡昧不足致賢。有能輔朕濟民者，有司禮遣』。」

「紉庵先生果然記性超拔。朕與洪武帝之念何其相似乃爾？如今許多賢能之士隱居山野巖穴，朕亦願學洪武徵召天下賢士，與他們研習治世之道，有輔助朕濟世救民的賢士，也要讓有司以禮相聘。」

176

藝草香在屋裡幽幽飄渺,康熙的神思裊裊飄浮⋯⋯「皇祖母早年教諭我:江山萬里,蒼生至眾,都由天子一身統御,沒有大德奇才如何堪當重任?須深思得眾得國之道,使四海咸登康阜,綿歷數於無疆,方不負列祖列宗。」

「太皇太后懿言嘉行,真是惠澤社稷蒼生。」

康熙撫過一排排書籍,吹了吹指頭的些微灰塵,氣定神閒道:「倘若我因《待訪錄》有礙語而將此書毀禁,豈不是告知世人,我正是『為天下之大害者,君而已』」,而非黃宗羲所期望的明主?」

葉方藹拱手臣服:「皇上睿德聖明,寬宏大量,我大清必將文運昌盛,成就三代之盛。」

「朕常來翰林院不便,擬在乾清宮西南角關建南書房,擇翰林院詞臣才品兼優者入值,賜『南書房行走』之名,與朕一起賦詩撰文,寫字作畫,起草詔令,撰述諭旨。紉庵先生為當然人選,再推舉幾名出眾人物。」康熙的眼神凌厲,透出不容置疑的神采。

葉方藹點頭稱是,心中噓嘆。皇上對《待訪錄》網開一面,不只是他說的不願被世人誤認為「為天下之大害者」,或學洪武帝「天下之治,賢士共理」,更是別有深意——文章千古事,他也想在後世留下一個千載美名。皇上之所以關建南書房,表面上是建一處吟詩賦詞的風雅之地,實則是逐步削弱議政大臣的權柄,將外朝內閣的部分權柄掌控手中。年輕的皇帝雄才大略,絕非他的祖父皇太極和曾祖父努爾哈赤那樣馬背上的草莽英雄可比。

離開翰林院時,康熙掃視恭送的人群:「山不厭高,海不厭深。周公吐哺,天下歸心。各位太史公須與朕同心,方當得起修千古汗青大業。」他目光落在嚴秋毫身上,嘴角微微一牽,闊步離開。

第十一章　嚴秋毫的翰林院之路

眾人揉著膝蓋繼續各自忙事，嚴秋毫則愣愣地望著康熙遠去的方向。

多吉過來，低聲喝道：「別丟人現眼了，快做事。」

嚴秋毫繼續忙碌，內心翻江倒海。如同他在春霖酒館接近多吉，如今的他一步步接近了聖上，這是很多年前絕不敢想的奇事。汗水和著淚水落在紙上，這一回他沒有驚慌，靜靜看著墨漬渲散，漸至無痕。

葉方藹皺著眉頭思索了會兒，對一個謄錄官說：「尋找會試名錄，這兩年會試的士子裡，有沒有浙江籍的，最好是餘姚的……」

178

第十二章 錯看

康熙十六年（西元1677年）十月，餘姚，秋涼初至，暑氣漸散。

黃宗羲把一罐化安茶放進書箱，準備再赴海昌。黃百家幫著整理行囊，他本欲隨父同行，黃宗羲說僕童隨從就行了，讓他管好家，修整茶園竹林，靜心著述。

弟子董允蹈風塵僕僕地推開柴門進來，高喊先生。他於康熙八年（西元1669年）中舉，去年再次會試而未中。

「弟子又未能中榜，實在愧於叩拜師門。」他甚是愧然。

黃宗羲引他在院子坐下，倒茶寬慰道：「在中，學問在人，成事在天，你繼續勤勉向學就是了。」

董允蹈取出一封信：「先生，弟子此番離京返鄉前，向翰林院紉庵先生辭行。紉庵先生得知弟子出自梨洲門下，說久仰先生大名，託弟子捎信於您。」

「我與這位探花郎素昧平生，他能跟我聊什麼呢？」

信裡有一首長詩，詩名很長，〈予久慕浙東黃太沖先生，恨未之見，四明董孝廉過訪，詢知為太沖門

第十二章　錯看

人，於其南行，作此送之，並寄黃先生〉，把捎信的前因後果交代得很清楚。

「會稽有大儒，世系出忠門。黃童名無雙，白首晦丘園。六經探奧窔，百氏窮淵源。躬蹈某與軻，不肯託空言……」詩一開頭，葉方藹表達了仰慕之情。

接著他詳述早就聽聞黃宗羲盛名，心中仰止情敦，只是仕途束縛，無緣負笈南下與梨洲先生探討學問。去年董允蹈會試時作了一篇詩賦，有「浩浩三峽奔」之勢，他極為讚賞。此次董允蹈辭行回鄉，得知其出自梨洲門下，更是慨慕。如同河流奔騰溯其源頭必出自崑崙，董允蹈才華出眾必出自名世大儒，所以託其傳書。

「……興朝急求賢，側席心殷殷。安知柴荊外，旦夕無玄纁。北面修盛典，憲乞禮數勤。予亦得挾冊，函丈時相親。勿著羊裘去，蒼茫煙水濱。」詩末，葉方藹懇求梨洲先生切莫像他的餘姚同鄉、東漢高士嚴子陵那樣著一身羊裘去煙水江濱釣魚。

黃百家說：「父親，葉方藹是想請您興朝而出啊。」

董允蹈猶豫了下說：「先生，聽說皇上也讀過《待訪錄》。」

黃宗羲嘆：「三百五十字長詩，紉庵先生其辭亦誠，其情亦殷啊。」

「他們想怎麼樣？」黃百家有點緊張地問。

黃宗羲眉頭一皺，心下沉吟。《待訪錄》抄本甚多，不知道怎麼輾轉到了康熙手上。不過據此可以判定，若康熙因此而怒，事情早就不可收場了，葉方藹也不可能貿然來信自招禍水。換而言之，不管康熙有沒有看過《待訪錄》，葉方藹的來信還是誠意滿滿的。

「聽說皇上對《待訪錄》頗為讚賞。他說，皇帝也是人，哪有一做了皇帝就什麼都是對的、永不犯錯的道理？」

「康熙還算明理。」黃百家道。

「他還說，若是因《待訪錄》中一些話而將書毀禁，豈不是讓世人說皇上正是『為天下之大害，君而已』，絕非先生所期望的明主？」

黃宗羲高聲道：「不是這樣的，這絕非我本意！」

黃百家急了：「康熙這是曲解了父親的意思啊。」

「向後二十年交入『大壯』，絕非指清廷治下。」黃宗羲拿出《待訪錄》，激昂地說，「他們尋章摘句藉此粉飾自己，想當然以為自己就是明主。此誤讀若是一代代傳下去，後世豈不以為《待訪錄》就是為了期待清廷明主來訪而寫的？荒謬，真是太荒謬了！」

包括董允蹈在內的弟子們都明瞭，但誰也不敢說——「大壯」會不會真的來到？或者說根本就不存在「大壯」，那就是一個虛無縹緲的幻境。如今康熙將《待訪錄》當作粉飾自己的物事，這與先生的原旨相去何止千里？！

「先生，康熙如此解讀也不算壞事。至少《待訪錄》不至於被毀禁，先生也不至於遭牽連。」

「父親，《待訪錄》能因此而留存，也算是不幸中的大幸。亭林先生也說了著書待後。後世如何解讀，見仁見智，非我們所能左右。」

181

第十二章　錯看

縱然一腔憤懣，黃宗羲也不得不承認他們說得在理。

待訪，待訪，自己到底期待什麼樣的「明主」來訪？大壯之年、三代之盛就算到來，也許已不再是原貌。康熙若真懂得「哪有一做了皇帝就什麼都是對的、永不犯錯的道理」，那也算是值得了……一隻孤鶩長鳴一聲，掠過村莊的霞光林梢，緩慢地飛向南面的化安山。三人望著牠直至消失。

「在中，百家，你們發現剛才孤鶩飛翔時有何異樣？」

黃百家和董允蹈沒有細看，答不上所以然。

「牠的左翼受傷了，只能垂翼而飛，若不然必墜亡」。《易經》六十四卦之三十六卦有『明夷』卦，下離上坤，離為明，坤為地，卦辭『利艱貞』。飛鳥受傷，難以振翅翔集，唯有低垂其翼而飛；君子若要有作為，須有三日不食之精神。縱然時世艱苦，還須堅持下去，方能成就大業。」

黃百家和董允蹈異口同聲道：「明夷於飛，垂其翼。君子於行，三日不食。」

「夷之初旦，明而未融。當下清廷正值日昇初旦，但我豈能因未來治世不明朗而不敢公開主張呢？日沒入地，光明受損，前途不明，宜遵時養晦，堅守正道，外愚內慧，韜光養晦，終至晦而轉明……」黃宗羲輕撫《待訪錄》，「日後若有機會刊印此書，前面加上兩個字。」

「哪兩個字？」黃百家和董允蹈齊聲問。

「明夷。」

「《明夷待訪錄》？」

「《明夷待訪錄》！」

黃宗羲和黃百家來到化安山黃家墓園，每回出遠門，他都會跟父親辭行。

黃氏墓地埋葬了黃宗羲父親、兄弟、愛子、孫女，加上新入土的夫人葉寶林。他們在彼岸團圓了。黃百家除草劑土培墳，黃宗羲在拜壇前點上線香，跟父親絮叨近況，海昌講學、為故友寫墓誌銘、哪些弟子取得功名或落了榜等，又說起董允蹈從京師帶來的消息。

「父親，康熙如何評議《待訪錄》是他的事，與我無干。只是，如今大勢所趨，諸事已莫可為……兒子以為，子弟們可以因生計而出仕，我永為大明遺民，此生堅不仕清。父親，朝廷日後若非要您興朝而出，為難於您，兒子會替父親承當。」

黃百家說：「祖父在天有靈，定以為然也。父親，朝廷以為然否？」

一陣風吹來，墓前的梅枝垂掛下來，輕輕點了點。

「朝廷為難您，黃帥難道就不能拿出當年結寨抗清的勇氣嗎？」一個高亢蒼涼的聲音從梅林裡傳出。

黃百家護在父親面前，喝道：「什麼人？快出來。」

「日月昭昭，世忠大明。日月昭昭，永忠故朝。」伴著高吟聲，兩個人影倏然出現在他們面前。

一個白髮老者，一個俊秀青年，均是一身短打。黃百家的武功扎實，掃了眼就知道對付二人並不難，稍寬了心，喝問他們到底什麼人。

「三十二年不見，黃帥別來無恙，舊部許山拜見。」許山跪地就拜，叩首以禮。

183

第十二章　錯看

黃宗羲扶起他，打量對方滄桑的面孔，良久，才認出對方是三十二年前的世忠營舊部，大為震驚。

「黃帥，當年我從火燒連營中逃出，不慎墜崖，因而撿得一條命。之後我長居四明山，娶妻生女——」許山指了指女兒，「出門不便，讓她作男兒裝。」

「小女許舜華，拜見黃帥。」許舜華作揖，脆生生地說。

「姪女請起。不必再叫黃帥。」許山，你該是耳順之歲，我也是年近古稀了。」黃宗羲又欣喜又慨嘆。許山當年二十多歲，如今兩兩相望俱是白髮人。

「讀書人都尊稱您梨洲先生，我們也如此相稱吧。」許山道。

黃宗羲問他何事找來。

「梨洲先生，十七年前我組建了永忠道義軍，這麼多年來，義軍屢戰屢敗，永忠道也時有傷亡，但我們從不言悔。」許山慷慨激言。

黃宗羲警覺：「福建耿精忠起兵，你是否也參與了？」

「耿精忠起兵後，四明山一帶義軍俱相呼應，與清軍頑命相抗，但終因不敵傷亡慘重，我永忠道幸得保存大部兵力。」

黃宗羲憎惡吳三桂，其原本就是大奸大惡之徒，就算他為中興大明而戰，又如何抹得掉引清軍入關的恥辱？自從錢肅樂、鄭成功、張蒼水等忠烈之士逝後，反清復明幾近窮途末路；尤其是海昌講學後，他發現像許三禮那樣真正重教興學、造福子民的清廷官員確也不少。清軍入關三十三年，再舉反清復明大旗，

184

再起兵燹之災,給百姓帶來了什麼?況且其中多有欺世盜名之徒,以募餉之名致百姓不堪其苦……平心而論,清初官場氣象,比晚明一派晦暗腐朽要好得多……」

「我許山已是再世人了,身為大明人,死為大明魂。今日前來,想請梨洲先生出山,重振世忠營雄風,再舉反清復明大旗。」許山的花白頭髮在夕暉下閃著光澤。

「梨洲先生,自小,父親就講世忠營勇毅抗清的故事給我聽,這麼多年他一直心心念念,說當年魯王朝要是及時採用您的兵策,戰局或有轉機。」許舜華跟著說。

黃宗羲一時不知如何說起。去年,臺灣鄭經所占土地相繼失守,退守廈門。本年清廷對鄭經許諾,若鄭軍撤離大陸沿海島嶼,退守臺灣,允諾臺灣為藩屬,清廷與臺灣通商貿易,永無嫌猜,眼下鄭經猶豫不決。黃宗羲的希冀破滅了。以許山區區兵力,分明是驅羊攻虎……可這一切如何向他說清楚?他又如何明白個中曲折?

「許山,你怕是還不知道,三藩之亂即將見分曉……」

「就算平了三藩,還有我們這些大大小小的義軍。」許山怒氣沖沖道。

黃百家道:「許伯,我父親明日還要赴海昌講學,天色不早,我們要收拾行囊,你們也該回去了。」

許山冷笑:「我早就聽說了,梨洲先生如今為官府學堂講學,甘為清廷效命。」

「許伯,您怎能如此曲解我父親?」黃百家急道。

「梨洲先生,您能聽我講一個故事嗎?」許舜華上前道。

185

第十二章 錯看

黃宗羲在石凳坐下：「請講。」

康熙十六年（西元 1677 年）十月京師，長街熙攘，短巷靜寂，東長安門附近胡同的一間陋屋內，一燈如豆。

嚴秋毫久久端詳手中的玉管羊毫和筆管上的「經天緯地」、「內廷恭造」題銘，嘴角滲出一抹冷笑。玉管羊毫在油燈下泛著與陋屋不相配的溫潤貴氣的微光。

過了會兒他蘸了蘸墨水，在紙上寫下三個濃墨大字──莊秋毫。

他其實叫莊秋毫，出身於揚州書香門第，祖父母、母親兄弟姐妹皆死於「揚州十日」。

三十二年前的順治二年（西元 1645 年）二月，清廷豫親王多鐸率十萬清軍南下，四月攻揚州。南明督師、兵部尚書史可法率萬餘兵力誓死守城。僅一月，揚州即告失陷。史可法被貪生怕死的部屬所擒，面對多鐸的誘降，他道：「城存與存，城亡與亡。我頭可斷，而態不可屈。我意已決，即碎屍萬段，甘之如飴，但揚城百萬生靈，不可殺戮！」遂英勇就義。

清軍占城後屠戮劫掠，十日不封刀。幾世繁華的揚州城，堆屍貯積手足相枕，血入水碧赭化為五色，塘為之平，百姓稽首長號哀聲震地……顧炎武有詩：「愁看京口三軍潰，痛說揚州十日圍。」泰州士子吳嘉紀作詩：「憶惜荒城破，白刃散如雨。殺人十晝夜，屍積不可數。」「東郊踏死可憐兒，西郊擄去如花女。母泣難相親，城裡城外皆飛塵。」黃宗羲有詩：「兵戈南下日為昏，匪石寒松聚一門。痛殺懷中三歲子，也隨阿母作忠魂。」

其時莊秋毫尚在襁褓，父親莊忠抱著他從死人堆逃出，投靠湖州南潯的遠親莊家，憑著勤勉忠實成為

莊府管家。從莊秋毫記事起，莊忠就把「揚州十日」說給他聽：「兒啊，不要忘了這一筆大仇，他們手上沾滿了我們的血。兒啊，欠帳遲早有一天要算清的，不要忘了把債討回來，不要忘了——」讓他每天抄寫「揚州十日」的詩賦史乘，牢牢記住這一場駭人聽聞的慘劇。莊秋毫亦由此而練得一手好書法。

莊家為湖州南潯鉅富，老爺莊允誠生三子，次子莊廷鑨有才，十五歲中貢生，入南京國子監讀書，因病不幸致盲。莊廷鑨決意效法左丘明，修撰《明史》傳之後世。莊家鄰居、明內閣首輔朱國禎有一部《明史》遺稿，因家道中落而求售稿本，莊家遂購入，以重金招攬江南士子十餘人編輯參閱，在朱氏原稿基礎上補闕崇禎朝和南明史。

莊忠父子奉命購置大批書籍史料，莊秋毫問父親這麼多書做何用，莊忠讓他不要管閒事。他有時趁士子們吃飯間歇溜進書房，發現書稿中稱努爾哈赤為「建州都督」、「奴酋」，清廷為「夷狄」，對與清廷作戰的將領報以痛惜之情，斥指降清將領為叛將，用前明年號而不用清廷年號，等等。莊秋毫早察覺其中之危，懇求老爺派兒子去各地收帳，以圖讓他置身事外。

順治十二年（西元 1655 年）莊廷鑨病死，莊允誠痛哭說其他兩個兒子都有後代，只有最疼愛的次子絕後，決定刻書當作兒子的後代。順治十七年（西元 1660 年）冬《明史輯略》刻成。莊秋毫出於好奇悄悄藏匿了一本書稿。莊允誠重金欲請顧炎武作序，顧炎武認為莊家收購史稿沽名釣譽，回應「不學無術，實非史才。官能鬻，名能買，世風如此，可嘆可笑」。莊允誠只得作罷，又請吳江才子吳炎、潘檉章參閱，未果，卻擅自將他們列入參閱名錄，名錄中還有未曾參閱的查繼佐、陸圻和范驤，還請前明禮部官員李令皙作序。

187

第十二章 錯看

查繼佐三人深知其中之危,先發制人,將此事呈報浙江學道,試圖擺脫與《明史輯略》的關係。歸安縣被罷知縣吳之榮利慾薰心,以此書敲詐莊家不成,層層告至湖州府學、浙江巡撫等處,還誣指湖州富商、莊廷鑨的岳父朱佑明為原稿作者朱氏。湖州和浙江官員受莊允誠鉅額賄賂,拒絕審理此案。莊允誠將其中「礙語」刪改後繼續刊發。不甘心的吳之榮設法購得初刊本,再行告發,最後驚動了輔政大臣鰲拜。

其時順治駕崩,康熙尚未親政,鰲拜責令刑部滿官羅多到湖州徹查,嚴懲涉案人員。康熙二年(西元1663年)五月清廷判決:「莊氏《明史》傳聞異辭,讚揚故明,誖逆已極,著將莊朱兩家和參與編撰者及其父兄子姪年十五歲以上者斬決,妻妾女孫及子姪十五歲以下者流徙為奴。」

莊家和朱家幾近滅門,莊忠亦慘死,死去多年的莊廷鑨遭挫骨揚灰。列名《明史輯略》的參校者、作序者、校閱者及刻書、印書、售書、購書、藏書者均被處死,涉案官員遭處斬、處絞,湖州知府死後開棺磔屍。江南一時風聲鶴唳。查繼佐三人檢舉有功而無罪釋放。

事發時,十七歲的莊秋毫正在杭州收款,聞訊逃亡,方倖免於難。

因自古有「莊嚴本一家」之說,他改名嚴秋毫,之後與黃宗羲萍水相逢結下了一飯之恩。從「揚州十日」到湖州莊氏明史案,除了他,全家皆死於清廷之手,嚴秋毫對清廷恨之入骨怨之入髓,無奈命如螻蟻,連活命都難,遑論報仇雪恨?

從進入翰林院的那一刻起,他知道自己已不再是過去的自己了。

從莊秋毫成為嚴秋毫,再成為滿人隆多,他已然面目全非,這是他意料之外、卻也是期待之中的千載難逢的良機。

嚴秋毫寫了十幾個「莊秋毫」，耳朵倏爾一抖，聽見屋角有窸窸窣窣的聲響。他抓起桌上的一枚康熙通寶，朝那個方向擲去。一隻老鼠在角落抽搐著死去，銅錢嵌入腦袋。

他彈出銅錢，將老鼠踢進簸箕，冷聲自語：「高師傅說過，暗器要看用在哪裡，不可傷無辜之人。你連人都算不上，不就用對了？」

在這個世上，他已沒有親人了，卻也正可以毫無顧忌地殊死一搏，以螞蟻搏擊大象的懸殊之力，做一樁大事。

失敗了，他隻身一人；成功了，則報得一家三代和莊家滅門之仇。

天底下還有比這更划算的買賣嗎？無論如何他都是贏的。

嚴秋毫一向溫和謙卑的眼神頃刻凌厲，舉起御賜的玉管羊毫一揮而就，寫下一個殺氣騰騰的字──殺！

山風捲起的落葉，飛向半空，又緩緩墜落，另一場慘痛舊事在黃家墓園與落葉一同浮沉。

順治二年（西元1645年）六月，距離「揚州十日」不到兩個月，清廷再次頒布剃髮令，十天之內江南漢民一律剃頭，「留頭不留髮，留髮不留頭」。江南人深受「身體髮膚，受之父母，不敢毀傷」的儒家之訓，拒絕從命，嘉定百姓反抗尤為激烈。

明降將、清廷吳淞總兵李成棟領兵五千鎮壓，嘉定屍橫遍野。李成棟任命官吏後揚長而去，是為「一屠」。三四日後，倖存的嘉定百姓回城，在義士朱瑛的率領下殺死清吏。李成棟再次率兵屠戮睡夢中的百姓，放火焚屍，是為「二屠」。半月後，百姓在南明將軍吳之番的率領下，殺得清軍大潰而逃，李成棟反撲

189

第十二章　錯看

屠殺，是為「三屠」。

二十六歲的許山與義軍連殺數名清軍，潛於船艙逃生；第二次遭屠後，他在屍山中裝死逃過一劫；第三次他鑽出死人堆，游過血河，逃至錢塘江，加入了黃宗羲駐防江上的世忠營。

其時，黃宗羲向監國魯王部尚書兼東閣大學士孫嘉績請命，率世忠營與孫嘉績的火攻營、師兄熊汝霖和餘姚縣令王正中的軍隊組成西征軍，黃宗羲任正帥，渡江駐紮海鹽譚山，意欲取海昌，故而許山稱其「黃帥」。黃宗羲統帥的大軍與浙西義軍相呼應，他精心制定攻防策略，排兵布陣，厲兵秣馬。正待過江時，清軍一夜突破總兵方國安的江防，各路義軍頓時潰敗。清軍兵臨紹興，監國魯王出逃。

黃宗羲率殘部撤退，途中又遭清軍追截，只得告諭義軍，不願從者就地解散，但仍有五百人追隨，許山為其中之一。黃宗羲帶五百義軍進入四明山，屯兵杖錫寺。

不久黃宗羲下山打探魯王消息，行前再三叮囑，絕不可向窮苦山民索取糧餉，應加緊操練固寨自守，以待東山再起。這支飢餓的義軍一俟黃宗羲離開，即在部將唆使下向山民索糧。行掠的義軍已與盜匪無異，憤怒的山民們夜燒山寨，五百義軍盡成亡魂。許山出逃滾落山崖，方得死裡逃生。

說完父親的苦難，許舜華哽聲：「梨洲先生，您是我父親唯一的故人了。」

「嘉定三屠，我全家慘死，留我一人；杖錫山寨義軍皆死，也留我一人。我不恨山民，因我們不仁在先。我只恨清夷！」許山雙目充血，握緊的雙拳劇烈顫抖。

「許山，這麼多年，你們怎麼過的？」黃宗羲問。

「我逃進深山老林種地打獵，四十多歲才娶妻，生下舜華，本打算安分守己終了一生，十七年前有一

「天，我帶她們娘倆進城——」

一家人買了油鹽布料，在街邊吃饅頭喝湯，享受難得的安樂。一隊清軍巡邏經過，見舜華的母親頗有秀色，便上來戲弄。許山帶著妻女逃跑，清軍追上來對他一頓暴打，抓走舜華的母親，拖進巷子肆意凌侮。許山把三歲的女兒塞給饅頭鋪老婆婆照顧，拎起一根粗棍，憑著血海深仇殺出的一身功夫，把清軍揍得腦袋開花，帶著妻子逃離。

可妻子最終因羞憤跳崖自盡。之後他悄悄潛回饅頭鋪，給老婆婆叩了三個響頭，送上山貨謝恩，帶回女兒。他帶著女兒跪在妻子墳前，發誓不報血仇誓不為人。他先是招了一些遭官府迫害逃上山的百姓，屢下山殺富濟貧，深得人心。後來投靠的人越來越多，遂組成義軍，起名「永忠道」。義軍白天務農打獵砍柴捕魚，黃昏操練，時有出征，漸成一支忠勇之師。

黃宗羲嘆道：「軍無輜重則亡，無糧食則亡」。行於亂世，義軍不掠民則無以供軍食，掠民則淪為民之害。火燒杖錫山寨，是我終生的長痛，讓你淪落至今。」

許山抹了一把淚：「梨洲先生，我不是來問罪的。您是當年世忠營主帥，而今我把永忠道交給您，只求您帶我們重新出山，許山願為您鞍前馬後。」

黃百家見這個草莽漢子越來越危言聳聽，忙道：「許伯，我父親如今廁身儒林，此事不可為。」

許山瞪著黃宗羲，等他的回答。

黃宗羲思潮起伏，四明結寨的往事掩埋很久了。黃道周任隆武朝戶部尚書時，稱戶部為餉部，嘆「餉部實未嘗有一毫之餉」，「臣之心血皮骨消磨俱盡矣」。他何嘗不是如此？魯王監國，財賦糧餉實行「分餉分

第十二章 錯看

地」之策，總兵方國安、總兵王之仁等人的官兵，分割槽域享受按敵計徵的田賦糧餉，各縣各路義軍則按區域取用「勸輸」所得的糧餉。

勸輸只能依靠紳商捐助，亂世所得無幾，義軍如稗草自生自滅……壯志未酬，壯志未酬啊！

黃宗羲嚥下千言萬語，緩聲道：「許山，我敬你們一腔熱血，可無論輜重還是糧餉，你們怎能與兵強馬壯的清軍相敵？」

黃宗羲和黃百家對了一眼，這是故弄玄虛還是真有什麼利器？

「梨洲先生，這個您不用擔心。」許山自傲道，「朝廷疲於應對三藩之亂，一時顧不及邊邊角角，我們正好可以藉機舉兵，就算扳不倒它，也要鬧它個永無寧日。我還有一件致勝法寶。」

「朱三太子！」許山得意地說出這個名字。

「朱三太子？」

「朱三太子？」眾人驚訝。許舜華也愕然，可見父親一直瞞著她。

「朱三太子還活著，我得到消息，他在閩南一帶活動，我打算擇日響應閩地義軍。梨洲先生，只要你願意率永忠道東山再起，復明就有指望了。」許山興奮地拍著腰間的刀鞘。

黃百家道：「許伯未知全情吧？吳三桂起兵也打出了朱三太子的名頭，一時所向披靡。如今耿精忠、尚之信相繼投降，吳三桂只能坐鎮衡州，死守岳州、長沙，進退失據。眼下臺灣鄭經也正與清廷和談。時局豈是一個不知真假的朱三太子能扭轉的？」

「黃家公子，你身為大明遺民，豈能長清廷志氣，滅自家威風？梨洲先生，你願不願意出山？給個痛

快說法啊。」許山焦灼地催促。

黃宗羲說：「許山，你確定福建這個朱三太子是真？」

許山愣住，他沒有這個疑問，或者說，他從來不願意懷疑朱三太子是假的。

「滿人奪走大明江山是真的吧？揚州十日、嘉定三屠是真的吧？你帶我們反清復明是真的吧？朱三太子是真是假有這麼重要嗎？哪怕就是一個幌子，只要能報我家恨國仇，我都認了。」他憤然道。

黃宗羲捶了捶發麻的腿腳，從石凳上站起，身子晃了晃，眼前的山谷景象一時恍惚模糊，黃百家忙扶住他。

黃宗羲的目光掃過眼前一座座墳塋，問詢他們的在天之靈：日月昭昭，世忠大明，夙願也；革故鼎新，大壯治運，夙願也；著書立說，文脈傳世，夙願也⋯⋯多少家禍國難未報，多少壯懷夙願在胸，多少舊雨新知凋亡，而餘生已然不長，他要如何用一具年近七旬的衰老殘軀艱難地權衡輕重，給自己給他人乃至給後世一個滿意的回答？

許舜華也與父親一樣焦灼而期待，但她期待梨洲先生不要應承父親的懇求。她更望父親餘生安然，她更想做一個知書達理的良家女子。王士元的出現讓她一度起了奇思妙想，他的條然離去又讓她最終心灰意冷──兒女情也好，江山也罷，一切皆是宿命，哪有什麼地老天荒？

「許山，這一帶是當年先帝為我父昭雪後賜給黃家的墳地。」黃宗羲指向南面樹林深處一所屋院的簷角，「我在此蓋了丙舍守墳，今為龍虎山堂。丙舍也好，山堂也罷，如今改正朔，易服色，皆不復舊山河了。」

第十二章　錯看

天意向晚，山風甚涼，樹葉墜落又飄揚。黃百家點起備帶的燈籠，燈火晦黃，映得眾人臉上光影飄忽。許山心中憤恨，不明白他為何要說這些無關要緊的事。

黃宗羲懇切道：「許山你須明白，清廷坐定江山已三十三年，大明潮沉煙息，朱明後裔淹沒無聞，朱三太子虛實難辨，我身歷十死十難，如今以著書傳道講學為業，此外不作他想。」

「日月昭昭，日月朗朗啊！」許山揮拳吼叫，「你忘了當年率領我們抗清的誓言嗎？你忘了西征撤退時我們對著錢塘江迎風痛哭嗎？你全忘了，你就算寫盡天下書又有何用？黃帥，我錯看你了！」

許山的嘶啞怒吼在靜寂的山林顯得突兀怪異。黃百家又驚又氣，欲與他辯駁。黃宗羲示意他不要說，任由許山發洩。

許舜華拉著許山的衣襟：「爹，梨洲先生有自己的選擇，您不要強人所難。還有，梨洲先生和黃家公子說得在理，三藩尚不能與清廷對抗，我們區區幾百兵力——」

「舜華，妳也忤逆爹嗎？妳忘了妳娘咋死的？」許山用手指點著他們，怒道，「算我走眼了，白來這一趟，你們甘做清狗奴才，我許山看不起你們，我這把老骨頭會跟清狗拚到死。走！」

許舜華對黃宗羲和黃百家深深一揖，淚水盈盈。她聽說梨洲先生是江南大儒，來之前就有了跟梨洲先生讀書求學的念頭。她只會舞刀弄槍而沒有詩書學問，王士元才會嫌棄離她而去⋯⋯父親為什麼就不懂女兒的心思呢？

許山轉身拉她，怒氣沖沖：「死了張屠夫，難不成就吃帶毛豬？沒有你黃宗羲，我許山還成不了大事嗎？！」

黃宗羲追上去⋯「許山，你不可莽撞行事，不可以卵擊石啊。」

「我許山請不動你黃宗羲，你寫你的書，講你的學，說不定有朝一日清狗皇帝都會來請你出山，你就等著升官發財吧。」許山的吼聲隔著山林傳來，夜色中聽來有如一匹受傷的野獸的悲傷嘶嚎。

黃宗羲佇立幽暗的山林，驀地高聲吟唱⋯「吁嗟乎！滄海揚塵兮日月盲，神州陸沉兮陵谷崩。藐孤軍之屹立兮，呼癸呼庚⋯⋯」

這是張蒼水就義前作的〈放歌〉，一直在遺民中傳唱。

「余生則中華兮，死則大明，寸丹為重兮，七尺為輕⋯⋯維彼文山兮，亦羈紲於燕京，黃冠故鄉兮，非余心之所馨⋯⋯余之浩氣兮，化為風霆；余之精魂兮，變為日星⋯⋯」大夜彌天的山間迴盪起蒼涼的吟唱，黃宗羲的眼角滑落老淚，跌落在皺褶縱橫的臉上。

第十二章　錯看

第十三章 求賢若渴

康熙十七年（西元1678年）正月，乾清宮南書房，室內爐暖，室外風嘯。

小喜子抱著手臂縮在角落，腦袋一頓一頓打瞌睡，忽聽厲喝「可惡！可恨！」，他慌忙跑到御前問發生了什麼。

康熙用筆頭敲著一本奏章道：「吳三桂加緊攻擊兩粵，有稱帝的野心。當初他打出『共舉大明之文物，悉還華夏之乾坤』的旗號，若真是復興故明，我倒佩服他還是一條忠犬。可他前叛明，今反清，裡外不是人，卑鄙齷齪越禮放法者，古今少有，實在可惡可恨可笑至極。」

「是是是，吳三桂太可惡了，他第一次跪前明，第二次跪大清，如今又跪前明，叫吳三跪一點也沒錯，他老子掐著他八字起的名吧。老王八羔子吳三跪，啊呸，提這名字都晦氣，回頭奴才拿皇上賞的牙粉好好刷刷牙。」小喜子尖著嗓門罵道。

康熙被他一逗樂了，繼續批閱奏章。批了一會兒他喊添茶，小喜子竟然走了神。康熙又喊了聲他才過來倒茶，手一抖竟然把奏章濺溼了。康熙沉下臉問他怎麼了，他欲言又止。

第十三章　求賢若渴

康熙從御案後出來，罵道：「有話快說有屁快放，難不成你也有異心？沒錯，你也是漢人，非我族類其心必異。」

小喜子跪地：「皇上冤枉奴才了，我就是吃了熊心豹子膽也不敢生異心啊。啊呸，熊心豹子膽哪是奴才能吃的，奴才吃狗膽還差不多。」

「你還想狗膽包天？起來，快說。」

「奴才以為，當初吳三桂打出什麼大明啊華夏的旗號，就是抓準了百姓的心思。皇上您也清楚，要是沒有百姓惦記著前明，他吳三桂有再多兵馬也沒膽量造反——」他瞧著康熙的神色，隨時準備閉嘴。

「說下去。」

「其實，百姓並不在乎大明還是大清，在乎的是自己的日子過得好不好。大明讓他好過，他念大明。大清讓他好過，他記大清。眼下江南天天打仗，百姓過得苦巴巴的，他們能不念著前明嗎？再加上順治爺那會兒，揚州、嘉定、江陰那些事兒——」小喜子忽地噤聲。

「對了，你是揚州人氏。說，怎麼不說了？」康熙皮笑肉不笑。

小喜子脖子一梗，一副豁出去的模樣：「皇上，奴才冒著殺頭罪孽，跟您說一句掏心掏肺掏肝掏腸子的話，眼下最要緊的除了平定三藩，還得收服人心。最最要緊的是，收服遺民士子的心。」

康熙橫他一眼，這大字只識一籮筐的小太監，居然也有這等見識。

「皇上想過沒有，明太祖趕走元朝皇帝，沒有百姓搞那反明覆元，到了咱大清，百姓動不動就反反反——」

「反清復明!」

「奴才不敢。奴才心疼皇上,天下事事要皇上操心,就算皇上御駕親征,也沒法對付那麼多吳三桂張三桂李三桂,那麼多朱三太子朱四太子朱六太子。千中有頭,萬中有尾,皇上先管住遺民士子,只要士子的心安了,漢人的心就安了。漢人的心安了,咱大清也就安了。皇上您說是不是這個理兒?」康熙對他當胸一拳,喝道,「你不過是重提朕與臣工們在南書房議事的老話而已。」

「老奸巨猾的奴才。」

「是是是,皇上英明睿智,奴才不過是那啥,對,嚼皇上的唾沫星子。」小喜子揉著胸口,這一拳比皇上賞了一百兩銀子還受用。

「你個白丁,這叫拾人牙慧。士為四民之首,欲取民心必先取士心啊。」康熙拍著案上的奏章,稍一沉思道:「小喜子,傳翰林院葉方藹、徐元文、張玉書、項景襄、李無馥、張雲翼,還有李光地、熊賜履……」

「皇上,熊賜履兩年前被削職,現居江寧。李光地丁憂在家。」

「這,算了,把閒著的都叫過來。」

「嗻。」

一場御前廷議在南書房打開,康熙開宗明義提出開博學鴻儒科,讓翰林們各抒己見暢所欲言。

第十三章　求賢若渴

康熙先抬出太宗和世祖說事：「天聰三年太宗諭示，自古國家，文武並用，以武功勘禍亂，以文治佐太平。順治十三年父皇諭告，天下漸定，朕將興文教，崇經術，以開太平……」

順治二年（西元1645年），全國烽煙未息戰局未定，即行科考，伏處草間的遺民士子盡出應秋闈，一時招攬了不少有用之才。坊間稱「聖朝特旨試賢良，一隊夷齊下首陽」，嘲笑聲稱要隱逸首陽的遺民士子徒有虛名，羞得他們又不敢應試。四年前征討三藩時，康熙諭示吏部，將漢軍內素有清操及才能者，不拘資格據實保舉，以堪大用。

眾臣明白皇帝的意圖，無不點頭稱是。

翰林院掌院學士、禮部侍郎徐元文，字公肅，號立齋，與兄長徐乾學、徐秉義號稱「崑山三徐」，乃大儒顧炎武的外甥。他上前諭道：「康熙八年皇上諭示，『興道致治，敦倫善俗，莫能外也』，如今吳三桂敗像已露，武功以定國基，文治以開太平。臣以為，徵召鴻儒恰逢其時。」

「熊賜履為世祖所作碑文中那句話，臣深以為然，『我皇考以道統為治統，以心法為治法，稟天縱之資，加日新之學，宣其直平帝王之傳而允躋於三五之隆也』。皇上您看熊先生——」翰林院編修張玉書不著痕跡地提到熊賜履。

熊賜履是康熙器重的帝師。康熙十五年（西元1676年）熊賜履誤批票擬，為掩飾過錯，私取草簽嚼毀，並嫁禍他人，事敗後被罷官，現居江寧。

張玉書藉此提醒皇上召回並起用熊賜履。

康熙不動聲色地擺擺手。張玉書討了個沒趣，只得訕笑。

「萬世道統之傳，即萬世治統之所繫也。道統在是，治統亦在是矣」，皇上兩年前作《日講四書解義序》，便一語中的。開博學鴻儒科，一則招攬鴻儒，再則集治統道統之大成，以確我朝秉承正統。」翰林院侍講葉方藹說中了康熙含蓄的心思。

這也是康熙等眾人說出來的真正意圖。眾人聞絃歌而知雅意，對開科大加讚賞。康熙走到靠牆的小社稷壇前，這是一座由黃、紅、黑、白、藍五色土圍成的祭壇，由昭聖太皇太后的寵侍蘇麻喇姑所贈，象徵大清江山。

康熙在黃土上畫了三筆，問什麼字。

「土。」臣工們齊聲道。

他又在字上添長一筆，問什麼字。

「士。」

康熙道：「天下至重，莫過於國土與國士。」

眾臣工會意地點點頭。

「國土既定，國士當用。朕召你們來，不是讓你們歌功頌德，而是讓你們多多薦舉各地鴻儒碩學、遺民士子，以備修撰《明史》。舉賢不避親仇，野無遺賢，多多益善，眾臣工但舉無妨。」康熙對幾個江浙籍臣工說，「江浙自古多才俊，幾位臣工都是江浙人士，應多薦力薦善薦啊。」

這幾位應聲允諾，搜腸刮肚尋思中意的名儒。

201

第十三章　求賢若渴

「江西、福建、山東、河南、陝西、湖廣等亦是儲才之地，順天、直隸、山西等亦不乏賢才，各位臣工須細加察訪，不得遺漏……」

眾臣工當場薦舉。內閣學士項景襄、李無馥，大理少卿張雲翼薦舉關學儒宗李因篤，戶部侍郎嚴沆、吏科給事中李宗孔薦舉浙西詞家朱彝尊，還有毛奇齡、汪琬、陳維崧、史閏章等，盛譽這些人的學問修為，康熙聽得心潮澎湃，躊躇滿志……

御前廷議持續到子夜，直到老臣工呵欠連天，康熙才宣告散會。

康熙微笑著目送臣工們佝僂的身影步下丹墀，懷諸侯則天下畏之，泱泱中華文化果然堪比千軍萬馬啊。」

小喜子聽得懂後半句，聽不懂前半句，既然如此，當初為什麼要殺那麼多漢人？他很小就離開揚州四處飄蕩，揚州沒有親人，倒是祖墳被清軍刨了。屠戮之痛於他並不深切，但畢竟是漢人，皇上能對漢人好一些總歸是好事。他把暗花緞貂皮行服褂披在康熙身上，說皇上進屋吧外面冷。

寒風颼來，小喜子打了個噴嚏，聲音在寂冷的宮闕格外脆亮。康熙進了南書房，小喜子打著呵欠跟在後頭，忽地號叫一聲，撲倒在地，拚盡力氣呼喊「有刺客」。

大內侍衛瞬間奔至，宮殿內外燈光大亮，亂作一團。

小喜子痛醒過來，才知右肩胛骨扎進了一枚康熙通寶，若是扎中喉頭或別的要害處就完了。這刺客竟然拿銅錢當暗器！好在皇上無恙。

他齜牙咧嘴嚷道：「只要皇上龍體無恙，我死而無憾。別管我，趕緊伺候皇上。」

康熙驚駭，刺客是吳三桂派來的，還是其他二藩？是臺灣鄭經，或是蒙古噶爾丹？或是傳說中真假難辨的朱三太子？⋯⋯他反覆詳康熙通寶，銅錢銘文模糊，一面是「康熙通寶」，另一面是「蘇」字漢文和滿文，可見出自蘇州鑄錢局。全國二十二個鑄錢局，時稱「同福臨東江，宣原蘇薊昌，南河寧廣浙，臺桂陝雲漳」，還有寶泉和寶源戶、工部，康熙通寶不計其數，如何尋找？再則，刺客可能故意用其他鑄錢局的銅錢混淆耳目。他恨得牙齒格格作響，這個刺客實在又狠毒又狡猾，紫禁城守衛森嚴，消失不見了。

康熙大吼一聲，把銅錢重重摔在地上，銅錢碰撞堅硬的地面發出悅耳脆響，接著骨碌碌滾遠，消失不見了。

「一代之興，必有博學鴻儒，振起文運，闡發經史，以備顧問。朕萬幾餘暇，思得博通之士，用資典學，其有學行兼優、文辭卓越之士，勿論已仕、未仕，在京三品以上及各科、道官，在外督、撫、布、按，各舉所知，朕親試焉⋯⋯」

康熙要求全國各省、道、府、縣薦舉大儒耆老興道致治，果有真知灼見者，官員須上門敦請，陪同進京應試，一路好吃好喝侍候著。

朝堂上吒吒風雲的年輕皇帝，此時正遭遇著個人情感的巨大悲痛——本年二月，康熙新立的皇后鈕祜祿氏又病死。四年前的康熙十三年（西元1674年）五月，他心愛的皇后赫舍芮氏難產去世。內憂外患令他心力交瘁，所幸昭聖太皇太后一直是他的堅實後盾，掏出內帑支持平藩，勸慰悲傷的皇帝以天下為重，以取士子之心為重，盡快徵召博學鴻儒。

第十三章　求賢若渴

三藩之亂尚未平定，臺灣鄭經虛與委蛇，「朱三太子」神出鬼沒，各地反清復明此起彼伏，北境羅剎虎視眈眈……值此千頭萬緒之際，康熙卻大張旗鼓徵召博學鴻儒，地方官員摸不著頭緒，也不敢有異議，紛紛奉詔行事。

詔令一出，全國振奮。有的願意一展抱負，主動應考，有的被官員再三懇請出山，有的被官員軟硬兼施押到京城，一路怨聲載道。也有堅不仕清者遁入深山冷岙，甘為首陽之士。

康熙十七年（西元1678年）正月至三月間，京師街頭驟然多了許多風塵僕僕的讀書人，或騎高頭大馬，或乘坐馬車。儘管口音天南地北，形貌服飾不一，他們此行目的都一樣——應徵博學鴻儒科。

翰林院待詔廳飄著驅滅蠹蟲的幽幽藝草香。

嚴秋毫在繕寫士子名冊，幾名小供事在角落案牘勞形，四周唯有書籍紙張翻動和人員走動的輕微聲響。

嚴秋毫自獲康熙賞識並御賜玉管羊毫後，葉方藹將其調為隨身小供事，抄寫整理重要史稿，並作些私人事務。靈敏順從又老實能幹的嚴秋毫，很快贏得了他的歡心。

提調官多吉眼睜睜看著嚴秋毫向他告別，說要去為葉大學士辦事，臉上依然是謙卑恭順的微笑，他能看出他笑意裡潛藏的驕傲，可他拿這個親手領進門的小供事一點辦法也沒有。一些心知肚明的同僚恭喜他的姪兒得到皇上賞識，多吉只能暗罵自己瞎了眼。

葉方藹從崇禎朝及至順治、康熙年間的各地會試落榜名錄中遴選人才，讓嚴秋毫繕寫，再呈交皇上。

這麼做,是因為歷年落第的士子極有可能是朝廷可用之材。

嚴秋毫抄寫名錄,心中感嘆——這些人或因一題不慎,或因書法差池,或者本就文采斐然,卻因考官營私舞弊而名落孫山。抄錄浙江士子時,他想到一個名字。可名錄中沒有圈出,難道葉方藹不識這位鼎鼎大名的江南大儒?不可能。

倘若,倘若梨洲先生來到翰林院為朝廷效命,那麼,康熙也必然與梨洲先生走得很近,那麼——隱祕的喜悅像一罈陳年釀,猛然灌進他的嘴裡,充斥身心,直衝腦門,以至於他狂喜到眩暈,握筆的手顫慄著,墨汁險些灑在正繕寫的羅紋灑金紙上。他喝了口茶湯,讓自己清醒一些。他捧起一沓抄錄完的名錄,走向通往總裁官房的通道。

去年葉方藹被任命為《孝經衍義》總裁官,本年初又奉敕任《鑑古輯覽》、《皇輿表》總裁官。他召集了一批術業有專攻的翰林修撰,正忙得不可開交,皇上又要開博學鴻儒科,他知道這樁差使到頭來又得攤自己頭上,心頭叫苦不迭,臉上只能風雲不驚。

嚴秋毫把名錄放在葉方藹的案頭,葉方藹在書架前翻書,背對著他說放下。嚴秋毫往案桌上掃了眼,發現書堆裡有一本《待訪錄》,心頭既驚且喜,一揮手碰落了桌上的書。

他趕緊撿書,誠惶誠恐道:「大學士,小的知錯,小的該罰。」

葉方藹坐下,揉著額頭,一副疲憊不堪的樣子。

嚴秋毫把書疊放整齊,關切地說:「大學士歇息保重——喔,《待訪錄》?真是《待訪錄》啊?」

205

第十三章　求賢若渴

「你也知道《待訪錄》?」自從康熙提過《待訪錄》,葉方藹託人弄來了一本,細細讀來甚是驚嘆。

嚴秋毫憨態可掬:「我在江南聽聞過,說這是一本大不敬的書。寫書人叫黃宗羲還是黃梨洲,是前明遺民,江南一等一的大儒,學問大,脾氣也很大,有很多弟子呢。對了,若真是大不敬的書,皇上怎麼會放過他?」

「黃宗羲就是黃梨洲。學識淵博,堪稱當世大儒,學問大,脾氣確實也不小。皇上寬容為懷,沒有計較他。」

嚴秋毫給葉方藹倒上茶湯,故作胸無城府地說:「原來這樣啊。要是能請到梨洲先生為朝廷做事,真是朝廷之幸,翰林院之幸。對了,大學士遴選的名錄上,怎麼沒有黃宗羲的名字?」

去年葉方藹託落榜舉子董允蹈捎信給黃宗羲,迄今未得回音,不知是董允蹈沒捎到,還是黃宗羲懶得理會?前次御前廷議時,葉方藹幾次想提及黃宗羲,又因沒有把握,故而舉棋不定。

嚴秋毫這一說又觸動了他的心思,他揉著太陽穴嘆道:「你以為黃宗羲這麼好請嗎?」

「大學士夙夜在公,宵衣旰食。依小的看,大學士儘管呈上黃宗羲的名錄,皇上若是准了,梨洲先生必定會來翰林院,為朝廷振起文運,闡發經史。」入翰林院以來,嚴秋毫越發言談斯文,「大學士或也可稍得清閒一些。」

葉方藹看著他,不動聲色。嚴秋毫心頭一驚,自己迫切提及黃宗羲,露出馬腳引起了他的疑心?他拱手欲告退。

「你有心了。唔,這一盒龍井茶拿去。」

嚴秋毫趕緊緻謝,接過茶葉,喜滋滋地退出總裁官房。

數日後南書房議事時,葉方藹正式向康熙舉薦黃宗羲。康熙讓他盡快促成此事,同時命他兼任經筵講官,夏季入值南書房,與侍講學士張英、內閣中書高士奇同值。

第十三章　求賢若渴

第十四章 朱三太子

康熙十七年（西元1678年），四明山大嵐山伏虎谷，暑氣燻蒸，蟬鳴聲聲。

練兵場上，永忠道義軍在練習拳腳刀箭，沙塵漫漫，虎嘯風生。

許山坐在松樹下的岩石上，提著酒葫蘆喝酒，眉頭擰作一團。

福建的朱三太子突然沒了消息。上個月他帶兵赴江西九江參加了一場戰事，義軍死傷二十多人，他趕緊撤兵，回到寨子心疼虧大了，又罵黃宗羲不肯出山，全然忘了當初結寨四明山、抗清錢塘江的勇毅。

他一邊罵一邊喝酒，喝令義軍們提起精氣神。一個汗流浹背的小兵跑來，上氣不接下氣地稟告，說朱三太子在福建永春舉事，兵馬萬餘，聲勢浩大，他們頭紮白巾，號稱「白頭巾軍」，已打了十幾場勝仗，打得清軍那叫一個屁滾尿流啊。他拿出一塊皺巴巴的白頭巾和一張同樣皺巴巴的邸報，以作證詞。

許山大笑說天助我也，當即召集永忠道各隊正。

眾人推敲行軍線路，商議攜帶足夠的糧草兵械兵餉，晝伏夜行至福建永春。這樣既能向白頭巾軍以示誠意，又防不測有退路。若對方可靠，索性就投奔白頭巾軍。許山暗想既然指望不上黃宗羲，去哪兒抗清

第十四章　朱三太子

許舜華聞訊趕來勸阻：「爹，此事太過冒險，萬一這個朱三太子是假的，是清軍誘捕我們的陷阱呢？上次我們損失了二十多位兄弟，您不能不多留個心眼啊。」

許山把邸報遞給她，理直氣壯地說：「官府邸報都說了，白頭巾軍與清軍交戰，清軍不敵退守二十里。妳看妳看。」

邸報字跡模糊，印著語焉不詳的幾行戰報軍情，讀來確也不虛。

「就這麼一張邸報，還是半個月前的，能看出雙方勝負全域性嗎？爹，您身處行伍這麼多年，不能不懂兵無定勢，瞬間萬變啊。」

「打仗哪有不死人的？妳不用去，留在寨子裡繡花！」許山惱怒地喊，「我從小把妳又當兒子又當女兒，正是殺敵之際，妳竟說出如此動搖軍心的屁話，要不是我女兒，早把妳砍了。」

「爹，我們兵力有限，路途遙遠，不能不防一手啊。」許舜華急得直掉淚。

許山的火氣被澆熄了一半，說刀劍已出鞘哪有往回收的道理。

最後議定，隊伍分兩支計兩百餘人入閩，許山率部先行，許舜華率另一支跟隨，餘部留守降龍谷。兩部保持二三里距離，中間有傳令兵，以備進退有裕。

仙霞古道奇峰峭壁，雲霧繚繞，由唐末黃巢義軍所開闢，是由浙入閩的唯一山道，兩年前已被清軍占領，如繞道則勢必更為遙遠。

210

許山冒險沿仙霞嶺的野徑山道行軍，好在這些山頭還沒有清軍駐紮。他們分成小股步步為營，經過十餘日晝伏夜行，先行軍進入福建境內。許山對女兒叮囑一番後繼續前行。許舜華多次提出自己率隊先行，遭到嚴拒。入閩至永春還有長路，許舜華令隊伍休整舉炊，她在營帳裡和衣躺下，雙手枕在腦後，眼神直直盯著斑駁的帳房頂。

那天他從天而降出現在她的眼前，從此在她心中兵荒馬亂到如今。那回他握著她粗糙的手，疼惜地說只恨不能替她分憂；還有一回兩人過溪澗，她身子一晃，他連忙扶住，她就勢倒在他懷裡，聽見了他的心跳⋯⋯如今一切如山間雲霧飄渺離散，念及此，淚水濡溼了她的臉頰。

恍然間，一個青衫薄履的身影在雲巔霧崖飄移，她追著喊「士元，士元⋯⋯」他沒有回頭，若即若離。她的淚水落在地上，落地生根，抽出葉子長出花，紅得驚心動魄。她摔倒，又爬起，渾身傷痕累累。

他依然不遠不近走著⋯⋯前方出現了一道萬丈深淵，他跨向深淵墜落⋯⋯

「不要，士元，不要啊⋯⋯」她哭喊。

「許姑娘，許姑娘⋯⋯」

她驚醒，抽出床頭兩柄柳葉刀，一個鷂子翻身起立，刀尖直指對方，定睛一看是隊副李大良，端著熱氣騰騰的饅頭和一盤烤野雞說吃飯了。許舜華問傳令兵有沒有返回。

「還沒有。我打了隻野雞，一烤好就拿來先給妳吃。」李大良討好地指著油滋滋的食物，「我陪妳。」

許舜華神情冷然，怨他擾了好夢，要不然她能救起落崖的王士元。

第十四章 朱三太子

「主帥身經百戰，不會有事的。妳吃妳吃。」李大良識趣地退下。

十餘日後，許山率部抵福建永春境內，打探到朱三太子的下落。

朱三太子駐紮於仙洞山，已招募數萬義軍。相傳其山頭畫飄異香，夜放異光，有神明保佑。清軍屢屢攻不得，一靠近就兵敗如山倒。

許山率部直奔仙洞山。

當日傍晚他們抵達山腳，但見此山深葉茂，奇峰怪石，大片闊葉林木如旗幟在風中招搖，東南方向的林木掩映處有隱約的紅黃色屋簷，一些揹著包袱的漢子朝那邊跑去。

許山拽住一人，問前方是何方神聖。那漢子咕噥著「趕不及了趕不及了，見朱三太子要八十八跪」，匆匆跑去。

許山緊緊追上。只見那一排廟宇門前，明燭高燒，煙香裊裊，數十名漢子一步三叩首行進，剛才那漢子也在其中。四周是頭紮白頭巾、手持刀槍的兵士，威嚴地杵著刀槍棍子，一時塵土飛揚。許山掏出白頭巾一對照，果然與這些白頭巾軍戴的相差無幾。

「三太子，三太子，光復大明三太子！」吼叫聲驟然響起。

許山疲憊不堪地跪倒在地，永忠道義軍齊茌茌應聲而跪，猶如一群黑壓壓的鳥雀伏地。塵灰落定，一個穿著金晃晃戲服的漢子，在白頭巾軍的簇擁下，從廟裡走出來，嗆得一大群人連連咳嗽。塵灰落定，他額頭點朱，面頰塗金，昂首望天，目空一切。排在前頭的人拚命叩頭，唯恐不誠。

212

「四明山永忠道許山，前來投奔朱三太子。日月昭昭，永忠故朝──」

許山乾渴嘶啞的嗓門擠出高喊，義軍們跟著呼聲震天，「日月昭昭，永忠故朝──」

朱三太子凶悍的目光躍過前面的人群，定定地落在一群肩扛背駄兵械糧草的義軍身上，咧開嘴，發出野鴨子一樣嘎嘎嘎的笑聲。

許舜華站在空蕩蕩的破敗廟宇前，只看到東倒西歪的泥塑木雕，空氣裡飄著刺鼻的燭煙味，山上沒有朱三太子的蹤影，更沒有父親和義軍們。

她又驚又怒，難道父親投奔不成反遭坑害？可地上沒有一具屍體，也沒有打鬥或血漬痕跡。這時廟裡跑出幾個山民，扛著夾著麻袋、被褥、桌椅板凳、鍋盆瓢碗之類。她上前詢問。那些人突見一群骯髒凶蠻的兵士嚇了一跳，一個人結結巴巴道：「聽說他們去攻打什麼漳州天寶山了，我們是來撿家什的。」

許舜華率部直奔天寶山，沿途的野徑山道、村落樹林，都沒有留下永忠道的標記──藍底白花布條。一路都是破敗淒涼景況，烏鴉在村莊上空盤旋飛舞。晝伏夜行四五天，他們抵達了天寶山。

各座山頭察勘一番後，他們攀上一處山嶺，許舜華聽到東南方向傳來吶喊廝殺聲。她衝上去，只見半山腰屍橫遍野，肝髓流野，兩隊人馬廝殺正酣，一夥頭紮白頭巾，一夥是清軍，後者明顯占上風，白頭軍且戰且退，刀折矢盡。她衝下去，被李大良攔住。李大良指向五十丈開外山腰西側的一處，只見闊葉樹林嘩嘩搖動，一群人在林下奔逃，身後數十名清軍在追趕。

許舜華令義軍們伺刀以候。李大良擋在她面前，許舜華推開他，他再次固執地擋在前頭。許舜華正要發怒，見他奮不顧身的凜然模樣，只得退後半步。奔逃的那夥人爬上山，領頭的露出一張血水汗水直淌、

第十四章　朱三太子

面目猙獰的蒼老面孔。

「爹！」許舜華奔向前。

許山的眼珠僵硬地轉了下，頹然倒地。義軍們分成兩隊，一隊接應許山部眾，另一隊迎戰清軍。許舜華揮舞柳葉刀，柳葉翻飛，白蛇吐芯，銀光閃爍處腦漿噴濺，血花紛飛。她與刀渾然成為一團難以匹敵的殺器，佛擋殺佛，魔擋殺魔，四下哀號，血水與塵土混沌，橫屍如落葉飛石。一柄沾血大刀朝她劈來，李大良飛身擋在她面前迎敵。三五回合後，那清軍死於李大良捲刃的刀下。

義軍的戰鬥力略強於這一夥已疲戰半日的清軍，半個時辰便將他們殺退二十丈開外。許舜華欲乘勝追擊，李大良說快撤，主帥危矣。

許舜華見他全身是血，肩膀被砍出一道駭人的傷口，只得帶眾人往密林遁逃。清軍追了一陣，吃不準林子裡潛伏了多少人，不再追來。

義軍們抬著許山倉皇逃亡，許舜華得到了一個真相。

許山見到朱三太子，認為找到了正統朱明血脈，將永忠道的糧草錢財交付他以證忠誠。朱三太子封他為副將，帶大隊人馬奔赴漳州，不料遭遇海澄總兵黃芳世所率的清軍。天寶山一戰，朱三太子死於非命，永忠道義軍死傷甚重，幸遇他們接應方得逃生。

「許姑娘，那朱三太子是假的，真名叫蔡寅，永春人，就是個山賊，本地人叫他們白頭賊。」

「他以巫術招募義軍，大肆搜刮民財，聲稱募糧征戰之用。我們上當了，被害慘了⋯⋯」義軍們嗚咽著。

「慘個屁！」許山醒來，掙扎著從擔架翻下，扯掉額頭浸血的白頭巾，「我拚掉老命，也要和他殺個你死我活⋯⋯」

許舜華揪出一個十六七歲面黃肌瘦的小兵，跑到父親面前⋯「這是小毛根，前年他爹死在臺州，上個月他哥死在九江，你還要他死在這裡嗎？爹，你眼裡還有沒有一條活生生的人命？」

有人嗚咽起來，更多人跟著哭起來。黑暗的山林一片悲哭，猶如鬼號。許山額頭青筋暴突，一言不發。

許舜華跪在父親面前，愴然道⋯「爹，我很早就想跟您說，放棄了吧。您心心念念的大明，是仁君愛民的朝廷嗎？大明官吏，是勤政愛民的父母官嗎？您在大明有過一天安生日子嗎？您說過，爺爺奶奶是被地主逼死的，一年收成不過數斗，繳了佃租不夠還得乞貸，您被迫賣身葬父母，做了比佃戶還低賤的佃僕，忍無可忍逃到嘉定為流民，又遇嘉定三屠，最後入了梨洲先生的世忠營。」

許山嘴唇顫慄，一個字也發不出，手中的白頭巾落地。

「爹，大明亡了三十四年了，清夷已坐定江山，百姓休養生息，再也經不起動刀兵了。大明也罷，夷狄也罷，我們只要一方田地自養自活，倘若夷狄讓我們過上安生日子⋯⋯」

許山一巴掌甩在女兒的臉上，從一名義軍手中抓過一面「明」殘旗，高高擎起⋯「日月昭昭，永忠故朝。寧可大明負我十丈，我絕不負大明半分。我沒妳這個不忠不孝的女兒！」

第十四章 朱三太子

他扛著殘旗走向林子，背影佝僂。殘旗呼啦啦響，猶如一名遊方道士招引孤魂野鬼。

葉方藹翻著一沓書稿匆匆走向總裁官房。前日一名新進庶吉士抄錯了三頁書稿，令他大動肝火，這會兒正檢閱是否有誤。

背後有人喊「大學士大學士」，葉方藹回頭，是翰林院庶吉士陳錫嘏。他是康熙十五年（西元1676年）進士，精於制義經學，正助他協修《鑑古輯覽》和《皇輿表》。

陳錫嘏深長一揖：「大學士請恕介眉無禮。」

葉方藹納悶：「介眉，你這是何意？」

「我聽說大學士向皇上薦舉梨洲先生，不可，萬萬不可啊！」陳錫嘏平時低調謙遜，這回聲量高亢，臉膛漲紅，「此舉會給梨洲先生帶來疊山九靈殺身之禍啊。」

陳錫嘏是浙江鄞縣人，與董允蹈都是黃宗羲的弟子。

葉方藹沉下臉：「介眉，你豈可如此危言聳聽？」

「疊山九靈」一語非同小可。疊山者，謝枋得，字君直，號疊山，宋末率兵抗元，因忤逆明太祖卒於獄中，或傳自裁而亡。二者一個忠宋一個忠元，皆誓不改節。陳錫嘏即是說葉方藹薦舉黃宗羲是置其於死境之舉。

「梨洲先生甘為遺民，若被迫赴京，無論傷於途中，還是殤於翰林院，於公，有失朝廷臉面，於私，連累大學士名望，實在不妥啊。錫嘏代先生懇求大學士向皇上奏明情由，以免鑄成大錯。」

葉方藹惱怒：「這個黃宗羲，莫不是想學他同鄉嚴子陵？他寧死不願為朝廷效命，為何又讓你們這些弟子參加會試科考、為朝廷做事？」

「先生說，我們有家小，不能不多做考慮。他身為孤臣孽子，其操心也危，其慮患也深，此生堅不仕清。」陳錫嘏認真地解釋。

葉方藹自然明白黃宗羲的深意，只是自己誠意懇請他出山，卻一再被拒，便譏諷道：「那你們乾脆都學他好了，餓死怕什麼？落得個千古清譽豈不美哉？」

陳錫嘏躊躇少頃，還是說了出來：「大學士是漢臣，我也不妨直言相告。梨洲先生說，弟子們入仕清廷，進而弘揚中華之道，令我中華文化不被摧殘，得以發揚光大，長此以往，足以令荒之人成為魯衛之士，進而影響中華成為魯衛之區。」

葉方藹怔愣，黃宗羲的思慮遠比他來得更深刻透澈。自己蒙受清廷恩典，在翰林院整日案牘勞形，忙得腳後跟打後腦勺，到頭來，能留下多少真正屬於自己的東西？他驀然感覺，自己看黃宗羲的眼光，還是短淺了……

紫禁城太液池龍澤亭，晨光熹微，雲蒸霞蔚。

康熙在龍澤亭垂釣，臉上氣定神閒，內心焦灼憤懣，要不是小喜子勸他出來歇一歇，他的怒火幾乎要把書房的奏章燒起來。

三藩之亂已扭轉局勢，臺灣鄭經仍不斷侵襲東南沿海，好在福建水師初建，只待擇機而動；北境羅剎屢屢進犯，像地老鼠一樣打不死；蒙古噶爾丹趁朝廷忙亂，攻滅周邊部落，投靠羅剎建立準噶爾汗國，成

第十四章　朱三太子

為心腹大患……偏偏「朱三太子」又風聲四起。

康熙十二年（西元1673年）京師有「朱三太子」起事，改年號廣德，兩年內招募近兩萬兵馬，號為「中興官兵」，裹首以白，披身以赤。之後帶三十餘人攻入鼓樓西街的正黃旗周公直家縱火，兵部尚書明珠、都統圖海趕來鎮壓，「朱三太子」遂逃往陝西，其人實為落榜秀才楊起隆；此人還在緝拿中，福建永春又出了個「朱三太子」，很快被海澄總兵黃芳世平定，結果是一個叫蔡寅的山賊；六月，河南柘城又有「朱三太子」起事……康熙令各州府縣加緊緝拿「朱三太子」，任何蛛絲馬跡都不得放過。

玉質釣竿的浮子輕輕一顫，池水泛起層層漣漪，康熙正要提竿，小喜子過來說葉方藹覲見。康熙的手一晃，剛上鉤的魚逃脫了。他很不高興，再一想是自己約了葉方藹，只得說見。

葉方藹老臉通紅，期期艾艾作揖：「皇上，臣辦事不力，祈請皇上責罰。」

「讓朕猜猜，《鑑古輯覽》出了疏漏？《皇輿表》修撰人手不夠？《明史》史料徵集寥寥無幾？」

「黃宗羲——」拒徵。他說，年事已高，難以舟車勞頓……」葉方藹羞愧而惶恐，自己薦舉了人，又說人家拒絕，且又難以說清拒絕的理由，皇上要是追問起來……

「黃宗羲」拒徵，這回葉方藹收到了黃宗羲的回信，信中有長詩：「……牧豕海上老，所嗟非隱淪。斯民方憔悴，何以辨朱纁……勿令吾鄉校，竊議東海濱。」意指「斯民方憔悴」、「聖學將墜地」之際，自己只能像西漢蘇武牧羊、東漢承宮牧豬那樣，不受異族之詔，懇請紉庵先生千萬不要讓鄉里人竊竊

218

議論自己於東海之濱。

話都說到這個地步，葉方藹只能揣著或被處以「誆奏欺君之罪」的風險前來觀見。他把黃宗羲的拒詔理由說成「年老多病」，瞞下他隨回信寄贈的《明儒學案》。

康熙舉著釣竿緘默不語，釣竿顫顫悠悠，太液池裡再貪吃的魚也游得遠遠的。葉方藹不敢則聲。

池水裡的樹影移過幾寸後，康熙抬頭向天，好像對飛鳥流雲說話：「多年前，熊賜履先生說，自堯舜禹湯以至漢武唐宋，得國者，無不禮賢下士。我遂上門懇請隱居京師野寺的大儒侯萬昆老先生，你知道我當時怎麼說的？」

「臣謹聽皇上教諭。」

「當時我問他，如果賢能之士都不顧國難，稱疾野寺，難道國家就會強盛嗎？之後，侯老先生出山為翰林院大學士、國子監監正。」

聽康熙這麼一說，葉方藹才知侯萬昆是被這般「激將」出來的。

「《待訪錄》激賞三代之盛，孤心苦詣為國定策，著書人卻置身荒山野嶺不肯出仕。朕真想南下顧茅廬，當面問問梨洲先生，若士子儒者皆以他為楷模，說歸說，做歸做，不顧國難，甘為首陽之士，三代如何興盛？」

「皇上，南巡路途迢迢，眼下不可貿然移駕。」

「大學士，記得南書房的小社稷壇吧？」

第十四章　朱三太子

「臣有幸目睹。」

「朕要南巡，有一天朕必定要南巡。」康熙望向明淨的南天，那是與他的祖宗龍興之地遙遙相對的另一方天空，「天下財賦泰半出江南，南糧北上，滋養了大半個中國。朕要看看，那一條航運漕糧百物的大運河，昔日洪武龍興的南中國，今日大清的江山社稷，到底是何等模樣？」

年輕的皇帝對著太液池慨然朗聲，似乎眼前不是一潭池水而是一條浩瀚長河，他手持的不是一根釣竿，而是攪動江山乾坤的權柄利杖。他的眼神發亮，臉上的幾顆痘印也在閃光，恨不得即刻插上翅膀翱翔南飛，俯視帝國的宇宙之大，品類之盛。

「皇上，臣以為眼下⋯⋯」

「眼下，掌院學士和禮部侍郎之位還空缺著呢。」康熙淡淡地說，手中的釣竿一顫，他迅捷一提，一條紅鯉魚在竿頭活蹦亂跳。

康熙開懷大笑。小喜子趕緊恭維皇上釣技了得，讓小太監立刻送往御膳房，做皇上愛吃的鯉魚湯。葉方藹立刻忘了自己揣著戴罪之心而來，跟皇上愉快地聊起《明史》的修撰事宜。

戴著瓜皮帽的王士元手提書箱，低頭匆匆穿過餘姚城南學宮的西學弄，左轉茶蘼弄，北上直街，經過通濟橋──這是他最為心驚膽顫的路段，通濟橋舜江樓後面是縣署衙門──再左轉縣西街，踏上虞宦街，拐幾條小巷弄，到了管家弄口，他前後張望一圈，舒了口氣。

從南城教館到北城胡宅，王士元每天要經過這些路段。一個月前，他出門瞥見舜江樓前貼了一張緝拿「朱三太子」的海捕文書，畫像上的人像他，又不像。他如五雷轟頂，腿腳痠軟，差點走不動道，遲了一刻

才到教館。

蒙童們看著先生像紙片人一樣飄進來，那天他們抄了一整天書法，先生縮在角落呆若木雞。此後他低頭走路，有人喊他，他充耳不聞視若無睹，更不敢看牆上張貼的各種找人尋物、官府告諭，他覺得其中必有一張屬於他。

他曾與妻子攀龍泉山看姚江落日，登舜江樓觀煙水萬人家，熙熙自翔集。最常去的是胡宅附近陽明先生的瑞雲樓，徘徊於古樸宅院，聽竹林蕭蕭，想起當年先生尋求萬事萬物之理，歷盡磨難於貴州龍場悟心學⋯⋯倘若陽明先生還在世，見大明輿圖換主，曾經風定鄱陽湖、一戰定乾坤的他，該如何痛心疾首⋯⋯原來，再煌煌赫赫的江山，再叱吒風雲的人物，也會灰飛煙滅，紫禁城傾，朱樓夢散⋯⋯

迎面過來一個女子向他招呼，王士元的頭垂得更低了。女子起了高聲，他抬頭一看是妻子，便尷尬地問她出來做什麼。

「爹爹身體不適，張郎中來看過，開了方子，你去藥鋪抓七帖藥。」

胡英娘遞上藥方，「我還要做飯。」

王士元惶恐地說不去。胡英娘詫異，抓藥又不是抓人，他何以怕成這樣？父親待他如親生，他連給父親抓藥也不願意？

她又傷心又納悶⋯「相公，這些日子你總是失魂落魄的，哪裡不適，還是發生了什麼事？」

王士元急忙往家走⋯「妳去抓藥，我回家做飯，照顧岳父和孩子。」

第十四章　朱三太子

胡英娘無奈,也只得去抓藥。

王士元走到胡宅門口,擦了擦額頭的汗,定了定神,推門而入,急切地問岳父怎麼樣了。

俟妻兒入睡後,王士元悄然起身,來到書房,點燃線香,望著飄裊無定的遊煙,他合掌默默祈逝去的親人護佑他和妻兒能多活一年是一年。這些年,他除了默認順應命運加之於己的種種無常,還在悄悄做一樁祕事——寫書。

他此生經歷過逾於常人的榮華富貴,錦衣玉食,亦飽嘗過逾於常人的生死顛沛,窮困潦倒。

他想道出此生的大起大落大悲大喜,寫一部前無古人、後無來者的書,寫江山傾覆之下的生如螻蟻,富貴無涯背後的淒涼無限,繁華如夢過後的白茫茫大地真乾淨……

他不知會寫多少年,能不能問世,寫成後能有多少人看懂……可他能做的,唯有將此生的家國流離隱匿於字裡行間,假託給一場醉生夢死的風月寶鑑,留給後世細細鑑讀……

第十五章 平民步入史冊

康熙十七年（西元1678年），翰林院待詔廳一角，藝香幽幽，闃寂無聲。

此時已散值，嚴秋毫還在疾書。葉方藹對《鑑古輯覽》的一些史料存疑，讓他抄錄一份帶回家細勘，自己也在總裁官房忙碌。

快完稿時，嚴秋毫一連寫錯兩張紙，第三張再也不敢落筆，呆坐發愣。他知道錯因何在——

日間他去總裁官房送稿，國史院原檢討湯斌與葉方藹在敘舊，他也是來京應徵博學鴻儒科的。嚴秋毫殷勤地替他們倒茶抹桌，兩人正說到「黃宗羲」，他豎起耳朵。葉方藹說黃宗羲先拒他的私人懇請，又拒皇上徵召，還寫了近四百字長詩以表心跡，又指了指案上的《明儒學案》，說自己讀來越發惋惜他甘為遺民。湯斌說「黃宗羲著述宏富，如大禹導山導水，脈絡分明，《明儒學案》真是當世儒林鉅著」。

兩人侃侃而談，嚴秋毫倒過三巡茶後告退出門，失望得快哭了。

兩個月前康熙又來了一次翰林院，前呼後擁的，匆匆而來匆匆而去，大學士們恭迎又恭送。嚴秋毫如同沙堆裡的一粒沙，康熙這次沒有留意到這一粒心懷異志的沙。而沙粒面對帝王，不啻面對席捲而來的一

第十五章　平民步入史冊

場風暴，唯有深深埋首保全自己不被吹走。

葉方藹出來問他抄好了沒有，嚴秋毫惶然說馬上就好。

嚴秋毫沿著翰林院幽黑深長的走廊往外走，被月光拉長的朦朧身影陪他踽踽而行，似鬼魅，如夢幻。

他對著身影說：不要急，你都等了那麼久，會有一天的，總會有那一天的……康熙十八年（西元1679年），化安山黃家墓園，秋風初起，秋葉瑟瑟。

黃宗羲第三次從海昌講學歸來後，整理修繕了黃竹浦老宅和一應家務，安頓好老母，調解了兄弟族人間的幾起口角紛爭，回到化安山龍虎山堂，為《明儒學案》作最後的校定。

之前海昌知縣許三禮執弟子禮，向他學習《授時曆》、《西洋曆》、《回回曆》等。黃宗羲在海昌講學初時，許三禮令大小官吏前去聽課，一些官吏裝病不去，他上門親自為他們搭脈，官吏們無地自容。許三禮扣下他們一年的俸祿以補貼書院。經此一舉，官吏們再也不敢懈怠。

家境貧寒的年輕人有心向學而交不起束脩，許三禮准他們入學，加以衣食接濟。他還親自授課，修身治政，敦化一方，海昌文風漸盛。

黃宗羲稱讚許三禮「舉循吏第一」，在這名知縣的身上，他看到了清廷隱約的未來——康熙平定內憂外患後，未來數十年，或可能出現千百年難得的盛世，這個發現讓他又歡喜又悲傷。倘若清廷多一些許三禮這樣的官吏，何愁大壯之年不至，何憂三代之盛不興？可這般興盛已不再是他的初衷了……

黃宗羲拎著放了幾卷《明儒學案》的籃子，走向黃家墓園。每完成一部著作，他都會去墓地讀給父親和親人們聽。

走上小溪橋，迎面遇到拎著菜籃拄著鋤頭的徐太婆。她朝黃宗義手裡的籃子瞅了瞅，咧開只有兩顆牙的嘴，笑嘻嘻地說：「黃先生又出書了？」

黃宗義把籃子往身後挪了挪，訕笑道：「妳種的菜倒是新鮮。」

「剛拔的，新鮮著呢，給你一把。」徐太婆抓了一把菜兩根瓜，塞進黃宗義裝書的籃子。菜根的泥土落在書上，黃宗義暗暗叫苦不迭，嘴上只得稱謝。

「你放心好了，我有蓋醬瓿的蓋子啦，不會拿你的書。你日日在龍虎山堂讀書寫書，這書又不能吃又不能喝，有啥用？還不如老太婆我醃鹹菜醬瓜賣幾個銅錢來得實在。」徐太婆絮絮叨叨走遠，「朝廷亂了，皇帝上吊死了，黃先生要跟北兵打仗了。化安山化安山，山高水又長，化安山下有個書蟲頭⋯⋯」

黃宗義笑了，他在山堂讀書寫書，她在田間地頭勞作，種菜醃菜賣菜自食其力，真是應了他常說的「各人自用得著者為真」。

路邊一簇簇野菊花開得興盛，散發幽幽異香。黃宗義拗了幾叢，來到父親的墓前，拔掉野草，攏了攏土，供上野菊，拿出首卷《明儒學案》，從開篇《師說》讀起。

「方正學孝孺。神聖既遠，禍亂相尋，學士大夫有以生民為慮、王道為心者絕少，宋沒益不可問。先生稟絕世之資，慨焉以斯文自任。會文明啟運，千載一時⋯⋯」

正學先生方孝孺為大明第一位大儒，明太祖詔其觀見，告訴皇太孫朱允炆「這是一個有才華的正直之士，現在還不是用他的時候，讓他歷練得更老成一些，將來可輔佐於你」。建文帝即位後招方孝孺為侍講

第十五章　平民步入史冊

學士，負責議事批答、修撰史籍、起草詔書，對其極為倚重。燕王朱棣發動「靖難之役」，朝廷征討檄文皆出自方孝孺之筆。謀士姚廣孝告誡朱棣「殺孝孺，天下讀書種子絕矣」。但方孝孺拒為朱棣起草即位詔書，朱棣遂將其車裂於市，滅其十族。

方孝孺之儒學精神，上追孔孟，近接宋儒，學問忠節自然為黃宗羲所賞識，更與黃宗羲推崇的陽明心學相呼應，當仁不讓被列為明儒第一人，以《師說》為全書總綱，其學說為總綱首篇。

接著他又讀《姚江學案·文成王陽明先生守仁》：「自姚江指點出『良知人人現在，一反觀而自得』，便人人有個作聖之路。故無姚江，則古來之學脈絕矣。然『致良知』一語，發自晚年，未及與學者深究其旨，後來門下各以意見摻和，說玄說妙，幾同射覆，非復立言之本意……」

文成公王陽明先生乃大明心學大儒，同為鄉賢，同屬姚江學派；劉宗周早年不喜象山、陽明之學，「始而疑」，之後轉向「中而信」，「終而辯難不遺餘力」。《明儒學案》以陽明心學發端脈絡為主骨，謂之「有明學術，自白沙開其端，至姚江而始大明」，記載有明一代二百一十位學者之學案、學派、傳記以及語錄，此種學案體裁可謂前無古人，後無來者。

讀著讀著，黃宗羲聞到梅香幽渺，直沁肺腑，隨之有嘈嘈切切的聲響。這時節哪來的梅香？抬眼望去，梅林裡有一群影影綽綽的身影晃動。他緩步過去，他們的面容次第清晰起來。

一名白髮士子渾身血漬斑斑，用嘶啞的嗓子慷慨高歌：「天降亂離兮，孰知其由？奸臣得計兮，謀國用猷。忠誠發憤兮，血淚交流。以此殉君兮，抑有何求？嗚呼哀哉兮，庶不我尤！」這豈不是正學先生方孝孺？

黃宗羲欲上前，一名老者出現在面前，正是康齋先生吳與弼，他朗聲問道：「萬變之紛紜，而應之各有定理，須以天地之量為量，聖人之德為德，方得恰好。你以為然否？」

吳與弼創立「崇仁學派」，《明儒學案》列其為第一學案，黃宗羲深以為然，點頭稱是：「正是。先生說教得好，人須於貧賤患難上立得住腳，克治粗暴，使心性純然，上不怨天，下不尤人，物我兩忘，唯知有理而已。先生之崇仁學派，內省功夫可稱一流。」

一名青衫士子在嶺頭高吟：「無一處不到，無一息不運會，此則天地我立，萬化我出，而宇宙在我矣。」黃宗羲細看，乃是嶺南真儒白沙先生陳獻章。

他正欲上前行禮，有人對著疏影橫斜的梅花吟道：「你未看此花時，此花與汝心同歸於寂；你來看此花時，則此花顏色一時明白起來，便知此花不在你的心外。」赫然是陽明先生，徐愛、錢德洪、薛侃、王畿、黃綰、陸澄、鄒守益等王門弟子圍在四周。

黃宗羲上前長揖：「陽明先生，後學亦以為，人以為事事物物須講求，豈赤子之心所能包括？不知赤子之心是個源頭，從源頭上講求事物，則萬紫千紅總不離根；若失卻源頭，只在事物上講求，則剪綵作花終無生意。」

王陽明拈花一笑飄然轉身，隨之出現的是他最熟悉的人。

「先生！」他驚喜地喊。

正是先師蕺山先生劉宗周，他白眉白鬚面色紅潤，渾不似最後見他時面如菜色身如枯槁。

第十五章　平民步入史冊

「從前是過去，向後是未來，逐外是人分，搜裡是鬼窟。四路把截，就其中間不容髮處，恰是此心湊泊處。千古相傳只『慎獨』二字要訣，陽明先生言致良知，正指此。但此『獨』字換『良』字，更易於後來學者下手學習。宗羲，如今你著書立說甚富，氣理心性之說得為師深意，為師心甚慰也。」劉宗周撫鬚欣然道。

「先生之學，以慎獨為宗，儒者人人言慎獨，唯先生始得其真。」黃宗羲懇切地說，「先生，學問要緊，身體不可不當心。我離開您時，您已絕食二十日，弟子迄今思之痛絕。我去做飯菜，您好好吃頓飽飯。」

他提起籃子，愕然發現青菜已枯乾，再抬頭，劉宗周遁跡無影。

月川先生曹端、剩夫先生陳真晟、一峰先生羅倫、虛齋先生蔡清、整庵先生羅欽順、念庵先生羅洪先、大洲先生趙貞吉、敬庵先生許孚遠⋯⋯《明儒學案》中的一位位人物，或昂然而立侃侃而談，或席地而坐口吐蓮花，或攀緣枝頭嚼著梅花喝著茶，或溪邊躺臥喝酒吃菜、醉意燻然。他們或學術有異，觀念不一，或曾經分庭抗禮，互為牴牾，此刻卻是相見歡喜相待有禮，在化安山麓、龍虎山谷擺開了一場盛大的隔世雅集。

黃宗羲心醉神馳，欣然遊走在他們之間。漸漸地，他們從地上飄起，飄向夜空。天色暗下來，他們全身熠熠，彷彿一盞盞明燈，把晦暗的天地宇宙照得澄澈清明⋯⋯

「盈天地，皆心也。盈天地，皆氣也⋯⋯」黃宗羲仰首高喊。

「父親，父親，父親⋯⋯先生，先生，先生⋯⋯」

黃宗羲從夢中醒來，黃百家和弟子萬斯同、萬言叔姪倆把他從草地上扶起，拍掉他身上的草屑樹葉，黃百家給他披上衣衫。萬家叔姪此次是從崑山徐府專程過來。

康熙十五年（西元1676年）黃宗羲在海昌講學，徐秉義前來聽課，遂與之相熟。同年萬言入京，拜謁徐元文，徐元文聘其為幕僚及子弟師。

本年徐氏兄弟丁憂居家，聘萬斯同編纂《讀禮通考》。

正值朝廷開博學鴻儒科，徐氏兄弟推薦萬斯同和萬言，叔姪倆婉言拒絕。本年三月，康熙於體仁閣殿試，從一百四十三名士子中親取五十人，授以侍讀、侍講、編修、檢討等職，開明史館修《明史》，徐元文和葉方藹為史館總裁。徐元文再薦叔姪倆入館修史。考慮到修史亦是先生的大願，這一次他們沒有拒絕，回鄉與先生商議。

「聽說此次開科出了諸多奇趣怪事？」黃百家問。

萬斯同說：「此次考的是詩詞歌賦。毛奇齡在卷中屢犯康熙名諱，彭孫遹的辭賦做得文不對題，嚴繩孫的詩文更是驢唇不對馬嘴，皆意在落榜。不料康熙大筆一揮，還是把他們列入榜單。」

眾人大笑。黃宗羲道：「倒也難為他們挖空心思了。」

「葉方藹向康熙推薦先生，得知先生堅不仕清，只得作罷。朝廷興師動眾開博學鴻儒科，旨在延攬人才修撰《明史》。」萬言道。萬言是萬斯年之子，比萬斯同長一歲，實是小叔大姪子。其學問精博，深得黃宗羲器重，謂有成就者「唯言與慈溪鄭梁二人」。

黃宗羲道：「看來朝廷這回該如願以償了。」

第十五章　平民步入史冊

叔姪倆大搖其頭。

「李因篤、朱彝尊、毛奇齡、汪琬、陳維崧、史閏章……」萬斯同扳著手指數點人名，「這麼多人，沒有一個能挑得起修《明史》的大梁。朝廷見請不動梨洲先生，只好讓葉方藹去請亭林先生。前次博學鴻儒科時就徵召過他，亭林先生以死相拒，稱『果有此命，非死即逃』、『耿耿此心，終始不變』。」

「這回亭林先生給葉方藹回信說，『將貽父母令名，必果；將貽父母羞辱，必不果。七十老翁何所求，正欠一死，若必相逼，則以身殉之矣』。」萬言道。

「亭林先生孤懷遺恨，慷慨陳詞，我心有戚戚然。」黃宗羲道。《待訪錄》與《日知錄》心脈相通，顧炎武替他說出了心聲。

「你們在徐府，早晚有一天會被召入史館，屆時如何處之？」黃百家問到了要害處。

「效先生遺民之志。」叔姪倆異口同聲道。

三人看向黃宗羲，期待他的表態。

山林闃寂，溪水汩汩，落葉觸地窸窸窣窣。幾匹無名小獸從山林深處竄過。一排鳥振翅飛起，消失在蒼茫山巔。天地間宇宙事物，皆有最終的落腳地。史書的著落在何處？

自太史公司馬遷修《史記》起，為前朝修史已成千百年規制。清修明史，並不例外。從早年遭遇家難，父親被捕，臨行前囑他「學不可不知史事」，到大明天崩地解，毀家紓難，瀕於十死，由黨人而游俠而廁身儒林，從錢謙益病榻託修史，到查繼佐修史遭禍，到陳確、朱朝瑛希望他不為清廷修史，到顧炎武與他同

懷遺黎之嘆，「明史」二字，如同一根無形的軟索，不管他渴求還是抗拒，祈盼還是遠離，幾成夢幻泡影⋯⋯他還能再期待什麼？

內心一個聲音幽幽響起：「不可棄，不可忘，若是連你也放棄了，還『待訪』什麼？」很快另一個聲音將其壓下，冷冷地說：「你常道，『天地之氣，寒往暑來，寒必於冬，暑必於夏，其本然也』，你可知，天命國祚亦是本然，不可違逆？不必再強求了，順時而為吧⋯⋯」

在這片改朝換代、八旗獵獵的國土上，還有多少中華文化可存？明既亡，若無正史，野史或將成國史。漢人若不修國史，又如何指望他人能替故國保存國粹、國故、國史？修不修史，已不是「仕不仕清」之問，而是更沉重的千古抉擇。

「修《明史》，是遲早的事。」黃宗羲緩聲道。

「先生，我們不想有辱黃門弟子清譽。」叔姪倆道。

「修史，是千年成法。一字不慎，汗青有誤，將給後世帶來無窮遺患。」黃宗羲愴然道，「牧齋先生說過，『史家之取證者有三：國史也，家史也，野史也。於斯三者，考核真偽，鑿鑿如金石，然後可以據事蹟定褒貶』、『國史未立，而野史盛』。陶庵老人亦說過，『有明一代，國史失誣，家史失諛，野史失臆』，我深以為然。」

萬氏叔姪頗感意外，他們此番前來尋求先生的鼎力相助，助他們堅拒修史，可聽起來先生似乎——支持他們入館修史？

第十五章　平民步入史冊

「先生講學海昌官學，難免與清廷官吏交誼，應世周旋，已屢遭遺民失節之譏，我們再入館修史，豈非更連累先生的名望？」萬斯同很是不安。

與劉宗周、顧炎武、呂留良、張岱等先師故友相比，黃宗羲如今不再那麼決然抗拒清廷。十多年前，呂留良因「澹生堂購書」一事與他徹底決裂，此事明面上兩人是因幾本書而起齟齬，實則呂留良怨恨黃宗羲不復反清初心。黃門弟子「入館修史」這樣的事傳出去，他還如何立足於儒林？

「你們想過沒有，你不修史，我不修史，史筆落在清廷滿官之手，《明史》將來會是何等面目？」黃宗羲問道。

三人俱是一怔，這是一個極簡單的問題，他們卻從未想過，或者說正因為太簡單，他們不曾想過。

「百家，還記得四年前除夕夜，我說過的話？」黃宗羲問兒子。

黃百家稍一沉吟道：「當時父親說，甬上證人書院成材者甚多。黃門弟子入仕清廷，弘揚中華之道，遂令我中華文化得以完整保存，令要荒之人成為魯衛之士，進而影響中華成為魯衛之區。那晚我反覆思量這一番話，甚覺言近旨遠，故而牢記於心。」

「太史公之父愧恨身為太史令，未能寫出《春秋》那般的傳世之作，臨終遺囑太史公修史。太史公遂著《史記》，上起軒轅，下至漢武太初年間，自此開歷代史書春秋。我對你們亦如此期望，我雖不出仕，但你們可用世。為故國續史，更為華夏千年文明續脈。」他手上的《明儒學案》，在山風吹動下簌簌作響。

三人肅然，先生遠比他們深思遠慮得多。

「先生，弟子攻二十一史，知大明十五朝實錄，效太史公修史，乃弟子的夙願。只可惜自唐以後，設局分修史志，反而致史書割裂，謬誤百出，不堪卒讀。是以弟子有此擔憂。」萬斯同說出了心中憂慮。

「先生，弟子亦與八叔同慮。陶庵老人著《石匱書》，泚筆四十餘載，亦以為史貴一人成，設局修史往往各異，非我等所願。」萬言也坦然道。

「清廷放心讓你們獨立修史嗎？容得下你們毫不避諱地記載建州史、南明史，乃至揮師南下的一場場慘禍嗎？」黃百家一語中的。

修亦難，不修更難，一筆一墨比一座化安山更重。黃宗羲望向起伏的遠山淡影，目光追著一排掠過天空的鳥跡，直至消失。

「國可滅，史不可滅。明可亡，明史不可亡。」他淡然道。

國可滅，史不可滅。明可亡，明史不可亡！

他們輕輕念著這句話，山林起了回聲。聲音越來越響，先是響在耳際，接著迴盪在化安山谷。這些聲音彷彿自帶光亮，繼而如明月當空，星空長耀，亮如白晝。原本暮色四合的山林，成了一片澄明的天地，無數影影綽綽的身影在山林之間飄渺……

過了很久，山林歸於靜寂幽暗。三人只覺心念已然轉換。

黃宗羲從菜籃裡拿出一把鮮嫩翠綠的青菜，笑道：「回山堂，我做青菜麵湯給你們吃，定是極為鮮美。」

第十五章　平民步入史冊

康熙十八年（西元1679年）餘姚城胡樸崖家，王士元端著藥湯走到胡樸崖的病榻前，輕喊父親。

胡樸崖冷冷地瞥了他一眼。王士元只覺那目光猶如細針，扎得他渾身疼痛。他知道，胡樸崖心裡的氣還沒消，若不是胡英娘和孩子們，岳父說不定早就把自己趕出家門了。

朝廷開徵博學鴻儒科的消息傳遍全國，餘姚也不例外，雖說徵召門檻極高，學子還是躍躍欲試。胡樸崖對王士元鄭重提起，要他停止教書，專心攻學。這可是比一般科考更體面的千載難逢的特科啊。

「士元，胡家指望你出人頭地了。你定能一舉高中。」病了很久的胡樸崖興奮地說，蒼白的臉頰泛起微微紅潤。

王士元訥訥地說：「岳父，我考不中，也不想考。」

「你再說一遍。」

「不，我絕不會考！岳父，您放過我吧！」王士元口氣溫和，卻毫無半分轉圜餘地。

「你不要擔憂，我找最好的先生助你精進學問。對了，化安山梨洲先生是當世大儒，學問功夫一等一，我託熟人⋯⋯」

「不，我不會應考清廷一切科舉。」

胡樸崖吐出一口老血，悔恨當初怎麼就豬油蒙心看中這個來路不明的書生當女婿，還痴心妄想他為胡家光宗耀祖。

胡英娘進來，見父親和丈夫各自僵持，心中難受，端起藥碗給父親餵藥。胡樸崖顫著手指著王士元讓

他滾，王士元遲疑。胡樸崖奪過藥碗朝他砸去，藥碗正中其額角，藥水混著血水淌下來，像幾條蟲子扭曲地爬在面頰上。

胡英娘哭著替丈夫擦拭：「父親，您怎能下此重手？若是有個閃失如何是好？我和孩子們可怎麼辦？」

「我拿老命賠可好？你們怕是早嫌棄我了，巴不得氣死我是不是？行行行，我死給你們看。」胡樸崖氣恨恨地嚷著，掙扎起身。

胡英娘又撲向父親，兩個兒子進來哭嚷。王士元的臉上掠過無限苦楚，在胡樸崖的床前跪下，連磕三個響頭。抬頭時，他臉上越發血汗斑斑，狀極駭人。

「父親，英娘，我不是王士元，不是教書先生，我是⋯⋯」

「你，到底是誰？」胡樸崖顫聲道。

「相公，你到底有什麼事隱瞞著我們？每年你祭拜父母兄弟姐妹，但從不肯說出他們名諱和死因，我們是一家人，你說出來好不好？」胡英娘心疼地擦著他臉上的汗漬。

「我叫朱慈炤，明思宗崇禎帝之四子。」說完他吁了口氣。這一樁隱祕在他心頭壓得太久太沉，一旦說出，竟是從未有過的輕鬆。

胡樸崖和胡英娘一臉不可置信，兩個兒子不諳世事，兀自嗚咽。

「朱三太子？」胡樸崖冷笑，「你不願應詔便罷了，何必捏造如此拙劣可怖的藉口，令我再不敢催促於你？」

235

第十五章　平民步入史冊

「先帝生七子，大哥太子朱慈烺，二哥隱王朱慈烜，三哥定王朱慈炯，五弟靈王朱慈煥，六弟懷王朱慈燦，七弟良王。二哥、五弟、六弟和七弟皆早夭，七弟尚不及起名。太子朱慈烺被清廷所害，定王朱慈炯下落不明，我是四子永王朱慈炤。江湖中皆挾我和三哥之名為『朱三太子』。」他淚光粼粼，未曾結痂的傷疤再一次撕開，往事汩汩滲血⋯⋯

明崇禎十七年、清順治元年（西元 1644 年）京師紫禁城，黑雲壓城，大廈將傾。

明成祖朱棣於永樂四年（西元 1406 年）始建紫禁城，至永樂十八年（西元 1420 年）建成。此刻的桂殿蘭宮已人去殿空。時年正月初一，京師忽起大風霾，沙塵震屋彌天，白晝如晦，咫尺不見人影，天壇、地壇外風沙堆積，幾與城牆高，天象極為詭異可怖。後來全城傳言此是亡國之象。

李自成的大順軍已攻入外城，所到之處百姓們搖著小旗，興高采烈地唱「吃他娘，穿他娘，開了大門迎闖王，闖王來時不納糧」。六百里外的山海關，滿洲女真十三副甲冑起兵的千軍萬馬正橫穿草原而來，挾帶努爾哈赤留下的對大明的「七大恨」，挾帶定鼎中原的勃勃野心，馬蹄飛揚的塵土瀰漫了山海關的城春草木深。

走投無路的崇禎在深宮仰天長號，繞殿環走，拊胸頓足，乾清宮內外整夜迴盪他的悲悽：「內外文武諸臣誤我，諸臣誤我啊⋯⋯」

十六歲的太子朱慈烺，拉著十三歲的三弟朱慈炯和十二歲的四弟朱慈炤，穿過空蕩的宮殿，來到父親面前，怯生生地叫了聲父皇。

崇禎厲聲道：「都這個時候了，你們還穿成這樣，快快換衣。」

崇禎手忙腳亂地給兒子們脫下光鮮的冠帶袍服，換上襤褸的百姓衣裳，替他們繫上腰帶，垂淚道：「你們今日是太子，明日即是小民，匿亂之中，匿行跡藏姓名。見到老者要喊老爹，年少者喊叔伯兄長，喊文人士子為先生，喊兵士為戶長。若是你們能保全性命，亦算是報答父母了。切記今日之慘痛。」

朱慈炤驚恐地拉著父皇的衣襟不敢撒手。

崇禎把他們一個個環抱在懷，繼續哽聲道：「社稷傾覆，令天地祖宗震怒，都是父皇的罪責。但父皇自認也是殫思極慮了，怎奈內外文武諸臣俱有私心……事到如今也沒什麼可問禍福了。」他狠心把他們推開，讓太監王之心、懷宗周和王之俊帶他們出逃，「快走，日後記得為父母燒炷香，也不枉骨肉血親一場。」

朱慈炤跟著兄長倉皇奔出殿門。父皇的悲號在深宮迴盪：「……朕為民父母，不得而卵翼之，坐令秦豫丘墟，江楚腥穢，貽羞宗社，致疚黔黎，罪非朕躬，誰任其責？所以使民罹難鋒鏑，蹈水火，骸積成丘，皆朕之過也……」

朱慈炤被太監帶出重重宮門，腳下一絆，跟蹌倒地。等他抬起頭，無數馬蹄和腳步從眼前掠過，人聲喧譁，塵土飛揚。一夜之間，他們脫下了精美的衣裳，離開煌煌禁城，天地乾坤倒轉，貴冑之身成了最不起眼的一顆塵埃……

他還不知道，當晚周皇后自縊身亡，嬪妃們或被崇禎刺死，或自縊而亡。兩個妹妹，昭仁公主被父皇刺死，長平公主被父皇砍斷一臂，邊砍邊哭「汝何故生在帝王家」。凌晨，崇禎親自撞景陽鍾召集文武百官，大殿上唯有空響絕音，無人入朝。他絕望地奔向煤山，跑得太急，一只鞋子都掉了。

第十五章　平民步入史冊

崇禎十七年（西元1644年）三月十八日黎明時分，大明崇禎帝朱由檢在太監王承恩絕望的目光下登上煤山，用一根白綾結束了三十四歲的年輕生命，留下了一生最後一道、也是第六道罪己詔：「朕自登基十七年，逆賊直逼京師，雖朕薄德匪躬，上干天怒，致逆賊直逼京師，然皆諸臣之誤聯也，朕死，無面目見祖宗於地下，自去冠冕，以髮覆面，任賊分裂朕屍，勿傷百姓一人。」崇禎死時以髮覆面，白袷藍袍白細褲，一足跣，一足有綾襪。太監王承恩亦追隨自縊。

李自成很快攻陷京師內城。皇子們被太監帶到李自成面前，闖王用打量破碎玉器的憐憫目光掃了他們一眼，不耐煩地說帶走，他有更重要的事要做──坐上龍椅過一把皇帝癮。

四月二十九日，李自成在武英殿匆匆坐了龍椅，次日倉皇逃往西安，臨行前殺了吳三桂一家三十餘口，丟下了皇子們。他們又落入吳三桂之手，之後吳三桂帶走太子朱慈烺，丟下他和三哥在逃亡中失散了。

所幸他遇到前明一位毛將軍，得知太子朱慈烺最終被舅父和外公出賣給清廷，遭多爾袞處死。三哥朱慈炯下落不明，或已蒙難。毛將軍帶他騎馬逃到河南，棄馬買牛，在鄉間隱姓埋名。不久毛將軍給他留了些銀子便逃離，臨行前給他指了條路──去南直隸鳳陽老家，或許還有一條生路。

朱慈炤一路乞討，漂泊到祖宗之地鳳陽。他在小店鋪打雜，倒茶湯，替人寫文書。當年他與三哥朱慈炯在宮中受教於著名學者方以智和劉明翰，誦書清圓，作字端楷，沒想到學問還為他換來了一碗飯。他的矜貴之氣到底掩不住，在一家茶鋪被前明王御史認出，王御史執手悲泣，收留了他並改名為王士元，對他視同己出，精進訓導。

「過了五六年，王公病逝，王家不敢再留我，我只得再次漂泊，直到遇見了岳父恩公。」王士元說完這一樁乾坤顛倒的家國事，只隱瞞了他與許舜華那一段短暫而悽婉的往事。

胡英娘和兒子們哭成一團，她只想做個相夫教子的普通女子，怎麼突然成了「永王妃」？她心疼丈夫的悲苦遭遇，也怨自己沒有早早看出，讓丈夫獨自負荷如此沉重的痛苦。

兩個孩子驚呼「爺爺」，病榻上的胡樸崖噴出一口老血，兩眼直直瞪著屋頂。夫妻倆急呼。

胡樸崖轉著驚恐的眼珠道：「毋讓人知悉這一樁潑天禍端，快帶英娘和孩兒們遷居外鄉，避人耳目⋯⋯天既滅我大明，何苦再滅我胡家啊⋯⋯」說罷頭一歪死去。

埋葬了胡樸崖，王士元一夜白頭，胡英娘抱著他悲哭。王士元攬鏡自顧，驟然想到離宮前一夜，父皇也是滿頭白髮。守不住的江山社稷，逃不開的生離死別，而今唯有活一天算一天，天知道何年何月何時殺戮突至？

「白髮誰家翁媼，如此反而掩人耳目了，豈不更好？」王士元笑了笑，梳起辮子，戴上胡樸崖留下的舊瓜皮帽，發現自己真的老了。

黃竹浦碼頭，一葉扁舟，聲聲擊楫。

黃宗羲從黃百家手上接過厚厚幾卷書，交到萬斯同和萬言手上。

這是父親著述的萬曆朝、泰昌朝和天啟朝《大事記》，嘉靖朝和隆慶朝《時略》，自己編著的萬曆朝至崇禎朝《明三史鈔》、《續時略》，以及《實錄》和稗官野史，這是父子倆數十年瀝血披肝著就的。大明近三百年沉甸甸的歷史，都納於這一卷卷很輕也很重的卷帙之中。

第十五章　平民步入史冊

「季野，你切切以布衣身分參與史局，不入史館，不署銜，不受俸。」黃宗羲不厭其煩地叮囑，「若有疑難，可傳書於我。」

萬斯同肅然道：「先生，弟子當以任故國之史事報故國。」

「崇禎一朝無實錄，闕如甚多，貞一可用心於烈廟朝事。凡詔諭、奏議、文集、邸報、家傳等皆可取材。為免掛一漏萬，貞一可直入史館，我就不苛求你了。」黃宗羲囑咐萬言。

萬言應道：「先生，弟子定當矢志於崇禎朝事。」

「議論可以逞一時之意氣，史筆將立千秋之定評。季野，貞一，你們赴京後，要以所學所長與諸位老先生細細斟酌之，不可輕慢於人，亦不可自卑於人。」黃宗羲的聲音有蒼涼的欣慰，「一代是非，能定自吾輩之手，勿使淆亂是非、顛倒黑白，吾輩白衣從事，也算是報效大明故國了。」

此言既出，師生們泫然欲泣。黃宗羲催他們上船快走，萬斯同和萬言囑先生保重身體，長長作揖而別。

船從黃竹浦河道至姚江、曹娥江、紹興、杭州，直指大運河另一頭千里之外的京畿。萬氏叔姪站在船頭，遙望身影佝僂的黃宗羲由黃百家扶著佇立目送。

「史局新開上苑中，一時名士走空同。是非難定神宗後，底本誰搜烈廟終。」萬斯同輕吟，「這是黃宗羲贈他們的詩作《己未送萬季野貞一北上》。先生明確告知，明神宗萬曆之後的史事是非極難斷定，崇禎烈廟又無實錄可考，修史之難顯然可見。

「猗蘭幽谷真難閉，人物京師誰與齊？不放河汾聲價倒，太平有策莫輕題。」萬言跟著吟道。

先生告誡他們，京師人才濟濟，毋與人爭長短，只管安心修史，不要節外生枝，更不能為清廷獻「太平策」、「河汾」、「太平策」，指隋末大儒王通曾向隋文帝獻太平十二策，未得重用，遂返鄉在黃河、汾水間設館教學，求學者多至百餘人，時稱「河汾門下」，相傳唐朝名臣李靖、魏徵、房玄齡皆為其門下。先生的苦心孤詣可見一斑。

先生分明是一刀刀割下自己的心血骨肉，讓他們去彌補故國天崩地解後留下的巨創。當他把厚重的史稿交到他們手上時，已然明示：他期待的三代之盛已一去不復返，大壯之年已成幻境……他不惜「自汙」，承受當世乃至後世可能接踵而至的變節之譏，以換得定評「一代是非」的修史權柄。《明史》著者定然不會有「黃宗羲」三字，他依然是化安山雙瀑前戴著漢人折角巾踽踽獨行的一介老遺民。

長河浩渺，江闊雲低，風裡凝結著愈來愈瀅重的冷意。

黃宗羲對著江上漸成黑點的隱綽身影，高聲道：「切記，不入史館，不署銜，不受俸，以布衣入史局。」

「不入史館，不署銜，不受俸，以布衣入史局？」康熙從御案後跨出來，直瞪著葉方藹和徐元文，不敢相信這句話。

本年正月，三藩之亂平定在望，康熙於午門率先告捷，大鼓士氣；三月，他親試博學鴻儒科於體仁閣，授彭孫遹、毛奇齡、嚴繩孫等五十人以侍讀、侍講、編修等職修《明史》，大學士徐元文和葉方藹為史局監修總裁。

葉方藹頗懊惱，他兩次薦舉黃宗羲不成，徐元文卻以迂迴戰術薦舉黃宗羲的弟子，在皇上面前贏得了

第十五章　平民步入史冊

面子，心中不免嘀咕：黃宗羲還說什麼「勿令吾鄉校，竊議東海濱」，自己不肯出山，卻教弟子入館，既保全自己的名節，又免於違逆朝廷詔令，這一手掩人耳目玩得好啊。

黃宗羲與顧炎武同為遺民大儒，又與「崑山三徐」素來交好，怕是給他們面子吧，看來自己的情面還是薄了幾分⋯⋯

「紉庵先生意下如何？」康熙笑吟吟地問。

葉方藹忙答：「臣兩邀梨洲先生不成，為國效命不力，不勝誠惶誠恐。立齋先生薦梨洲弟子入館修史，補臣之過失，臣不勝欣喜。且聽聞萬氏叔姪學識銳進，博通諸史，誠為黃門高足。梨洲先生雖不肯就，想必私下亦會指點訓導。是以萬氏入館，堪當修史大業。」

康熙展顏大笑，說自己以後只管來史館查看就是了。徐元文卻又說，萬氏叔姪提出了這麼個「三不」原則。

康熙搖頭嘆息：「入史局署翰林院纂修官銜，授七品俸祿，這等好事別人求都求不來，他竟然⋯⋯罷了罷了，果然是黃宗羲的弟子，按他們說的就是了。」

「皇上放心，臣安排季野先生住寒邸碧山堂，悉心照顧衣食住行，不會怠慢半分。」徐元文笑吟吟道地。

葉方藹趕緊說：「臣會派人將史稿及時奉於季野先生削筆，與入住史局無二致，請皇上寬懷。」

康熙走到小社稷壇前，捻起一撮五色土⋯「《明史》必使後人心服口服才是最好。《宋史》、《元史》其中是非失實者甚多，至今尚有人心不服。有明二百七十六年，其流風善政不勝列舉。順治朝時，史官執己

見者有之，據傳聞者亦有之，用稗史者亦有之，如此任意妄作，史書怎能盡善盡美？」他撒下五色土，拍了拍手道，「《明史》不可不成，公論不可不採，是非不可不明，人心不可不服。若《明史》稍有不當，後人將歸責於朕，不可輕忽！」

順治朝時，一些史官因觀點、學術及師門異見而紛爭不已，加上戰事倥傯，故未能成史。及至今日，史館仍有人因門戶之見、修史體例等各執己見，這已成為康熙的一大心病。

徐元文和葉方藹心照不宣地對了眼，答道：「臣等奉千秋汗青大業，必將《明史》修成一代信史。」

「有明二百餘年，遺民哪肯放得下心將史書交與他人？開博學鴻儒科，將前朝遺黎故老綰繫於典章史籍，苦其筋骨，勞其心志，又賜以華夏文明編纂續史重任。天長日久，他們必會汩溺於故紙堆，再叛逆的心性亦會漸次消融，我大清何愁不得道統法統正位？」康熙的嘴角浮起一抹穩操勝券的微笑。

年輕的皇帝為維繫江山永固，翻手為雲，覆手為雨，將智慧狡黠的手法用到淋漓盡致。遺民們以修志為業，汩溺於故紙堆中，再也掀不起什麼波瀾了。葉方藹暗自吸了一口涼氣，心頭泛上辛酸與欽佩雜糅的滋味。

康熙陪著昭聖太皇太后用膳，揀好聽的事說與皇祖母聽。說到博學鴻儒科招攬的人才，他大有全國鴻儒盡入囊中的得意。

「寫《待訪錄》的黃宗羲有沒有來？」太后問道。

康熙搖搖頭：「就是這個黃宗羲，葉方藹請了兩次不成，後來還是徐元文請來他的弟子萬斯同和萬言，算是補了缺。萬斯同還要求不入史館，不署銜，不受俸，以布衣入史局。我見過太多要官要錢的，沒見過

243

第十五章　平民步入史冊

這等離奇要求，這些遺民真不知怎麼想的。」

太后哈哈大笑：「見過太多要官要錢的？這就叫入鮑魚之肆，久而不知其臭。皇帝還是要多入芝蘭之室啊，有空多去明史館走動。」

康熙舀湯奉上：「翰林院人才濟濟，連小供事都會說一句『周公吐哺，天下歸心』敷愬於我。」

「這是你的福氣啊。五年前，你氣沖沖地拿著《待訪錄》來找我訴委屈。那時你要是一氣之下毀《待訪錄》，殺著書人，如今博學鴻儒科是無論如何也開不起來啊。」

「您說到了偃武修文，以崇大化的那一天，修史的，必定是那些遺民大儒。皇祖母，我想盡快南巡一次，趁您身體康健，孫兒陪您看一看南中國的浩蕩國土，訪一訪文脈淵藪之地，見一見碩學大儒，再嘗嘗江南的桃花流水鱖魚肥。」

「中華地大物博，龔牙其間。讀萬卷書，行萬里路，你一定要好好去看看，用腳步和心丈量這個國家。」太后喝了一口湯，「我不必興師動眾攪擾民生了。一俟藩亂徹底平息，收復臺灣急待提上日程，南巡的事我看還是暫時放一放，過幾年再議吧。」

飯後康熙扶皇祖母在長廊踱步。長廊花木扶疏，丁香、紫藤、薔薇爭相盛開，鳥雀在廊頂忙忙碌碌蹦來跳去。康熙興致勃勃地摘花，說前些天送給皇祖母的青白瓷花瓶，用來插花最好了。

「三邊無警萬民安，朝退恭承聖母安。日晏小齋聊隱几，起拈書卷靜中看。我讀明宣宗朱瞻基的《睡起》，也會想著，有朝一日不用費心三邊警事，承歡皇祖母膝下，該多好啊。」

「日長庭院睡初醒，裊裊爐燻一縷清。坐對小山渾咫尺，落花啼鳥總幽情。正因為有永樂在前開疆闢

土，仁宗、宣宗方能保境安民，創下仁宣之治。

康熙的手被花刺一扎，立刻沁出血，他趕緊吮血，太后笑盈盈地看他，也沒有安慰。

「皇祖母說得對，孫兒還沒到聽聞『落花啼鳥總幽情』的時辰。」

太后拍拍他的手背：「不到萬不得已的時候，要寬恕那些忤逆你，甚至是傷害你的人。你是皇帝，福氣大於他人，受的傷也必定大於他人，凡事須掂量再三而行之。史筆如鐵，一旦寫下就改不動了。」

餘姚化安山龍虎山堂。黃宗羲寫下「天一閣藏書記」六字，卻遲遲沒有落下正文。此時，距離他登臨寧波天一閣已過去六年。

康熙十二年（西元 1673 年）秋，他站在天一閣前，與這座江南第一藏書樓咫尺相對。「天一生水，地六成之」，他的目光穿過氤氳雨意，彷彿看到一百多年前的大明兵部右侍郎范欽，捧著一沓書從閣樓走出來，目光凌厲地打量來者：「天一閣祖制代不分書，書不出閣，更不允許外姓登樓，你還想登樓讀書？」

「范先生，藏書的本意在於匯聚天下才智於故紙渝墨，知書達理，若才智僅為一家一姓所得，縱然汗牛充棟左圖右史，又有何益？倘若讀書人都能自天一閣藏書而受益，豈不如黃山谷先生所說，藏書萬卷可教子，遺金滿籯常作災。觀水觀山皆得妙，更將何物汙靈臺？」黃宗羲坦然道。

「天一閣建造迄今一百多年安然無恙，正因得益於嚴苛的藏書制。歸震川有言，書之所聚，當有如金寶之氣，卿雲輪囷覆護其上。

若人人皆可登堂入室，如何保全藏書無恙，如何遞嬗千載不毀？」范欽仍咄咄逼問。

此話並非沒有道理，唯有珍藏方可代代相傳。可書只為藏而不讀，文以載道何從說起？經世致用豈非

第十五章 平民步入史冊

失卻本真？黃宗羲沉吟著，再一眨眼，范欽消遁不見了。

范光燮匆匆趕來，歉然道：「讓梨洲先生久等了。」

黃宗羲道：「友仲兄，是我比約定時辰提前了。在天一閣多逗留一刻，便多燻出一身書香，豈不更好？」

范光燮是范欽四世孫，學貫五經四子，與兄長范光文研讀整理天一閣藏書，在家族中聲望甚高。他早已傾慕黃宗羲聲望，因此當後者提出希望登臨天一閣，他與兄長商議後便欣然答應了。

起初，范氏各房不同意外姓人登樓，理由自是祖制規定。長子范大沖選擇藏書樓，承諾藏書世代共有，代不分書，書不出閣，閣門和書櫥鑰匙各房共管，各房集齊後方可打開藏書樓。自此范氏各房恪守祖制，從未違例。

范光燮對族人們說，天一閣之所以成藏書巨擘，得益於祖制藏書有制有法，累世傳承有方；然而藏書的真義在於嘉惠學林，經世致用，藏書方能千秋百代振興不衰。若是連黃宗羲這樣的名世大儒都難以登堂入室，藏書有何意義？梨洲先生甬上講學，倡導「經世致用」，天一閣正是「經世致用」的最好衡量法度。

黃宗羲跨入藏書樓高高的門檻，天一閣特有的藝草香向他徐徐湧來。始建於明嘉靖四十至四十五年（西元 1561～1566 年）的江南第一民間藏書樓天一閣，第一次向外姓人敞開了深掩的重門。

黃宗羲細閱樓內刻本、善本乃至孤本珍品，並抄錄部分流通不廣的書目，連連讚嘆：「友仲兄引我首登天一閣，讀到這麼多好書，真是生平快慰。只是更多士子未能登臨天一閣，實乃有憾，亦是天一閣之憾啊。」

范光燮輕撫書籍，若有所思。

「我曾拜訪牧齋先生，住在他的絳雲樓翻閱眾多藏書。牧齋先生曾與我相約閉門暢讀三年，可還沒等踐約，絳雲樓便毀於一炬。當年若有更多人讀過絳雲樓的書，也不至於令人扼腕痛惜了。」

范光燮道：「梨洲先生，我想打破舊例，做一番嘗試。」

「說來聽聽。」

「我想抄錄部分藏書副本，供讀書人一睹為快。祖制雖不可違，此法或能稍補士子未能登臨天一閣之憾了。」

黃宗羲擊節稱賞：「那真是讀書人的福氣。日後我有空暇，還要前來抄錄珍稀藏書，望友仲兄成全。」

范光燮連稱不勝榮幸。事隔六年他重訂天一閣書目，派人請黃宗羲作一篇藏書記，於是他欣然答應了。

「嘗嘆讀書難，藏書尤難，藏之久而不散，則難之難矣……」黃宗羲繼續寫下去，此生他與書結緣太久太深也太重。

孩提時，母親姚太夫人抱著他在夏夜的月光地納涼，輕搖蒲扇，吟詠她作的〈詠蒲扇〉：「挺出淤泥不染塵，清寒徹骨世無鄰。何人採織還成扇，留取遺風披後人」「世間物性初無定，百鍊剛成繞指柔。何似蕉蒲經織後，能將九夏變三秋。」一句句吟唱與月光浸潤了童年黃宗羲的心田，栽下酷愛讀書的種子，生成一生的濃蔭巨木。

第十五章 平民步入史冊

十四歲隨父移居京師,他除了熟讀通讀四書五經應付時文制藝,課餘尤好窺群籍,跟父母討來零錢購置閒雜小說。姚太夫人發現後告訴黃尊素,黃尊素卻笑稱讀雜書亦足以開智慧。這無疑打通了他讀書的任督二脈,使他博學廣聞,超於常人。

十七歲時父親遭捕蒙難,生死未卜之際,父親仍囑他「學不可以不知史事,將架上《獻徵錄》涉略可也」,令他拜於友人劉宗周門下。父逝後,其弟子徐石麒前來弔唁,亦教他,「毋亦將兵、農、禮、樂以至天時、地利、人情、物理,凡可以佐廟謨、裨掌故者,隨其性之所近,並當一路,以為用世張本。」

半生行來,無論離亂或閒居,憂患或安樂,他無一日不讀書、借書、購書、抄書、藏書、著書,足跡遍及錢謙益「絳雲樓」、祁氏「澹生堂」、徐乾學「傳是樓」、黃氏「千頃齋」、鈕氏「世學樓」等江南各大著名藏書樓。

「……讀書者一生之精力,埋沒敝紙渝墨之中。相尋於寒苦而不足。每見其人有志讀書,類有物以敗之,故曰:『讀書難』……書者造物者之所甚忌也,不特不覆護之,又從而災害之如此……」他直抒深埋的胸臆。

半生顛沛流離,居無定所,萬千藏書屢遭兵燹之災,老嫗拿去蓋醬瓿,頑兒偷盜撕玩。康熙元年(西元1662年)二月龍虎山堂遭火災,五月黃竹浦老宅再遭火災,「半生瀕十死,兩火際一年」,大量珍貴書籍遭焚毀,加上風災雨淋,鼠殘蟲蛀,雨浥梅蒸,半生心血盡付毀傷。藏書,並不比亂世中保命更容易。

之後他在黃竹浦建「續鈔堂」,收藏志史、經濟、地理、天文、禮樂、律呂、曆算等二十餘種書籍,明本、元本乃至宋本,數量巨時達十萬餘卷,多為絕傳之書。他刻有一枚「續鈔堂」藏書印,作藏書印文……

「忠端是始，梨洲是續。貧不忘買，亂不忘攜，老不忘讀。子子孫孫，鑑我心曲。」

「……故曰：『藏之久而不散，則難之難矣』……」為他人寫藏書記，澆自己的心頭塊壘。最懂讀書之喜的是他，最明瞭藏書之殤的也是他。藉由《天一閣藏書記》，他寫出了此生與書的悲欣相交。

黃宗羲離開天一閣時沒有想到，寫《天一閣藏書記》時也沒有想到，此後未能再次登臨天一閣。更沒有想到，百年之後，范氏世孫向清廷呈書六百餘種，由此成為世所罕見的集大成之作《四庫全書》的重要書源之一。之後清廷仿天一閣在全國建成南三北四七座藏書樓，各藏一部《四庫全書》。此屬後話。

康熙十八年（西元1679年）秋，黃宗羲帶弟子陳夔獻赴杭州，祭祀父親的神位。

「東林七君子」英毅剛烈，備受百姓尊崇，故而江南多處寺廟供有神位。六一泉原址孤山寺，始建於南朝天嘉初年，初名「永福寺」。白居易的「孤山寺北賈亭西，水面初平雲腳低」說的便是此寺。宋時和尚於故寺廢墟重建寺廟，改名「廣化寺」。蘇軾任杭州知州時，為紀念故友歐陽脩，以其號「六一居士」命名舊址清泉為「六一泉」，作泉銘於石壁。崇禎十七年（西元1644年）再次重建，立忠烈祠，黃尊素的神位便祀於其間。

黃宗羲在神位前點燃線香，向父親告知：「父親，我明瞭清廷修史的真相，名為修史，實為縮繫人心，懷柔遺民士子。自大明天崩地解，士子儒者多隱跡老死巖穴，終身不仕。宗義亦是抱定了終老林泉之志……」

煙跡飄在半空凝佇不動，彷彿也在聆聽。

「只是，我輩若不修史，則正史必讓位於野史，二十一史史脈無續。宗義雖拒徵召，終是魂牽夢縈。

249

第十五章　平民步入史冊

如今我囑季野和貞一修史，縱然遭時人譏評後人非議，我亦義不反顧了。父親，想必您會明瞭⋯⋯」

陳夔獻憤然道：「季野和貞一為故朝修史，先生何過之有？哪個亂嚼舌頭胡說八道，我揍他⋯⋯」他是黃宗義的高足，長於經學，為人勇義。寧波甬上證人書院最初在他家開課，黃宗義講學遭人非議時，他氣得要動手揍人。

黃宗義搖頭：「夔獻，來年你亦可入京師。為師常說，學問之道，以各人自用得著者為真。你們只管做自己的事，不必為我顧慮。」

「先生⋯⋯」

「走吧，去南屏山。不知還能否找到蒼水公之墓。」

他們在南屏山尋覓很久，才在北麓荔枝峰下找到蓬蒿野徑間的一座野墓，墓碑上書「王先生墓」──實為張蒼水墓。

「草荒樹密路三叉，下馬來尋日色斜。頑石鳴呼都作字，冬青憔悴未開花。夜臺不敢留真姓，萍梗還來酹晚鴉。牡蠣灘頭當日客，茫然隔世數年華。」黃宗義愴然撫著碑身。

順治十六年（西元1659年），鄭成功和張蒼水以二十三萬兵力，北伐直取瓜洲和鎮口，收復四府三州二十四縣近三十座城池，直抵南京。江南父老爭相持酒犒師，望義軍衣冠涕淚交下，此為大明亡後十五年所未見之盛況。沒多久鄭成功兵敗南京，情勢急轉直下，張蒼水義軍腹背受敵大潰敗。康熙元年（西元1662年）鄭成功退守臺灣，後病逝，張蒼水隱居象山海島。康熙三年（西元1664年）七月，張蒼水遭叛賊出賣被俘，九月被清軍殺害於杭州弼教坊，坦然坐而受刃，臨刑前望吳山風光嘆道，「大好江山，可惜

淪於腥羶」，留《絕命詩》二首，「忠貞自是孤臣事，敢望千秋春史傳」、「日月雙懸於氏墓，乾坤半壁岳家祠。」

杭州石和尚收殮了張蒼水遺骨，黃宗羲弟子萬斯大等遵遺願將其草葬於南屏山麓，與于謙、岳飛同為西子湖畔的英魂。坊間稱「煌言死而明亡」，張蒼水逝後，江南抗清大業徹底煙消雲散。

黃宗羲作詩〈蒼水〉：「兩世雪交私不得，只隨眾口一閒評。」說的是兩家有兩世交情，張蒼水之父辭官歸故里後，曾應黃尊素之邀教過黃宗羲兄弟。

「今公已為千載人物，比之文山，人皆信之。余屈身養母，戔戔自附於晉之處士，未知後之人其許我否也？……」他低吟《張公墓誌銘》。在欽佩故人成為千載人物之餘，他也無奈於「屈身養母」而苟活苟活的他，比慷慨赴死的張蒼水要承受更多烈火焚心的煎熬。

面對仍不能以真面目示人的故友荒塚，他惻聲道：「蒼水公，我讓萬氏叔姪修史，如同來尋你的荒塚。若不然，如同任由千千萬萬的你隱姓於荒山，蝕骨於野嶺，任由蓬蒿爬滿墳塋，最終歸於大化，無人知曉，無人說起。蒼水公，你會明瞭我的心……」

251

第十五章 平民步入史冊

第十六章 詔獄對談

康熙十九年（西元1680年），紫禁城左順門東閣明史館，修史官們如一隻隻勤奮的工蟻，營營役役攀爬於浩瀚的書山文海。

嚴秋毫輕叩史館西側一間廂房。裡面的人說「請進」，他推門而入，捧上史稿：「萬先生，這是各府州縣的詔諭、奏議、邸報，還有一些家傳野史，請先生審勘。」

萬氏叔姪倆入京後，萬斯同入住徐元文官邸碧山堂，明史館將史稿初稿送至碧山堂，交由萬斯同審閱。傳遞史稿的差事就落到嚴秋毫身上，他每隔三五天往返一次，樂此不疲。萬言入史局，為明史館編修，奉七品俸，主修《崇禎長編》，嚴秋毫又被指為萬言雜役，蒐集整理崇禎朝史料，故而很快與萬氏叔姪相熟。

萬言領首示謝，接過史稿翻閱。正如黃宗羲所說，崇禎朝事關如甚多，修史維艱，萬言不得不長居史館修史；加之叔姪兩人的起居用度開銷甚大，他也不能不奉七品俸，這也是黃宗羲允許萬言和萬斯同以不同姿態修史的因由。

嚴秋毫取出一包茶，笑容可掬地奉上：「萬先生，有人託我送您的新茶，您嘗嘗。」

253

第十六章　詔獄對談

萬言的心思在史稿上，漫不經心地應了聲。嚴秋毫泡好茶放在托盤，小心地放在案頭。萬言仍在讀史稿。

嚴秋毫只得提醒：「萬先生，新茶須趁熱，太涼就不好喝了。」

萬言端起茶碗就喝，讚許道：「好茶，好口味，與餘姚瀑布茶何其相似。」他又喝了口，查看茶湯，「莫非真是餘姚瀑布茶？」

嚴秋毫憨笑：「我去碧山堂送史稿，貢士陳夔獻先生來看望大萬先生，讓我捎茶葉於您。」他叫萬言為萬先生，萬斯同為大萬先生。

本年陳夔獻應黃宗羲之囑來到京師，徐乾學以淵儒碩學待之，在徐府教授其子弟，有時會到碧山堂看望萬斯同。師兄弟異鄉相聚自是甚歡。萬言入史館，故而少與他們聚首。

「原來是夔獻兄送的，這就對了，必是餘姚瀑布茶。」萬言欣喜，「來，再幫我沖上一泡。」

嚴秋毫殷勤地倒上熱水。萬言嘖嘖讚許：「好茶好茶。梨洲先生有餘姚瀑布茶詩，『炒青已到更闌後，猶試新分瀑布泉』，我以前在先生家喝過，甚覺鮮美。這兩天我得給先生寫信，說說近況……」

「梨洲先生乃當今碩儒，為何不來史館修史？」嚴秋毫問道。

萬言看了看這個有點饒舌的小供事，笑道：「你既知梨洲先生是當今碩儒，也該知他為人。我們入京修史，已是先生對朝廷的最大讓步了。」

「這麼說，梨洲先生不會來京師，不會來史館了？」

「正是。咦，先生來不來史館，與你何干？」萬言不解。

「我，我仰慕先生大名多年，早就想親耳聆聽教誨，可惜了。萬先生您忙起疑追問。

這類旁敲側擊式的疑問，他在萬斯同那邊也用了兩次，後者同樣說梨洲先生不會來史館，且此生絕不會來北地。他怕問多了引人疑心，再則萬斯同整日審閱史稿，不好多攪擾，便不敢再問。

萬斯同每次審閱史稿，都會寫上字條，說某書某卷某頁遺漏了某事，應補入；某書某卷某頁某事有誤，如何修正。嚴秋毫把史稿拿回史館，纂修官一校對，無一謬誤。史館上下無不驚嘆，說萬斯同雖無總裁之名，卻有總裁之實。

藉助黃宗羲接近康熙這條路不可能了。嚴秋毫也心知肚明，這條路本就有太多變數，能依靠的只有自己了。

他早做好了另一手準備。他沒有資格入皇宮大內，但憑藉史館的書籍、史料、輿圖、檔案、奏報等，早把紫禁城摸得門兒清，閉眼都能畫出禁城四門、內廷各殿、花園亭榭等方位。且因修史所需，全國各府州縣送來大量史籍，其中夾雜不少歷代刺殺皇帝的正野史，他讀得倒背如流了。好幾回他夢到自己成功了。

康熙胸口中刀，鮮血從金黃的皇袍淌出來，摀著胸口道：「你到底是何人？」

「我乃當年湖州明史案漏網之魚莊秋毫，為明史案冤死者報仇，為我父母親人雪恨。」他揚眉吐氣地大笑……往往就笑醒了。

夢終究是夢，他再熟悉禁苑的每一間宮殿，再通曉刺殺皇帝的種種手法，用不到實處也是徒然。就像

第十六章 詔獄對談

很多年前有人告訴過他一句話，「以各人自用得著者為真」……若是梨洲先生在就好了，他可以問問──刺殺康熙，到底該不該？可不可以？

當然最穩妥最可靠的是──康熙送上門。《世祖實錄》清楚地記載，「上幸內院，閱通鑑，至唐武則天事」，「上幸內院，覽諸奏章及萬曆時史書」，「上幸內院，閱部中奏疏及翻譯五經」，「入內三院御覽明史纂修進展」……

「他會來，一定會來。」他堅定地告訴自己。

正胡亂尋思著，館外有人喊「嚴供事，王供事，張供事……」他放下筆跑出去。原來又送來一批史籍，來自江蘇一名老士紳家。老士紳原本不肯，說一入史館書籍就石沉大海。史籍本就用於修史，要是鬧出人命上了史書，說出去也丟人，地方官不敢動粗，好言相慰說抄好便送歸，不會毀損一字一紙。老士紳只得涕淚滿面地交出史籍。

一批小供事按人頭分派加緊抄書，每日忙得兩頭黑。史館嚴禁晚間點燈，以防失火。

這天散班後眾人陸續離開。嚴秋毫手頭還有五六頁，便藉著窗口餘光抄寫。葉方藹出來見他還兢兢業業，囑他不用急於求成，嚴秋毫答應就快完工了。

不知過了多久，一個朗聲響起：「館內可有董其昌的《畫錦堂記》，或《方圓庵記枯樹賦》？」「亂闖史館，還討要什麼書，你……」他的筆落在紙上，頓出濃濃一筆。

嚴秋毫手一抖筆一歪，弄汙了紙。他朝來人嚷道：一身常服的康熙昂然負手看他，嘴角似笑非笑。

當日康熙批累了奏章，想練習董其昌的《畫錦堂記》，結果找不著了，不知落在哪個妃子的寢宮，對小喜子發了一通無名火，獨自來史館找書，小喜子跟了一段，被他罵走。到得左順門東閣明史館門口，才記起史館此時已散班，門還虛掩著。守門校尉見皇上駕臨，慌了神。

康熙讓他不必驚動人，直接進入。

康熙認出他：「怎麼，你還在抄書？」

嚴秋毫跪下：「請皇上恕罪，小的有眼無珠⋯⋯」

「行了，你有眼無珠又不是第一回了。找找有沒有董其昌的書法集。」康熙靠在書架間翻書。

嚴秋毫跑向擺放書法集的書架，很快找到康熙要的兩冊書法，又多拿了《骨董十三說》、《行書岳陽樓記》，想必能討得他歡心。

「皇上，董先生的書法集找到了。」

「拿來。」康熙清朗的聲音從另一頭傳來。

嚴秋毫應了聲，回到書桌邊逗留片刻，朝那個方向走去，不可抑制的微笑從他的嘴角悄悄溢出。康熙津津有味地翻書，邊讀邊頻頻點頭。屋裡越來越暗，他怎麼還能看清字呢？嚴秋毫想。

從他這邊走到康熙那邊，是一條狹小的書架通道，兩側是黃花梨品字三層欄杆架格。他們之間距離約莫十丈，他走二十餘步就能把書呈交皇帝。此刻，他腳下的通道浩瀚無比，有如漫無邊際的荒原，他是一匹孤獨的山羊，邁向荒原盡頭不可測的命運。

第十六章　詔獄對談

康熙在讀一冊野史小品。他一向不讀這類書，南書房也不會收藏，偶爾讀來頗覺有趣，便靠著書架讀得出神，不時竊笑。

「朕講個笑話給你聽。」

嚴秋毫一愣，放慢腳步，他要講笑話給自己聽？

「一座殿堂裡有三聖塑像，依次為儒教聖像、佛教聖像、道教聖像。道士見了，將老君移到中位；和尚見了，將釋迦移到中位；讀書人見了，又將孔子移到中位。三位聖人嘆道：我們原本好端端的，卻被這些愚人移來移去，實在累壞了。哈哈哈，有趣，有趣得緊。」

康熙靠在書架大笑，又戲謔道：「嚴供事，你會把哪一尊聖像放在中位呢？」

「我會……」

一個細微的異樣聲響起，「吱——吱吱，吱——」嚴秋毫朝四周一看，什麼也沒有發生，隨即看向康熙背靠的書架，眼神一悚。

紫禁城及一應物品皆源於前明，明史館也不例外，這些黃花梨或檀木書架不知用了多少年，雖則昂貴，年久自然也會朽壞。此時，康熙身後的書架被他一靠，搖搖晃晃傾斜下來，沉迷於讀書之樂的康熙渾然不覺。這排書架擺放了磚頭厚的上百冊史籍，加之木架高大沉重，足以將一具血肉之軀砸得非死即傷，哪怕這是一具萬金之軀。

「天賜良機。砸死他，活活砸死他！」他心裡一個聲音說。

258

「救他,快救他!」另一個聲音說。

「借天助之力滅掉這條沾滿大明子民鮮血的惡龍,豈不更好?!」

「他也是一條命,你眼睜睜看他死在眼前?你還算是人嗎?!」

無數聲音在他心底激烈碰撞,令他的腦袋一點點漲大。

此時的康熙也察覺到不對勁,先是看到面色驚恐的小供事朝他奔來,接著發現頭頂上方的傾覆之危,他一時蒙了。彈指之間,一個身影如一道閃電朝他襲來。康熙只覺肋骨一陣尖銳劇痛,撲倒在地,下巴重磕在冰涼的地面,背後如同壓上一座大山。

兩個月後的乾清宮寢宮,康熙對著一面西洋鏡子細細查看,下巴有一小塊淡褐色的疤痕,雖不刺眼,到底又給這張原本有痘印的臉增添了不雅之觀。

他惱怒地撥出一口氣,肋骨又陣陣作痛。明史館小供事跟自己到底有何深仇大恨,以至於甘犯誅九族之險行刺?又為何在致命一瞬撲上來救了自己?此人是瘋癲痴狂還是吃錯了藥?

那天康熙和嚴秋毫被砸在書架下,聞聲趕來的史館校尉和不放心皇上外出而趕至的小喜子嚇得半死。他們搬開嚴秋毫,小心翼翼地扶起皇上,康熙滿臉是血,下巴挫起一塊皮肉,更要命的是一把裁紙刀刺在他肋骨間,鮮血滲透了石青色織金妝花緞彩雲團龍紋褂常服。

眾人搬開沉重的書架書籍,發現嚴秋毫趴在皇上背後,皇上趴在地上。

現場只有兩人,凶手毫無疑問就是小供事。所幸皇上未傷及骨頭,算上前次遇刺,康熙在兩年內遭遇了兩次行刺。

第十六章　詔獄對談

案發查實，嚴秋毫由滿人提調官多吉引薦，更可惡的是多吉還貪了他的部分俸祿，遂將多吉削職下獄。嚴秋毫遭一頓暴打後，坦然承認自己反清復明，無人指使也沒有同黨，倒也沒有誣賴多吉。這個理由太正常，沒有任何疑點。

康熙更為納悶，一個小民混進翰林院潛伏數年要刺殺自己，結果在致命關頭又救了自己，到底圖什麼？他的好奇戰勝了憤怒，便吩咐暫時不要處死刺客。

葉方藹和徐元文跪地認罪，說他們察人不力，竟然讓一名刺客在翰林院和明史館潛伏這麼久，實是臣瀆職之過。康熙壓著怒火問書架怎麼回事，葉方藹說書架確實年久朽壞了，也是臣瀆職之過。康熙回想自己當時確實靠著書架讀書，所以書架倒下來並非全是小供事的錯。可他為什麼要刺殺自己又救了自己呢？

處死一個人太容易了，但不能讓他死得痛痛快快，自己更不能被刺得糊裡糊塗……康熙在殿內踱來踱去，不防一腳踹在立柱上，他惱火地抬頭，見到柱上對聯，「表正萬邦，慎厥身修思永；弘敷五典，無輕民事唯難」。這是他剛入住乾清宮時書寫的自勉聯。他盯著下聯最後六字，多年來他一直提醒自己輕鬆地認為老百姓的事是很容易處置的……

「皇上，奴才燉的人參銀耳蓮子黃耆粥。」小喜子端來熱粥。

康熙喝了幾口，小喜子等著誇獎。康熙摸摸肋骨，恨恨地罵該死的，小喜子一慌。

「去，找那個該死的小供事算帳。」康熙放下粥碗氣狠狠道。

「皇上您還未痊癒……」

「廢話，朕在木蘭圍場打獵時摔打打多少回了，這點傷算什麼。」

「皇上，詔獄那地方實在醃臢啊。」小喜子心裡把那該死的小供事罵了十來遍，要不是他，皇上這會兒正誇他煮的粥好喝呢。

嚴秋毫像亂草一樣堆在詔獄牢房的角落。

他用康熙通寶殺死過三隻偷食的老鼠，一隻吵鬧的麻雀，在街上擲傷過一個仗勢欺人的紈褲子弟，此外沒有傷過人或物。從他拿起裁紙刀衝向康熙的一瞬——他沒用銅錢——就知道自己踏上了一條不歸路。這麼多年的忍辱負重，終於到了解脫的一刻。他像山羊一樣輕盈奔跑，內心歡暢無比。

然而他沒有想到的是——刺殺康熙與拯救康熙發生在同一瞬。

那一瞬他分不清「殺」在前，還是「救」在前，就像大火燃燒時，煙與火同發，血與淚齊瀉。或者說，他來不及理清殺人與救人的細微差別，只能憑心而為。

當大內侍衛的棍棒朝他密集潑來，他絕望地長嘆——太不值了，沒有殺死康熙。他沒有死，渾身血淋淋地被扔進牢房，此後沒有再遭受嚴刑拷打，醫士還進來為他療傷，用幸災樂禍的口吻說，他很快會被千刀萬剮或五馬分屍，總之會死得很慘。

嚴秋毫蜷縮了下，繼續尋思從正史野史中了解到的各種死法，凌遲、斬首、炮烙、剜目、刨心、剝皮、抽腸、腰斬、車裂、宮刑……他思索著千奇百怪的死法，告訴自己早點做好準備，如此死的時候不會怕得要死。想著想著他禁不住哆嗦，一哆嗦就尿急，一急身上還未癒合的傷口又劇痛，他想再憋一會兒，每回撒尿都是一場磨難。

261

第十六章　詔獄對談

牢房的鐵柵欄鏗鏗響起，他懶得抬眼，繼續蜷縮如龜。

「人犯嚴秋毫，快快起身。」一個尖細的公鴨嗓子聲傳來。

他啟開眼縫，門外站著兩個人，一個戴瓜皮帽，著白色背心褂，看似小廝，另一個著黑色連帽大氅，從頭到腳遮得嚴嚴實實，看不清臉面。難道黑白無常來索命了？他稍稍動了下，全身很疼，還沒死。獄卒也不是這等模樣，他們是什麼人？

小廝搬來一條凳，殷勤地用袖子擦了擦。黑色連帽大氅施施然坐下，離鐵柵欄半丈。嚴秋毫又好氣又好笑，既然這麼怕還來幹啥？

「我們奉皇命前來提審，你必須老老實實交代，不得欺瞞，否則殺無赦。」小廝扯著公鴨嗓子氣勢洶洶地說。

「你為何刺殺皇上？」黑色大氅的聲音有點模糊，像捏著嗓子。

「山河奄有中華地，日月重開大宋天。」嚴秋毫理直氣壯。

「如今不也是大清天下？」那人不以為然地輕笑。

嚴秋毫很恨他的笑，既然難逃一死，何不死得慷慨激昂一些？像閻應元、史可法、張蒼水，像馮龍師叔、高堂師傅那樣悲壯而磊落地死去。

他從草鋪上掙扎起身，靠牆坐著，一字一句道：「揚州十日，嘉定三屠，江陰八十一天，清廷的天下，鋪天蓋地都是我大明的血。」

「說下去。」那人遮著帽，一點也看不出臉上神情。

「八十日戴髮效忠，表太祖十七朝人物。十萬人同心死義，留大明三百里江山。江陰典史閻應元殉節前，沾著自己的血，把這詩寫在門壁。我大明俱是磊落英魂。」嚴秋毫的聲音發顫。

「他們若是順命，說不定也免了禍患。」那人說。

「你們一律屠戮，無分老幼，順命逆命有什麼不一樣？反清復明是你們逼出來的！」嚴秋毫越說聲音越響，唾沫星子都濺了出來。

白衣小廝喝道：「大膽人犯，敢這樣對我家主子說話？你有幾顆腦袋可掉？」

那人怒道：「那時朕……皇上不過七八歲，與他何干？」

嚴秋毫一直豎著耳朵，辨認對方的聲音腔調，此刻他確認了心中的猜測，果然是他——他親自來詔獄與自己對質了。如此甚好，彼此心知肚明，他明明白白遇刺，自己也圓圓滿滿而死。

「那時我也不過十餘歲，我又有什麼錯？」

「你！」那人氣得要掀掉大氅，小廝趕緊替他披了披。

「只因我們不肯剃掉頭髮，不肯脫下華夏衣裳，你們便留頭不留髮，留髮不留頭，鬼蜮不過如此，修羅場不過如此，十八層地獄不過如此。我們到底有什麼錯？」

「大清入關七大恨！前明無故殺太祖之祖和父。太祖之祖和父，未嘗損明邊一草寸土，明無端起釁邊陲，害太祖之祖和父，此恨一也……」

第十六章 詔獄對談

「你們的恩恩怨怨與小民有何干係？你不是想知道我刺殺皇帝的緣由嗎？聽著⋯⋯」嚴秋毫換了個坐姿，開始冗長的講述。

小喜子的耳朵快起繭了，恨不得摀住嚴秋毫嘮叨的嘴。他瞥了眼皇上，康熙依然聽得饒有興致。

「⋯⋯我活在世上唯一的目的，就是為湖州莊家報仇，為我冤死的親人報仇。我莊秋毫赤條條一個，無九族可誅，就算誅十族，我也只認得那個貪婪的提調官多吉，當然他是滿人，死了也活該。現在說完了，要殺要剮隨你們。你們的屠刀沾的血夠多了，不在乎再多沾一個人的。」嚴秋毫朗聲大笑，覺得自己的英勇氣勢絕不輸抗清義士半分。

康熙啪啪鼓掌：「好好好。」

這等慘烈事，他竟然拍手稱好？嚴秋毫使勁憋住快要衝口而出的罵。

「說得好，湖州明史案我是知道的，倒是沒有聽當事人從頭到尾說起過。此案事發順治十八年，過去快二十年了，冤也罷，不冤也罷，於今時今日了無要義。」

「難道莊家人都白死了嗎？如今朝廷重修《明史》，莊家豈不是早在做一樁大好事？就算書中有礙語，何至於牽連那麼多無辜者？」

「南書房用銅錢行刺的也是你吧？」康熙突地發問。

嚴秋毫毫不防這一問，沒有否認，便也算是默認了。

小喜子跳起來，原來是他害自己半個月不能伺候皇上⋯⋯「原來是你這個混蛋！你兩次行刺皇上，這回

264

「死定了。」他嘴上罵咧咧，心裡挺高興，那回替皇上受罪後，皇上賞了一串南珠手串以示慰藉。「宮禁森嚴，你怎麼進入大內的，是不是有同黨接應？」

「所謂百密一疏，再森嚴的宮禁也有疏漏。我早發現西華門有一扇小門，原先是塌牆，後來成了隱蔽小門，常見一些太監宮女進出，買香粉吃食什麼的。籠笆紮得緊，野狗鑽不進，這怪不得我了。」

「粗俗。」康熙有點尷尬，冷笑道，「可惜了一個拿筆的人淪為雞鳴狗盜之徒，竟然用暗器傷人。真看不出你還有這等本事。」

「過獎，我無非是萬千反清復明義士之一。」他傲然道。

「你可知前明是如何亡國的？你可知你們口口聲聲要光復的晚明，是一個何等天昏地暗、腐朽不堪的朝廷？」康熙厲聲道。

嚴秋毫不以為然地睨視對方。

「崇禎二年，國庫匱空，崇禎為節儉幾十萬兩銀子，裁撤全國驛站，致使全國成千上萬名驛卒失業，其中一個驛卒叫李自成，走投無路而被迫謀反。邊關將官剋扣軍餉更是比比皆是，邊兵還要自帶乾糧，挨餓受凍。如此刻薄寡恩，還有誰會忠心守國門？

「江山社稷危如累卵，明室皇親照舊貪婪成性。宗室楚王、蜀王坐擁金山銀山，不肯為朝廷捐一文錢，結果城破亡命，錢財盡入闖賊囊中；戶部餉銀不足，多次懇請崇禎動用內帑，崇禎哭窮稱帑藏如洗。京師城破前，大臣們再次懇請說國家快亡了，皇上還吝惜身外物嗎，崇禎仍捨不得掏一文錢。紫禁城破，李自成繳獲內帑白銀三千七百萬兩，黃金一百五十萬兩。」

第十六章 詔獄對談

「不可信，不可信，這都是坊間野史⋯⋯」嚴秋毫搖頭否認。

「名將袁崇煥忠心報國，一將當關萬夫莫開。崇禎二年，我們略施反間計，疑心病極重的崇禎就將他凌遲處死，自斷經脈終遭無將可用；崇禎十五年，崇禎授意兵部尚書陳新甲與大清議和，事情洩漏推諉罪責，將陳新甲處死；崇禎在位十七年，換了十九任首輔，殺了七位兵部尚書，死於非命的大臣更是數不勝數；臨死前還說什麼『朕非亡國之君，諸臣皆是亡國之臣』，虧他說得出口。

「君王死社稷？呵呵，崇禎為人喜怒無常，疑神疑鬼，剛愎自用，在朝國事日非，政局日壞，遍地餓殍，連闖賊起兵檄文都稱他『昏主不仁，寵宦官，重科第，貪稅斂，重刑罰』。臨死前罪己詔稱『任賊分裂朕屍，勿傷百姓一人』，也不過是最後的體面說辭而已。如此為人不誠、為民不義、為君不仁、為天下無擔當的大明皇帝，真值得一批批所謂反清復明義士為其死不足惜嗎？」

嚴秋毫痛苦地摀住耳朵：「別說了，別說了⋯⋯」

「前明覆亡，實是歷代皇帝不治而積重難返。正德耽於聲色犬馬之樂，嘉靖沉於煉丹荒廢國事，萬曆更是創下三十年『不郊、不廟、不朝、不見、不批、不講』之古今奇觀，崇禎雖則勤政堪比明太祖，也無力挽泰山於將崩⋯⋯」

「不要說了，不要說了⋯⋯」

「大清入關，實為蕩平李自成、張獻忠之流寇，為前明報君父之仇。只是流寇終難成氣候，大清為蒼生計，才定鼎乾坤。退一萬步說，就算沒有滿人，也會有人收拾前明舊江山，國亂歲凶，怪不得四方擾

一連串詰問，令嚴秋毫理虧氣短、無地自容，自己刺殺皇帝的壯舉，在他嘴裡轉眼變成了一樁卑劣勾當。自己不是俠客，不是英雄，不是反清義士，只是一名雞鳴狗盜之徒——他明知皇帝讀的書比他多、寫的字比他好、能說會道擅長詭辯，尤其說什麼大清為前明「報君父之仇」，簡直無恥之尤，卻一時也找不著有力的反詰說辭……突然間他福至心靈，衝口而出：「天下為主，君為客！」

「嗯？」康熙怔愣。

「天下為主，君為客。天下之治亂，不在一姓之興亡，而在萬民之憂樂。天下是天下人的天下，是百姓的天下，不是一姓之天下，百姓才是天下的主人，皇帝只是一個客人，客人來來去去，終有一天會走的，會換的。」嚴秋毫聲音高亢，眼睛也不眨，身子也不抖。

「大膽人犯！」小喜子嚇得大叫。

十來名大內侍衛像從牆壁裡鑽出來，即刻現身，團團護住康熙，鋼刀從四面八方對準嚴秋毫。

康熙冷冷地問：「這些話你從哪兒聽來的？說這話的人是誰？」

嚴秋毫頓時後悔，死死咬住舌頭，打定主意，就算被凌遲處死也不吐露半句。

康熙忽地朗聲道：「古者以天下為主，君為客。凡君之所畢世而經營者，為天下也。今也以君為主，天下為客，凡天下之無地而得安寧者，為君也……」

267

第十六章　詔獄對談

嚴秋毫震驚，要麼自己聽錯了，要麼康熙被人下了蠱，要麼這是一場離奇古怪的噩夢……

「江南大儒黃宗羲的《待訪錄》，我背得不差吧？」

嚴秋毫不由點頭，隨即腦袋轟然炸響，不打自招，這不是把黃宗羲牽連進來了嗎？他懊惱得要咬碎舌頭。

「我幾年前就讀過《待訪錄》，獲益匪淺。你讀懂幾成？」康熙的口吻如同與同好探討學問。

嚴秋毫羞愧地緘默，他印象最深的就是那幾句。若不是康熙說出「天下越來越承平了」這等鬼話，深以為然，令不得將《待訪錄》列入禁書，豈不是指皇上因書中礙語而禁書、毀書，禍及黃宗羲，豈非真成了書中所說的「為天下之大害者，君而已」？皇上就是皇上，是英明睿智、寬懷仁厚的當今皇上，不是前明不仁昏主崇禎。

「你真是白拿史館俸祿，書都讀哪兒去了？」小喜子插嘴，「《待訪錄》成書於十多年前，黃宗羲說向後二十年交入『大壯』，這豈不就是指當今皇上的治下即是大壯盛世之時？『持此書以遇明主』，皇上熟讀此書，豈不就是指皇上即是明主？皇上若因書中礙語而禁書、毀書，那書如今也不知落在誰的手上。若是黃宗羲被牽連，萬斯同、萬言也會獲罪，自己的罪孽就大了去了……」

康熙有時讀《待訪錄》給小喜子聽，他也耳熟能詳，能道個一二，再加上他的拍馬功夫，既給了康熙顏面，也給了嚴秋毫解脫，更將黃宗義的「罪責」洗成了「先見之明」。

嚴秋毫越發難以置信，難道黃宗義寫《待訪錄》真是這個意思嗎？

康熙不但不治他的罪，聽起來還非常賞識他？看來黃宗羲不會被牽連了，接下來他會如何處置自己呢？

康熙緊了緊黑色連帽大氅，朝外走去，幽深的詔獄長廊迴盪著他極有穿透力的高聲：「史筆如鐵，一切留待史家筆墨吧。」

嚴秋毫攀著鐵柵欄，聲嘶力竭地喊：「天下財賦泰半出江南，江南供養了大半個中國，也承受了太多苦難，你要善待天下子民，尤其要善待江南子民啊，有空南巡一趟看看吧。有江南好山河，才會有江南大儒。」他嚥了咽發乾的喉嚨，繼續喊道，「還有，要把有人心的聖像放在中位。」

康熙佇立片刻，大步邁向黑幽幽的詔獄通道出口。

一個古怪淒厲的號叫突從幽暗處傳來：「日月天下，大明江山，康熙小子，明日給太子爺來一頓斷頭飯，要有酒有肉，哈哈哈。」

康熙道：「那個在陝西鳳翔作亂，被撫遠大將軍圖海捕獲的假朱三太子楊起隆嗎？」

詔獄官道：「正是，奉皇上諭旨，明日午時三刻處斬。」

康熙冷冷一笑，大步走出詔獄。

王士元拿著放大鏡，仔細閱讀一張張皺巴巴的黃皮京報和各類告示，這是他之前囑在京師做生意的鄰居捎來的。

鄰居疑惑地說這些邸報告示早就過期，還有啥看頭。王士元說有用有用，掏出十幾枚銅錢給他，鄰居

269

第十六章　詔獄對談

樂顛顛地走了。

邸報說：二月初五日，六阿哥誕生，賜名愛新覺羅·胤祚；四月，學士張英等供奉內廷，日備顧問，下部優恤，高士奇、杜訥均授翰林官⋯⋯平「三藩」之亂迄今七年，初告大捷，五月十三日，帝在養心殿大宴百官⋯⋯五月，鄭成功部水師朱天貴率部二萬餘人、船三百餘艘獻銅山降清，臺灣沿海諸島復歸大清⋯⋯六月，揚州城一隻公雞連下三隻蛋，徽州一寡婦獨居五年生下龍鳳胎⋯⋯七月淮水大漲，潰堤決城，泗州城淹沒，官署遂遷至盱眙城⋯⋯他終於從一紙殘破的告示中看到一則消息──陝西漢中、興安一帶有「朱三太子」起兵抗清，被撫遠大將軍圖海在陝西鳳翔捕獲，遂檻送京師，誅之。

其他邸報告示有說「朱三太子」者，有說「楊起隆」者，語焉不詳，模稜兩可。王士元反覆細讀，確認了兩樁事──「三藩」之亂即將告捷，又一個「朱三太子」被殺了。胡英娘進來送茶。

王士元跟她說後，嘆道：「朱三太子已死，我們可以安生一段時日了。順治、康熙兩朝四祭明陵，承諾善待大明後裔，終究還是處死了朱三太子。」

胡英娘柔聲疚地說：「相公，天下已沒有朱三太子了。我們還是早日舉家搬遷，以避不測風雲。」

王士元愧疚地說：「英娘，妳嫁我未有半分安樂，卻要承受如此苦難憂患，我實在有愧於妳啊。」他看一眼書桌上日漸堆高的書稿⋯⋯「大明唐寅唐伯虎有詩，『花落花開總屬春，開時休羨落時嗔。好知青草骷髏塚，就是紅樓掩面人』，今後還能淒涼到哪裡去呢？」

270

第十七章　舊朝哀音

康熙十九年（西元 1680 年），黃竹浦，竹林蕭蕭，村靜人閒。

黃宗羲對千里迢迢自京城而來的客人笑道：「果亭先生，還是江南的水沏江南的茶更好喝吧？」

明史館纂修徐秉義，字彥和，號果亭，徐元文之兄。他喝了口茶湯笑道：「炒青已到更闌後，猶試新分瀑布泉。」喝梨洲先生親炒的茗茶，誦梨洲先生作的茶詩，不啻人生一大快事啊。」

兩人大笑，黃宅裡響起很久未曾如此欣然的笑聲。

聊了一會兒閒題，徐秉義言歸正傳：「皇上說，他南巡必然興師動眾，這也非先生所願。若不然，他要遠赴浙東親自請您入京。」

「他想學漢光武帝，我年逾古稀羸弱多病，無力學子陵遠走他鄉，還是讓我老死故里吧。」黃宗羲捶打著腿腳，醜話說在前頭，「近來腿腳越來越不利落，常言道，人老先老腿，我連去龍虎山堂都吃力了。」

「梨洲先生，史館的理學、心學之爭已癒演愈烈，大有水火不容之勢。季野先生修史有方，卻也難解學術紛爭啊。」徐秉義此次除了奉皇命再次敦請黃宗羲，更有這一樁不得不說的要緊事。

第十七章　舊朝哀音

《明史》修史體例擬仿《宋史》，引發了《道學傳》與《儒林傳》之爭，進而引發「程朱理學」與「劉王心學」之爭。

早在萬氏叔姪入館前，史官之間便暗暗開始了學術之爭，其中當以理學弟子張烈與王學弟子、越中證人書院弟子毛奇齡之間的紛爭最甚。張烈原出自王學，後貶陽明心學，稱「破壞程朱之規矩，蹂躪聖賢之門庭」，王陽明不可入《道學傳》；毛奇齡則認為程朱為異端，「道學」不入流，也無須列《道學傳》，陽明為「聖學」，可入《儒林傳》。於是理學、心學之爭，漸次擴散為大辯難，朝野學士間紛爭四起，眼下對蕺山弟子黃宗羲的學問也產生了質疑。

黃宗羲道：「康熙持何立場？」

徐秉義道：「自元明以來，官方以程朱理學為正統。民間以劉王心學，尤以陽明心學為大宗。」他憤然：「張烈稱陽明心學虛浮飄蕩，陽明一出，而盡變天下之學術，盡壞天下之人心，幾乎是釀成明亡的禍端，還宣稱天下之道不容有二。皇上傾向於程朱理學，史官們揣摩聖意，自然也不言而喻了。」

黃宗羲看著手中的茶杯，茶葉沉在杯底，茶湯沁出碧綠湯色，他喝了一口茶道：「果亭先生，你可留意到茶葉的泡法？」

徐秉義疑惑，梨洲先生何以說茶？他千里迢迢跑來浙東餘姚小村，可不是真的跟這位大儒探討「猶試新分瀑布茶」的。

「好茶須等茶葉舒展沉澱後飲用才是高妙。著書立說亦如此，落定方可品鑑評議。」

徐秉義暗想到底是大儒，大有陽明子「巖中花樹」借喻之妙。

「《宋史》立《道學傳》，《明史》不可再續其弊。至於學術之爭，我在《明儒學案》中載有蕺山先生師說，陽明先生『震霆啟寐，烈耀破迷，自陳白沙開其端，至王陽明而始大明。海內學者儒家，皆因陽明心學乃至浙東學派而來，未有若此之深切著明者也』，可謂一語中的。有明學術，有陽明心學，則學脈中絕；若沒有蕺山之學，則流弊充塞。王陽明不可入《儒林傳》之論，更是大謬而不當。」徐秉義懇切地說，「先生還是考慮赴京吧，有您坐鎮史局，史臣們舉筆不可不慎重。倘若史書確立理學正統，陽明心學、浙東學派或有學脈中絕之危啊。」

「朱彝尊先生也以為，儒林足以包道學，道學不可以統儒林。」

黃百家進來，請父親和徐秉義用午膳。

黃宗羲眉峰聳立，神色凝重。派遣萬氏叔姪赴京已是他最大的讓步。倘若自己應詔，無疑觸及多年來艱難維持的遺民底線；倘若拒之，確實有徐秉義所說的學脈中絕之危。兩相權衡，孰輕孰重？

徐秉義對黃百家道：「耒史先生，自梨洲先生拒博學鴻儒之徵，朝廷一直引以為憾。公肅弟以為，或可禮聘先生修《明史》，故皇上下旨令浙江督撫以禮敦請先生入館調停學術紛爭，以便早日定下修史體例。」

他說的公肅弟即是明史館總裁徐元文，前次徐元文迂迴延請萬氏叔姪入京修史，但總覺缺憾，又請與黃宗羲有海昌聽課之誼的兄長徐秉義前來說情。

第十七章　舊朝哀音

黃百家說：「父親年事已高，還請不要為難我們了。」

黃宗羲道：「我已寫信給浙江巡撫李本晟、藩司李士禎、總督施維翰說明情由，果亭先生不必為難了。朝廷若要借書抄書，也方便。」

徐秉義只得稱是。飯桌上有水煮筍、小溪魚、清蒸鯔魚，黃百家說魚是他捕來的，菜是他烹飪的。

「耒史先生會武功，專學問，更兼舉炊，真是不可多得的人才。」徐秉義嘆道。

「果亭先生，這道清蒸姚江鯔魚極鮮美，你難得品嘗，來來。」黃宗羲指指桌上的菜。

黃百家接上話頭：「我餘姚鄉賢、明謝遷謝閣老寫過一首詩。我家舊住東海濱，盤餐市遠唯鮮鱗。腐儒粗糲自安分，筳前不慕羅綺珍。」

果亭先生，吃魚吃魚。」

鯔魚果然鮮美，黃氏父子做這道菜，吟謝閣老的詩，真是意味深長。

徐秉義又計上心頭：「耒史先生可否代梨洲先生赴京修史？」

黃宗羲和黃百家不由一愣。

「耒史先生幼承庭訓，博覽群籍，研習天文、曆法、數學，經史學問深厚。古有木蘭代父從軍，若耒史先生代父修史，也不失為一樁千古佳話啊。」

「父親年七十餘一，身邊不能缺人照料。」黃百家忙推辭。

「耒史先生孝心可嘉，修《明史》何嘗不是盡故國之忠孝？如此說來，忠孝兩全也並非難事啊。」

黃宗羲道：「江湖悠悠隔霄漢，從今取足魚羹飯。」返京後徐秉義立刻向康熙稟報。康熙憾嘆，這位浙東大儒果然有其鄉賢遺風，就算自己學漢光武帝親赴敦請，只怕他心一橫也會學嚴子陵跑去富春江釣魚。

「徐秉義，擬旨。」康熙摸著青茬茬的下巴道，「黃宗羲的論著藏書，凡有助於《明史》修撰的，著令浙江地方官抄錄交付史館。史館若有疑問，須千里傳書徵詢梨洲先生意見。」說到這裡，他眉頭一蹙眼神流轉，似乎想到什麼。

徐秉義一邊擬旨一邊耐心等候上意。

「加派一名小書吏遠赴餘姚，向黃宗羲當面求教訂正，方可落筆史書。同時負荷照顧老先生之責。」康熙加重了語氣。

徐秉義心頭疑慮。千里傳書自然應當，他跟黃宗羲說好了，黃宗羲也應承會覆函釋疑。再派個小書吏千里迢迢南下餘姚，豈非多此一舉？難不成怕黃宗羲敷衍了事而派人去監看？

「皇上，我會親選史館得力書吏赴餘姚。」徐秉義恭答。

「不，我自有人選。」康熙篤然道。

這等連芝麻綠豆也算不上的小事，皇上竟然要親自選定，也管得太細了吧？徐秉義以為自己聽錯了，不由疑惑地看向皇上。

康熙撫鬚微笑，目光穿過南書房的大門，望向重簷遮蔽的天空，眼睛裡有一絲他怎麼也看不透的得意詭祕的神色。

275

第十七章　舊朝哀音

浙江督撫接旨後，延請黃百家至浙江藩署校勘史料，配備數十名胥吏抄錄黃宗羲的論著和藏書。不久徐元文再來信，懇請派黃百家赴京修史，黃宗羲回函道：「昔聞首陽二老託孤於尚父，遂得三年食薇，顏色不壞；今我遣子從公，可以置我矣。」他以伯夷叔齊首陽採薇的典故，指已派兒子和弟子參與修史，朝廷則可以放過自己了。

黃百家兢兢業業校勘史料數年，直至康熙二十六年（西元1687年）方才進京參與《明史》編撰。此屬後話。

徐秉義說的《道學傳》與《儒林傳》之爭，成了黃宗羲的掛慮。不久有消息傳來，理學弟子陸瀧其稱：「人師有兩種，有興起之師，有成德之師。若蕺山者，以為興起之師則可，以為成德之師則不可。」意指蕺山先生劉宗周不可成「成德之師」。

黃宗羲把追念母親的文章《移史館先妣姚太夫人事略》，追念師兄弟章格庵、熊汝霖的《移史館吏部左侍郎章格庵先生行狀》和《移史館熊公雨殷行狀》兩文，先後寄給明史館，並提議，「《宋史》設立《道學傳》，是為元儒之陋習，《明史》不應當再遵循舊例。……我以為，道學這一門體例應當捨棄不用。一切總歸儒林，學術之異同皆可討論，就留待後世學者自行擇而取之吧。」

一切總歸儒林。徐元文、葉方藹等明史館總裁、監修等人對此議深為嘆服，最終《明史》不列《道學傳》。

「姚太夫人」事略入《明史‧列女傳》。章格庵和熊汝霖皆是蕺山弟子、黃宗羲同門。章格庵最重風節，南明兵敗後溺水不死，自刎不死，後不知所終。熊汝霖粗獷強硬，被南明總兵鄭彩所害。在眾多抗清義士

中選定這兩位，黃宗羲旨在告訴世人，章、熊二位皆出自蕺山門下，有仁義忠烈之德，劉宗周為「成德之師」乃不言而喻。之後黃宗羲再編《蕺山文錄》，意在捍衛劉王心學。

化安山谷桂子飄香，天高雲淡。龍虎山堂外，遠有化安雙瀑雪花千仞，近有篁林幽幽隱有吹笙，實為讀書寫字的妙處。

山堂外的桂花林下有一席一桌，黃宗羲坐席伏桌，喝茶寫稿。山風吹來，幾瓣桂花落入茶碗，他嚼著桂花，只覺馨香無比。

倏然一個高聲響起：「大哥，你還有閒心喝茶？」

黃宗炎匆匆地走到他面前，一臉憤懣。

「二弟，出了什麼事──」

「呂留良出家了！朝廷徵召博學鴻儒，嘉興郡守再三推薦晚村兄。他被逼無奈，在吳興埭溪妙山築風雨庵削髮為僧。」

「晚村出家了？」

「大哥，你派萬斯同、萬言入京修史，與崑山三徐交往頻仍，前段日子徐秉義還來拜訪你，你知道有多少遺民在背後指指戳戳於你？」

黃宗羲神情凝然，不置一語。

「當年，你教晚村兄『夷夏之辨』，晚村兄大悟，如今你卻出爾反爾，食言而肥──」

第十七章　舊朝哀音

康熙二年（西元1663年），呂留良讀過《待訪錄》後大為振奮，深信三代之治可復，深悔曾經參加清廷應試為諸生；康熙五年（西元1666年），黃宗羲與呂留良募資購買紹興祁氏化鹿寺藏書，呂留良託黃宗羲代購。黃宗羲與書賈入山翻閱三天三夜，背了十餘捆書下山。黃宗羲得經學近百種，稗官十冊。呂留良得三千餘冊，寫詩記事，「阿翁銘識墨猶新，大擔論金換直銀。說與痴兒休笑倒，難尋幾世好書人」，當時兩人皆大歡喜。途中兩冊宋版書《禮記集說》、《東都事略》被書賈偷去，黃宗羲疑心其受呂留良指使。一來二去兩人心生罅隙。

也在這一年，浙江學使至嘉興考核生員，呂留良拒絕應試，以一首《耦耕詩》出示，「誰教失腳下漁磯，心跡年年處處違」，表示自己「失腳」汙了清譽，浙江學使怒革其功名，呂留良自此歸隱於野。

第二年黃宗羲至紹興重開越中證人書院，不復至語溪教書。越中證人書院為劉宗周所創，黃宗羲痛惜先師逝後荒廢二十餘年，與同為蕺山門人的姜希轍重開書院。姜希轍為崇禎年舉人，順治朝工科給事中，康熙初年回籍待缺。重建後的越中證人書院聽者如雲。再之後有了甬上證人書院。

呂留良認為黃宗羲與清吏交往，開書院教人應科考，無疑是失腳變節。再後來，黃宗羲與姜希轍刊印先師文集《子劉子遺書》，因刻工為呂留良介紹，姜希轍將其共同名列於校讎者，署康熙年號。呂留良大為不滿，要求削去自己的名字。他以《問燕》、《燕答》詩，「新巢喜得依王謝，千門萬戶終不貧」，譏諷黃宗羲如燕子舍窮簷而居雕梁，投靠姜希轍這樣的「王謝」。黃宗羲聞後唯有苦笑。

康熙八年（西元1669年）呂留良託萬斯選給黃宗羲捎信，問出借的書籍是否撥冗看完，告知自己剛購入珍籍待晤面時共賞，索借所需書目，隨書信附送一件衣裳一斤松蘿茶，讓黃宗羲寒夜著書備用，似乎有

278

了握手言和、冰釋前嫌的意思。

康熙九年（西元1670年）高斗魁去世，黃宗羲作墓誌銘，憾恨高斗魁棄儒從醫，「日短心長，身名就剝」，呂留良不滿，稱「微辭醜詆」，有損高斗魁的身後名⋯⋯彼此的心中罅隙終成一道不可彌補的溝壑。

康熙十四年（西元1675年）呂留良在杭州，黃宗羲派黃百家攜文集和詩扇看望。呂留良回信：「知君自定千年業，哪許餘人妄勘磨。太沖兄，你成就你的大業，我們就此別過。」此後兩人音訊隔絕。

「我知道大哥為了所謂『國可滅，史不可滅。明可亡，明史不可亡』，兄弟倒想問問，沒有你，難道《明史》就修不成了？清廷的人死絕了？」黃宗炎餘怒未息。

黃宗羲道：「晦木，其實你也該知道，我們真正的異議乃是朱王之爭，理學心學之辯，立身旨趣之異。」

呂留良自讀書始篤信朱子之說，認為凡朱子之書有大醇而無小疵，當篤信死守，而不可妄置疑鑿於其間，如果有人對朱子稍有質疑，他便大怒抨擊。他認為王學是「陽儒陰釋」的禪學，與朱學勢不兩立，甚至斥「陳獻章、王守仁，皆朱子之罪人，孔子之賊也」；黃宗羲恰恰與之相反。兩人交往之初一時意趣相投，但學術主張之分歧早就埋在根底，分道揚鑣不過是遲早的事。

黃宗炎的神色稍有緩和，道：「立身旨趣不合，當求同存異，你是我兄長，晚村兄是我摯友，你們鬧到如此老死不相往來的地步，我心中何其苦痛？」

「人人志向不同，誰也無法勉強誰。晦木，我不能強求晚村親陽明之學，晚村同樣也不能說服我近朱學⋯⋯」

第十七章　舊朝哀音

黃宗炎眼中沁出淚花：「甲午之歲，你曾發願名山，說要拚十年為頭陀行腳，咽嚎冷汰，滌濯淬礪，以讀書為業，如今你卻與朝廷勾連不絕。大哥，我不會因你而與晚村兄老死不相往來，你好自為之吧。」

他一甩袖憤憤然離開。

黃宗羲看著他的背影消失於山道，端起茶碗，喝了一口沁出桂香的茶，只覺又冷又澀。

康熙二十年（西元1681年），京杭大運河，長河浩浩，長天蕩蕩。

嚴秋毫躺在漕船艙房的床鋪，靜聽江水拍打艙壁板的轟響，感受船身起起伏伏的晃動，心頭有千般難以名狀的滋味。

此次行程，與八年前躲在漕船底艙倉皇逃離杭州的北上之途截然不同。八年前他慌不擇路，像卑微的螻蟻躲在艙底。此次他雖是戴罪之身，卻能堂而皇之躺在乾淨整潔的艙房，飲食起居有人照應。

八年前他不知何去何從，而今有了明確的行程。

他在詔獄待了半年多，一日三餐不斷，寒涼冷暖有備，卻無人審問也無人過問。夜間獄中要麼是哭嚎，要麼靜得要出鬼，扳著鐵柵欄日夜罵，獄卒衝他揮舞棍棒，卻一棍子也不敢落下。

他很想得到父親的夢中啟示，可自從上次夢見父親出現在翰林院大門後，再也沒能相見。難道父親認為他討回血帳了嗎？難道父親指引他進入翰林院就是為了眼下的悲慘下場嗎？……就在他絕望地以為要老死詔獄時，獄卒把他提出，令他盥洗一番，換上乾淨衣裳，把他趕上一輛馬車。他坐在車裡暈頭轉向，不知轉了多少路，暗想殺個人需要如此麻煩嗎？忽然趕車人讓他下來。

此地是碼頭，江面開闊，舟楫點點，吆喝叫賣聲不絕於耳。他正迷惑著，史館黃供事捎著一個沉重的

條狀囊袋，喘著大氣走到他面前，把囊袋放在地上，遞上一封信。

信是葉方藹寫的，先是痛斥他犯了滔天大罪，本來必死無疑。好在皇上愛恤民命饒他死罪。接著葉方藹道，奉上諭令他離開京城，遠赴浙東餘姚，陪侍大儒黃宗羲，當面求教訂正史館疑問，覆函史館，並抄錄黃宗羲的論著藏書，以備修撰《明史》之用，將功贖罪，此生不得踏入京城半步。信的最後寫道：「皇上口諭，史筆如鐵，用好玉管羊毫，不負筆墨汗青。」

康熙愛書法是出了名的，難道，或許，可能，他捨不得殺掉一個寫得一手好字的人？

黃供事壓低聲音：「刺殺皇上，又能全毛全翅活下來，我翻遍史書也找不著第二個。」他指了指碼頭邊一艘啟帆待發的漕船，說船上有人照應他，又拍拍囊袋：「葉大學士說有人讓你帶上的，路遠迢迢帶碎銀好了，怎麼讓你背這麼一大袋銅錢？喂，這人到底是誰？」

嚴秋毫解開袋子，裡面是幾大串康熙通寶，怪不得黃供事背得直喘氣，聖眷太重了。還有一樣用錦帛包裹的方方正正的物事，打開是一本書，封面上有瀟灑清潤的「待訪錄」三字。這字體他在史館看多了，正是康熙親書。

他翻開封面，全身的毛孔瞬間炸裂開來。封面封底焦卷殘破，這書就是燒成灰他也認得。它怎麼會輾轉到了康熙手裡？它到底經歷了何等曲折離奇不可思議的變故？康熙怎麼會重寫書名後轉交給自己？難道因為自己不怕死地喊了一句「天下為主，君為客」嗎？

急浪洶濤拍打艙壁板，把嚴秋毫從回想中拍醒過來。他從枕頭底下掏出書，定定地盯著「待訪錄」三字道：「你害了我，還是救了我？」

281

第十七章　舊朝哀音

嚴秋毫揹著囊袋下船登岸，望著眼前依舊熙來攘往、肩摩轂擊的杭州香積古埠，唏噓慨嘆不已。

順治十八年（西元1661年）他從湖州逃到杭州，到康熙十二年（西元1673年）從杭州逃到京師，其間十二年，他在這座「天堂」過的是不敢以真面目示人的日子，日日如履薄冰如臨深淵。如今仍是一介草民，但已不必害怕任何人任何事了。

他在香積古埠找了家客棧住下，稍作安頓，吩咐夥計買的香燭果品和僱的馬車到了，便直奔仁和縣郊外。香積古埠離當年埋葬高堂和馮龍的墳地不遠。

嚴秋毫提著香燭走進山林。八年過去了，草木越發濃蔭蔽日，鳥蟲淒鳴。他搜尋一塊嶙峋的懸空巖，當年他和高堂認準這處記號，把馮龍埋在此地，未承想一轉眼又埋葬了高堂。懸空巖很快找到，隆起地面的兩處土疙瘩也找到了。

他拔掉土疙瘩上鬱鬱蔥蔥的草，露出兩塊石碑‥兄弟馮龍之墓，恩公高堂之墓。他抱著墓碑嚎啕大哭，驚飛了樹上的鳥雀。他哭了小半個時辰，訴說這些年的坎坷，入明史館的波折，與康熙的離奇交集，差點命喪京師的險夷。

「高堂師傅，馮龍師叔，我沒能刺殺滿清皇帝，我死不足惜。我拿命去碰這一座已然銅鑄鐵打的江山，結果碰得頭破血流。於天地間只是多了一座土饅頭，早點跟你們團聚也好。可我還是不甘心啊……」他為大仇始終未曾得報而不甘心，為自己無力阻擋滾滾洪流而不甘心，為史書不可能記載無數死難子民的名字而不甘心……可是他什麼也做不了，無計可施無能為力無可奈何……「用好玉管羊毫，不負筆墨汗青。」驀然一個聲音響起，一群烏鴉從幽暗的林子掠過，發出難聽的叫聲。

嚴秋毫的心神倏然一亮。明史館多次傳康熙口諭，「《明史》不可不成，公論不可不採，是非不可不明，人心不可不服」、「不畏當時而畏後人，不重文章而重良心」……看來，皇帝並非什麼都不怕，他畏懼後人，畏懼歷史，畏懼比刀更銳利的一支筆。

他按了按衣襟暗袋，觸摸到那支玉管羊毫。紫禁城的那個人，明知派遣他陪侍黃宗羲不可能不議起他，明知有些事一旦落在史書就難以更改，可他還是放逐自己南下，這是一種多麼篤定驕傲的自信……

嚴秋毫對墳墓重重叩了三個頭，一抹淚，轉身走出山林。

翌日嚴秋毫來到碼頭，找到客棧夥計算訂的客船，正要跨上跳板，忽地腳如黏地提不動，差點摔著，他只得挪挪腳想擺脫他。老乞丐抱得更實，他寸步難移，甚是惱火，又見他著實可憐，準備解開囊袋。

他皺皺眉，包袱和囊袋已包紮定當，兜中無分文，要施捨解開袋子，加上船家在喊號催客人上船，他無奈而憎惡地瞪了老乞丐一眼。

低頭一看，一個骯髒的老乞丐跪地抱住他的腳，嘟嘟囔囔「小爺行行好」。

這一眼讓他呆住，儘管老乞丐蓬頭散髮骯髒可厭，他還是認出了他…「趙茂？！」老乞丐渾身一顫，起身欲跑。嚴秋毫一腳將他踹倒，蹲下身仔細打量，果然是他。

「你，怎麼會落到這般田地？」

趙茂用袖子擦著臉上的灰土，抖索著不說話。

「趙茂，你欠我、欠莊家的帳，前前後後有二十年了，連本帶利，你算算要還多少？」

283

第十七章　舊朝哀音

「我的錯，我的罪孽，我該死，我不該向浙江巡撫告發，不該設計陷害你……」

「什麼，你向浙江巡撫告發過我？」

「什麼，你還不知此事？」趙茂更驚異，他以為嚴秋毫早就知情了。此言一出，他懊惱地給了自己兩巴掌。「如今這小子衣著整潔、氣度不凡，看來今非昔比，要跟自己秋後算帳了。」

「說！把什麼浙江巡撫的事說清楚，要有半點隱瞞，你死定了。」

嚴秋毫惡狠狠地說。

趙茂交代，他向浙江巡撫告發嚴秋毫的身世，一是為了賴帳，二是企圖獲賞。不料劉安更狡猾，昧下《待訪錄》，跑到京師面聖告密。更料不到的是皇上非但不禁此書，反而大加讚賞，讓劉安沒事別跑京城。劉安回來找了幾個罪名摁在他身上，將他抄沒家產投入大牢。他坐了幾年牢出來，已是妻離子散窮困潦倒，後來連劉安也因任上貪墨、官場傾軋而削官還鄉……

嚴秋毫把《待訪錄》舉到他眼前，指著封面三個字喝道：「看清楚，這是康熙御筆親書賜還我的書，睜大你的狗眼看清楚了！」

「皇上、御筆親書？賜還你？」趙茂驚呆了，這小子竟然跟皇上扯上了關係？竟然直呼皇帝年號？他如今到底什麼來頭啊？

「你經營莊家貨物這麼多年，應該知道莊家湖筆很出名吧？」嚴秋毫忽然這樣問。

趙茂遲疑了下答道：「莊家湖筆技藝精到。嚴先生的意思是？」

284

「莊家因私修《明史》而全家滅門，送他們走上不歸路的禍端，就是莊家湖筆。趙茂，你知道嗎？你害自己的，也是一支筆。」

趙茂趴地痛哭：「早知有今日果報，我打死也不會寫告密信。我的錯，我的罪孽，我該死⋯⋯」

嚴秋毫消泯了揍他一頓的念頭。可憐之人自有可恨之處，老天早就收拾了他，何須再蹭一身晦氣？他摸出幾個餅扔給他，轉身離開。他告訴自己：救你的，也是一支筆⋯⋯未來是禍是福難料，但對死過一回的人來說，筆也好，刀也罷，已然無所畏懼了。

舟行至餘姚城，嚴秋毫下船，在通濟橋碼頭登岸，四下觀望。

但見一條石拱橋飛架南北，橋頭的鼓樓氣勢不俗，江上舟楫往來，岸上煙柳依依，南北雙城稠人廣眾，店鋪林立，尤以海鮮河鮮行居多，販夫走卒、引車賣漿者絡繹不絕，一派物阜民豐的景象。

嚴秋毫暗暗讚嘆，果然是「餘姚二山下，東南最名邑。煙水萬人家，熙熙自翔集」，堪稱「小揚州」。混跡史館數年，加上隨處可見的江南史籍、詩詞、輿圖等，他對這座江南小邑早就熟稔於心。

他本想僱車直奔黃竹浦或化安山，見小城繁華如斯，不由貪戀。

遂混入人群遊遊逛逛，喝一碗黃酒，嘗嘗湖鮮海味，聽聽輕軟悠揚的餘姚越窯腔，越發暗自歡喜這小城的煙火熙熙。走著走著，有人撞著他剛買的瓷瓶，落地而碎。這瓷瓶乃餘姚越窯青瓷，唐陸龜蒙讚其「九秋風露越窯開，奪得千峰翠色來」。他抓住肇事者的袖子喊「賠我瓷瓶」。兩人一對眼愣住了。

胡家小書齋裡，嚴秋毫和王士元向彼此講述自己這些年的遭際。

第十七章　舊朝哀音

王士元和胡英娘本打算遷居，不想有孕在身的胡英娘動了胎氣，為了養胎，一留又是大半年，如今即將臨盆。

王士元對嚴秋毫講了很多，唯獨沒有透露身世。嚴秋毫呼嘆他的日子沒比自己好過，也把一切說了，包括湖州莊氏明史案、刺殺康熙，康熙評議崇禎朝和崇禎帝的話，以及他來餘姚的目的。

王士元憤然道：「先帝後裔不存，飄零支離，康熙大可以胡說八道，亦無人敢質疑。大明若不得人心，甲申之變迄今，何以反清復明如火燎原而顛撲不滅？連四明山仍有反清復明的義軍出沒。」

「皇上……康熙喜愛書法，可能出於同好之憐吧，所以放過了我。呃，他其實也不算太壞。」嚴秋毫含混地說。

康熙比古往今來許多皇帝聰明的是，他更看重「千秋萬歲名，寂寞身後事」。不殺嚴秋毫，助長不了一介草民的志氣，也泯不掉一代帝王的霸氣，他何樂而不為做一個被後世稱道的好皇帝呢？或者說，此事愈增康熙的美名，而「刺客」到頭來說出了「他也不算太壞」的話。

人心，或許就是如此慢慢被收服的吧。王士元甚淒傷，又有莫名而隱約的欣慰。

嚴秋毫把康熙對黃宗羲的敬仰，以及懇請不得大儒的遺憾添油加醋一番，以證實「他也不算太壞」的說辭。

王士元心念一動：「我居餘姚多年，營營汲汲無所作為。雖讀過《待訪錄》，還未有緣見過梨洲先生，不如此次我與你同去拜會，以解仰慕之情。」

嚴秋毫大喜，他本想提議如此，又怕王士元生性內斂不好貿然，此時王士元主動提議，他自然喜歡。

胡英娘擔心丈夫外出有險，這麼多年王士元低頭做人，更不曾出遠門。王士元安慰她無礙，他很想在離開餘姚前見一見黃宗羲，渴望從這位能說出「天下為主，君為客」的驚世駭俗之論、黃鐘大呂之聲的大儒嘴裡，聽一聽大明到底是如何天崩地解的，「君王死社稷」到底是大義還是大愚，若不然，他一輩子都不得安生。

翌日王士元安頓好妻兒，兩人僱了牛車往餘姚城東南方向趕路。

到了黃竹浦，黃家人說黃宗羲在化安山龍虎山堂。趕牛車的嫌山路難走不幹了。兩人便步行，一路看山野風光，說陳年舊事，累了在路邊喝茶休憩，買了些山雞、臘肉、竹筍等山貨，倒也快意。

「士元哥，以後我陪伴照料梨洲先生，我們可時常見面了，我進城看你，你上山探我，聽聽梨洲先生的教誨，讀書喝茶遊學，豈不快哉？」

王士元不置可否地笑笑，心裡說：兄弟你已度過一劫，而我的厄運卻如刀劍懸在頭頂，不知何時落下⋯⋯

一陣雜亂的腳步驟響，林子裡奔出四五個粗黑大漢，凶神惡煞地撲上來，把他們綁了個結結實實，扔上馬車就跑。

這場打劫來得太快。他們的嘴裡塞著布團，躺在顛簸的車廂裡蒙然瞪目。嚴秋毫終於想到，方才他們在山腳茶亭喝茶，他解開囊袋，幾大串康熙通寶碰撞作響，想必露了白。

經過弒君大劫，嚴秋毫把生死看開多了，倒是王士元這樣一個文弱書生該嚇得不輕了。他看向王士

第十七章 舊朝哀音

元，卻見他雙目緊閉，淡定不驚。

嚴秋毫覺得自己小看了對方，或者，他並不了解這個再度患難的故人。馬車一陣劇烈顛簸，嚴秋毫的腦袋重重一磕，昏了過去。

不知過了多久，兩人被拽下地，扯出嘴裡的布團。嚴秋毫見是一處山谷地，有一排草屋，幾十個粗魯漢子正練拳腳刀槍，衣著打扮與綁票的漢子一樣。四周林深葉茂，幾桿杏色大旗迎風飄揚，一面是「明」字，一面是「永忠道」三字。看來進了打「反清復明」旗號的土匪窩了。

王士元太熟悉這山寨了，可謂時時夢迴。一個挎刀的姑娘大步過來，豔如桃花冷若冰霜，抽出大刀就朝他劈來。

嚴秋毫嚇得縮緊脖子，心想：問都不問一聲就砍人，這姑娘太凶殘了，可憐王士元只因想見黃宗羲跟自己上山，就死於非命，這讓自己怎麼活啊？王士元閉目迎刀，忽覺身上的綁繩落了地。許舜華用刀尖頂在他胸前，一步一步把他抵在草屋的牆上。

嚴秋毫喊：「姑娘，不要殺我兄弟，哎，把我綁繩也解了啊。你們不就是劫財嗎？我有銅錢，哎哎，我的囊袋包袱呢⋯⋯」

許舜華盯著王士元冷冷道：「我以為這輩子再也不用見你了，老天瞎了眼，還是讓我又見到你。」

「舜華，我⋯⋯」王士元心中酸澀愧疚交加。

「不許叫我名字，你不配！」

288

嚴秋毫一驚，原來他們交情匪淺。王士元有妻兒，卻與這位姑娘糾纏不清……不過也不好妄加猜測。

土匪把嚴秋毫推進草屋。嚴秋毫想，準是王士元惹下風流債被人打劫，自己被捎帶的。要是史館得知自己沒有及時趕到黃宗羲身邊，要是皇上得知……算了算了，天高皇帝遠，保命要緊。

得知許舜華依然待字閨中，王士元越發愧恨。他在刀尖下交代了一個蹩腳的理由——小時算過命，自己和妻兒老小將不得善終，為免連累她，故而離她而去。

許舜華嗤笑：「如此說來，你情願連累別人而不願連累我，果真是大好人，你那位兄弟沒有說錯。」

「舜華，妳要如何處置我，我絕無二言。只求妳放了我兄弟，他是無辜的，他還有要緊事要做。」

「你以為我派人把你劫上山的嗎？王士元，你太看得起自己了。不過是兄弟們不走運把你們劫來而已。我寧願見鬼，也不願見你。」

「那，就好。」王士元有點莫名的失落，「可否放我兄弟？他還有要緊事，要去見梨洲先生。」

許舜華眼神一凜：「梨洲先生？」她橫了他一眼轉身離開。

王士元暗想糟了，要是他們趁機去打劫黃宗羲，罪孽可不輕。英娘快臨盆了，孩子們怎麼辦……一切都是自己造的孽。

沒過一會兒，一個人快步過來，勢如狂風來襲，王士元還沒看清，臉上挨了火辣辣的兩巴掌，第三巴

第十七章　舊朝哀音

掌掃來時，許舜華把父親推開。

許山指著滿臉是血的王士元吼道：「狗東西，負心漢，我把你大卸八十八塊，方能洩我心頭之恨！」

草屋裡的嚴秋毫聽得清清楚楚，王士元真是負了這姑娘，看來自己也好過不了。想不到沒有死於弒君之禍，卻死在一群土匪手上，真是萬般皆是命，半點不由人……再想想自己從未結識過一位姑娘，哪怕像王士元這樣被姑娘怨恨的機會也沒有，他頓感失落。

翌日清晨，嚴秋毫和王士元被陽光刺醒，他們摸著痠疼的腿腳手臂，相視苦笑。昨夜王士元不得不說起與許舜華的相識，嚴秋毫為他們深感惋惜。

窗口扔進兩個饅頭，嚴秋毫撿起，說活命要緊。兩人嚼著寡淡乾巴的饅頭，嚴秋毫吃得直打嗝，抱怨怎麼不給一碗湯。王士元不禁想到，當年舜華給受傷的自己餵藥，精心烹製美食，鹹了淡了燙了涼了關懷備至，那些柔情似水的辰光……

外面響起刀槍碰撞、奔跑、吆喝混雜的喧囂聲。兩人踮腳朝窗外看去，只見山地集合了二百餘眾，揮著大刀呼號「日月昭昭，永忠故朝」。許山激昂地喊著什麼。

王士元聽清了，許山說朱三太子在安徽寧國起事，率三萬精兵接連攻下多座城池。他已卜得困龍得水之卦，查實這回是真朱三太子，大明光復指日可待。

「朱三太子？」嚴秋毫搖頭，「我在史館聽多了這類捕風捉影事，京城、福建漳州、河南柘城、湖南武岡，還有陝西漢中、興安，皆是冒名之徒。這麼多年，我看連朱三太子的骸骨都找不著了。」

王士元身子一晃倒了下來，嚴秋毫忙扶他躺在草堆。

「這二人對付我們綽綽有餘，真刀真槍跟清軍幹起來，不明擺著去送死嗎？小秋，你快喊舜華。」王士元又解釋，「她不願理我。」

嚴秋毫對著窗外扯著嗓子喊：「舜華，舜華姑娘，許舜華，來人啊，死人了⋯⋯」

許舜華飛身而至，一腳踹開柴門，冷冷道：「活得不耐煩了？好，正缺兩個祭旗的，就成全你們。」

嚴秋毫倒退兩步：「舜華姑娘，你們不要白白去送死，你們打不過清軍的⋯⋯」

許舜華盯著王士元⋯「我的生死與你無關，用不著你虛情假意。」

「舜華，這麼多山民，他們都有父母兄弟妻兒，妳忍心把他們推向死亡嗎？妳心裡也很清楚，你們決計不是清軍的對手。若論最盼大明光復的，天底下莫過於我⋯⋯」

「你算什麼？你以為你是崇禎的兒子嗎？是朱三太子嗎？」

「朱三太子早就死了，大明覆沒時就死了，崇禎吊死煤山時就死了，吳三桂引清軍入關時就死了，連骸骨都找不著了，你們還豎什麼朱三太子的旗、反什麼清復什麼明？！」王士元驀地怒吼。

嚴秋毫被驚著了，印象中王士元是溫良和順的，從他們被綁上山後，他一直是俯首聽命狀；許舜華更驚愕，相識之初他就是溫潤如玉的謙謙君子，眼下竟如此聲色俱厲。

隊副李大良進來，給了王士元一巴掌：「什麼東西，敢這樣對許姑娘說話！」

許舜華迅速還他一掌，柳眉倒豎：「關你什麼事？滾！」

李大良用絕望而不可置信的眼神盯著他們，面目猙獰，五官挪位，臉上的肌肉抽搐扭曲，隨即狂怒地

第十七章　舊朝哀音

摔門而跑。

王士元的聲音布滿蒼涼：「就算朱三太子僥倖活著，也不過一具苟延殘喘的行屍走肉，早就沒了靈魂。」

許舜華驚疑道：「你怎麼知道？你到底是誰？」

「一切恩愛會，無常難得久。生世多畏懼，命危於晨露。舜華，放過朱三太子，也放過你們自己吧。」他寧願被「祭旗」，也不願與她相廝守。她大哭，對著王士元雨點一般落拳，王士元任她打，臉上卻有了釋然而澀苦的笑意。嚴秋毫不知所措，她看起來更像在打情罵俏。男女之情真是詭譎莫測，這輩子不知能不能有一位姑娘如此對他……「把那個狗東西拉過來祭旗。」許山咆哮著進來。

許舜華持刀擋在王士元跟前：「誰敢動手？先殺了我！」

嚴秋毫糊塗了，這姑娘到底是喜歡還是恨王士元啊？

「孩子，這些年來妳心心念念此人，誤了終身啊。趁我們舉大事之前把他殺了祭旗，聽爹的。」

許舜華又急又窘，淚臉乍起飛霞。

王士元愈加愧疚，高聲道：「許伯，我冒死一勸，朱三太子已死，外界所謂朱三太子皆是假冒，你們此去必是送死……」

許山怒不可遏:「你個烏鴉嘴,我卜得困龍得水之卦,此行必是大吉。我還是先把你收拾了⋯⋯」

「爹,你若傷他一根汗毛,我讓你立刻見到我的死身!」許舜華摔門而出。

許山無奈地跺了跺腳追出去。

兩人驚魂稍定後商議如何脫身,進來兩個土匪拽起嚴秋毫就走,丟下了王士元。

嚴秋毫喊:「殺我一個,別傷我兄弟,他是我帶來的⋯⋯」

許山扶刀拄地,吼問他是不是要去見黃宗義。嚴秋毫遲疑著,許山頭一擺,一個小土匪遞上信和包袱。

許山惡聲惡氣道:「告訴黃宗義,反清復明的大旗我還替他留著。他若願意回頭,我還認他是我們的黃帥。滾!」

許宗義愕然良久,認出眼前風塵僕僕的異鄉人,就是當年杭州的忘年交。

「梨洲先生,十七年前我說過,但凡嚴秋毫有出頭之日,定當赴寶地相報,今日終得實踐。」隨後嚴秋毫簡略交代自己的來龍去脈和許山的事。

黃宗義蹙緊眉頭:「許山還是如此執迷不悟,必會自招災禍。」

「我那位兄弟有妻兒老小,妻子即將臨盆。先生,我們怎麼辦?」

黃宗義盯著桌上的兩封信,一封是葉方藹的,一封是許山的。前者請他為清廷修史,後者等著他重舉反清復明的大旗。

293

第十七章　舊朝哀音

「上山！」他拍案而起。

黃百家持刀同行。嚴秋毫得知黃百家有一身功夫，大為寬心。

黃百家僱轎子載上父親，一行人馬不停蹄進山。傍晚他們到了降龍谷，隔著山林聽見人喊馬嘶。

義軍和清軍廝殺成一片，血腥瀰漫，義軍明顯處於下風。黃百家持刀擋在父親前方。嚴秋毫緊隨其後。

黃宗羲不驚不懼大步向前，黃百家持刀在父親前方。嚴秋毫在史館讀過眾多邸報，目睹戰事卻是頭一回，頓時悚然。

黃宗羲對黃百家說了幾句，黃百家站上岩石，攏手高喊：「餘姚知縣，黃宗羲在此，請餘姚知縣周靜出來！餘姚知縣周靜⋯⋯」

戰場外圍，十幾名清軍護著餘姚知縣，敲鑼打鼓喊打喊殺。

好在離他們近的幾名清軍聽得動靜，跑去稟告。周靜趕緊跑來，向黃宗羲拱手作揖。

「周知縣，請暫停兵戈，容黃某去當說客。」黃宗羲略略點頭道。

黃宗羲的出現本就意外，這個要求更是出乎意料。之前他幾次邀黃宗羲至縣學講學，試圖仿效海昌知縣許三禮禮賢大儒，碰了幾鼻子灰。正為此鬱悶著，忽聞四明山起兵的密報，嚇得他飛馬稟報浙江督臺，又率五百兵員前來鎮壓。

「梨洲先生，兵事非同筆墨文章，您⋯⋯」周靜諂笑。

「周知縣，我父親當年四明山抗清，蹈鋒飲血，那時您只怕還未考取功名吧。」黃百家按著刀柄，不客氣地說。

周靜面紅耳赤。黃宗羲當年毀家紓難游俠抗清,順治朝已不再追究,當今聖上就差三顧茅廬了,浙江巡撫、藩司、總督三司優禮有加,他一名小知縣更無從置喙,還是就坡下驢為好,於是傳令暫時休戰。

戰事正酣的雙方停止了殺戮。漫山遍野飄蕩的血霧中,雙方眼中的彼此血腥猙獰。天空飛過一群黑壓壓的烏鴉,用刺耳的尖叫,宣告即將獲得食物的喜悅。

黃宗羲邁著老邁的腿腳,在黃百家和嚴秋毫的攙扶下,穿過濃重的狼煙,踏過布滿屍身和兵械的山地,走向許山的營地。

遍地傷兵,呻吟四起。黃百家正要詢問許山在哪兒,一道寒光從他們身後劈來。黃百家早有察覺,反身用刀擋住對方。

「黃宗羲,萬萬想不到你是出賣我們〈永忠道的賊子,我許山今日與你同歸於盡了!」許山邊砍邊吼。

「滿嘴胡言,血口噴人。」黃百家說。

「清狗突襲我們,不就是明擺著嗎?」

黃百家和渾身是血的許山激烈交鋒,刀聲鏗鏘,身手不相上下。

嚴秋毫護住黃宗羲,直喊許姑娘。

黃宗羲推開他上前:「許山,你若認定我是告密者,大可以殺了我。若不是呢?枉殺無辜,難道就是我當年教你們的作為嗎?」

許山稍一遲疑,被黃百家震落手中刀,黃百家眼疾手快將他擒住。許山只得令義軍閃開,對黃宗羲呸

第十七章　舊朝哀音

了一口，大罵清狗賊子。

嚴秋毫氣嚷：「喂，你這是造六月飛雪竇娥冤啊。梨洲先生接信後擔心你遭不測，馬不停蹄趕來，哪有空閒向官府告密？真是好心當成驢肝肺。要不你查查自己人，日防夜防家賊難防啊。我兄弟呢？你們把他怎麼樣了？」

「放屁！我永忠道個個好漢，寧為大明鬼，不為夷狄人，哪像你黃宗羲忘了當年抗清壯舉，甘為清廷刀筆吏。」許山冷笑。

一陣斥罵傳來，許舜華和一隊義軍過來，眾人對李大良拳打腳踢罵咧咧，許山喝問他犯了什麼事。許舜華一腳踹倒李大良，說告密者是他。她掏出一封信讀起來，信中詳述永忠道的起事時間、地點、人數、兵械等。

周靜退縮在清軍中間，不敢迎對黃宗羲投來的凌厲目光。

「他寫了兩封信，一封送縣衙，一封留存以備官府不認帳，真是狡詐狠毒。你為什麼要這麼做？」許舜華的刀逼到李大良的鼻前。

李大良的眼神陰冷怨毒：「因為你！」

眾人大愕，連周靜也伸長脖子聽著。

「我掏心掏肺喜歡妳多年，妳從來沒把我當一回事。王士元出現後，妳更是沒有正眼看過我。好在他後來跑了，可妳還是對我冷漠無情。福建漳州一戰，我拚掉半條命，把你們父女從死人堆裡救出來，妳

領過我的情嗎？現如今這混蛋又出現了，我知道妳還是喜歡他，還是不會喜歡我。既然得不到妳，大家同歸於盡豈不更好？哈哈哈……」

許舜華朝草屋跑去，嚴秋毫跟上。許山朝李大良一刀砍去，李大良身首分離，血濺了眾人一臉。許山悲憤地用拳頭擊打自己，發出懊惱悔恨的號叫，義軍們攔住他。

目睹這一場驚變，黃宗羲甚是痛惜，外侮未禦而自相殘殺，這一幕與許多年前何其相似……順治五年（西元1648年）魯王逃亡福建，熊汝霖遭跋扈自雄的鄭彩殺害，其幼子亦被投入大海。南明砥柱、兵部尚書兼東閣大學士沒有死於反清復明，卻死於內訌。叛匪與忠義將士自不可同日而語，然則，縱觀整個崇禎朝以及南明小朝廷，何嘗不是一場場同室操戈、自相魚肉的悲劇在反覆上演？！

黃宗羲在岩石上坐下，高聲吟道：「梨洲老人坐於雪交亭中，不知日之早晚，疲倦了出門走在睦畝間，回來又坐下，如此一天一天，一月一月，一年一年，依靠的小桌子上，兩肘的印痕隱約可見……」

起先無人留意，漸漸地，肝髓流野的山谷間，黃宗羲的高聲刺破瀰漫的狼煙，對陣的雙方放下刀箭，豎起耳朵。

「自從北兵南下，貼出布告懸賞捉拿我的兩次，指名逮捕我的一次，守在被清軍圍困的城裡一次，以造反之罪告發我的兩三次，在沙地裡昏死過去的一晝夜，此外被牽連到、被巡邏的兵丁盤查到的，年年皆有，真可謂瀕於十死……」黃宗羲的悲聲迴盪在血色黃昏。

許舜華奔到草屋，屋內空無一人。她找遍整個山寨，還是沒有王士元的身影。她發瘋似的四下亂砍，放聲悲哭。嚴秋毫抱著大樹直抖，王士元是亂中被殺了還是逃走了？眼下險象環生，他不可離開黃宗羲，

第十七章　舊朝哀音

只能祈禱王士元大難不死。

離山谷不遠的灌木叢林裡，王士元目睹了從義軍與清軍廝殺到眼下的一切。清軍殺來時，他砸開門趁亂逃出，又擔心許舜華遭不測，返身潛回，慌亂中摔落在灌木叢，動彈不得。許舜華的悲傷他看得清清楚楚，他保不了自己，護不了她，又有負於妻兒。他不想如此苟活，又不得不偷生。為什麼當初父皇不殺了自己？為什麼自己沒有死於闖賊或清虜的刀下？為什麼要如此艱難地活著，看盡江山破碎、紅塵情斷、生民離亂……

「昔年李斯將被腰斬，對他第二個兒子說：『我想與你再牽著黃狗，一同去上蔡城的東門追逐狡兔，卻再也不能做到。』陸機臨死前嘆息：『華亭的鶴鳴，再也聽不見了。』我應死而不死，那麼今天就是又能牽著黃狗出上蔡城的東門，又能聽到華亭鶴鳴的日子。李斯、陸機所不能得到的日子，我得到了，何其幸運……」黃宗羲的聲音猶如空谷跫音。

「梨洲先生，許山有愧於你。」許山無地自容。他以為懼死變節、甘為清廷刀筆吏的黃宗羲，曾經「瀕於十死」，歷盡了他能想到和想不到的家禍國難，自己分明以小人之心度君子之腹啊。

灌木叢裡的王士元再細看，原來黃宗羲正是當年在清源寺借宿一晚的客人，亦是很多年前他流落海昌遇到的路見不平拔拳相助的老義士。原來，他讀《待訪錄》前，就與梨洲先生有過因緣際會了。他隨身攜帶《待訪錄》，顛沛流離從未捨棄過，愈讀愈有醍醐灌頂之感，只恨當年父皇沒有讀過此書。可是，以父皇獨斷專橫的性情，只怕難以聆取黃鐘大呂之聲……

298

「我常對孟子『天下之生久矣，一治一亂』的話心存疑問，為什麼自三代以來，世道有亂而無治呢？洪武初年，江山初定，然而有明綱紀的腐壞，恰恰就是從高皇帝廢除丞相之職開始……成祖朱棣天性刻薄，靖難之役，骨肉相殘，方孝孺先生不肯起草即位詔書，即誅其十族，怨毒倒行，令人髮指，幾滅天下讀書種子……武宗行跡荒唐，醉心聲色犬馬之樂，朝中奸黨橫行，忠良之士竟逐殆盡……神宗三十年不上朝，致財賦銳減，邊防廢弛，臣工黨同伐異，廟堂烏煙瘴氣。萬曆後更是一朝不如一朝。南明小朝廷，尤為一言難盡……」

鳥雀停在枝頭，飄渺的狼煙滯在半空，人與物俱靜聽。

黃宗羲心中的哀痛和憤恨齊發，哽塞難言。

黃百家上前，更為高亢激越：「崇禎末年，李自成、張獻忠民變蜂起。崇禎十年四月，思宗關緊內帑倉門，下旨加徵稅賦，『暫苦吾民一年』。宗室王親鎖緊私囊，拒施錙銖。河南哀鴻遍野，洛陽福王家藏萬千銀糧，盡享酒池肉林，分毫不予；西安守軍飢寒交迫，秦王捨不得掏一文錢為守軍買襖取暖，成都蜀王聲稱無銀，要官員拿宮殿去充軍餉；官員乞求武昌的楚王籌餉守城，他說唯有賣掉太祖御賜的金交椅，別無他法。張獻忠克武昌，楚王府財富有數百車之巨。李自成破京城，皇宮內帑多達白銀三千七百萬兩，黃金一百五十萬兩。」

許山滿腔悲苦。原來「日月昭昭」不過是昏天暗地，「永忠故朝」不過是朽木糞土，而義軍們為此付出了漫長歲月，付出了身家性命，他們譁然大罵，清軍們也跟著連連吼聲。

黃百家繼續道：「有明二百七十六年國祚，就算不亡於清廷，亦會亡於李自成、張自成、王自成。」

第十七章　舊朝哀音

黃宗羲接上話頭：「上古三代之法，藏天下於天下者。君王不會貪婪地攫取山澤之利，也不會狐疑大權旁落。不以身處朝廷為貴，也不以生於鄉野為賤。而後世之法則藏天下於筐篋者，將天下所有的好處收歸己有，君王整日憂心江山被攘奪，臣民作亂，遂更為嚴厲地治理，卻不知這正是非法之法。

「古時候君王以天下為主，君為客，君王畢生治理天下，都是為了讓天下人享公利、免公害。如今以君為主，天下為客，普天之下沒有一處能夠得以安寧。君王打江山，屠毒天下之肝腦，離散天下之子女，只為一人之產業。如此看來，君王就是天下的大害……」

此刻他眼前的不是一幫血漬斑斑的兵卒，而是一群潛心聽教的學人士子；他身處的不是一片血腥瀰漫的戰場，而是一座書香溫雅的講學堂，一處振聾發聵的高古地。

所有人如聞天音，鴉雀無聲。王士元的淚水乾了又落，落了又乾，他知道《待訪錄》多有抨擊之辭，未承想著書人的痛切遠甚於這薄薄一書。就算向黃宗羲當面請教「大明到底是如何天崩地解的」，也未必能得到這一頓當頭棒喝。

嚴秋毫在詔獄聽康熙慷慨激昂地講過，總覺得那是勝者為王的驕傲意氣，沒想到落敗一方——梨洲先生亦會作如此剖肝泣血之辭，不由長嘆。

半晌，許山恨聲道：「晚明不堪，可夷狄屠我大明千萬子民這筆血帳就不算了嗎？哪怕李自成、張獻忠當皇帝，總歸是漢人，也比夷狄好得多。」

黃宗羲的神色越發冷峻：「許山，你忠心故朝可敬，可你居山一隅視聽閉塞，我且告訴你。揭竿為旗之初，李自成、張獻忠的義軍濟貧困，撫民心，守仁義，所到之處百姓無不擁戴。但是——」他話鋒一

轉,「張獻忠引兵入蜀,喋血千城,殘暴亙古未有,蜀地千里白骨成丘;李自成入京,兵丁掠搶民財,殺人無虛日,士大夫多遭酷死。許山,他們原本如你一樣是仁義之師,可一旦得方寸之地,便驕奢淫逸不可一世,皆因他們亦以君為主,天下為客。許山,大明亡了三十七年,若狼煙再起,首遭苦難的便是蒼生。漢人也罷,夷狄也罷,但凡君王以天下為主,懂得為君為臣為法,偃武修文,歸馬於華山之陽,放牛於桃林之野,我們又何須苦苦計較夷夏之大防?」

最後幾句話,他是一字一句擠出來的,嘴角滲血,眼中有淚。

萬籟寂然,大夜彌天,起伏的大山和山頂之上的星空也在諦聽。

王士元對著夜空輕聲說:「父皇,大明歷代先帝,你們聽見了嗎?梨洲先生一番黃鐘大呂,太史公其實早就寫在《史記》裡,二十一史彰明較著,你們沒有好好讀過。明亡,並非無辜啊⋯⋯」

周靜的下巴快驚掉了。黃宗羲罵的不是大清,卻把大清乃至歷朝歷代都罵了個遍,簡直逆了大天。可堂堂大清知縣拿布衣草民黃宗羲一點辦法也沒有,只能讓這些大逆之論一字不漏地灌進他和清軍的耳朵,想裝聽不見也不成,聽過想忘掉也不行,真是要了命。

「黃帥,我死不足惜,只求能放過我這麼多兄弟。」許山道。

黃宗羲轉向周靜:「周知縣,請報督臺對四明山永忠道許山人等宥恕處之,以示朝廷寬宏大量,憐恤子民。」

周靜面露難色:「啊,這個⋯⋯」

「你不用為難,我寫。」

第十七章　舊朝哀音

黃宗羲讓黃百家拿出筆墨，寫了封信，讓他交給浙江總督。周靜竊喜，黃宗羲願意攬過這一樁殺頭罪孽，他樂得做順水人情，成不成與己無關。最終商定，許山和永忠道隊正以上十餘人押赴杭州審理，其餘人等遣散回鄉，安分守己，再有生事嚴懲不貸。黃宗羲懇請放過許山的女兒許舜華，周靜勉強答應了。

許舜華凜然道：「我要隨父親赴杭州。梨洲先生，我原本籌劃力阻起事，與眾隊正商定綁縛父親，遣散眾兄弟，再苦勸父親回心轉意。無奈我……我因兒女私情亂了方寸，以致貽誤大業，又未能護父親安危，我願隨父同行，生養死葬。」

眾聲譁然，義軍們紛紛稱可以作證。

許山厲聲道：「順即是孝，留下來替我侍奉梨洲先生！」他跪地對黃宗羲道，「黃帥，舜華自小喜歡讀書，是我逼著她習武。她多次說過想跟梨洲先生學文，是我沒有應承。我今日也明白了，梨洲先生說的是史書裡一樁樁血的教訓。是我魯莽無知，把一把刀看得太重，把一支筆看得太輕。」他咚咚咚磕了三個響頭，起身又深深一揖，「黃帥，舜華拜託您了。」

周靜和清軍們押著許山等人離開。許舜華對著父親的背影長跪不起，哭成淚人兒。嚴秋毫對著黑魆魆的山林心裡說，王士元你在哪裡？

王士元全身如遭雷殛。原來，自己間接釀成了這一樁潑天禍端，是他害了舜華的父親，害死了這麼多人……他掙扎著起身，朝山下跑去，跑了幾步跌進一道塹淵，腦袋撞上岩石，雲影和樹影在他眼裡越來越暗，他模糊地想：就此死去，或許不是壞事……許山被押赴杭州後不久問斬，嚴秋毫和許舜華運回許山的屍身，葬在黃家墓園附近。

302

許舜華在父親墓前泣告:「父親,舜華雖是草莽女子,亦讀過幾本書。古人言:目不明,則不能決黑白之分。耳不聰,則不能別清濁之聲。智識亂,則不能審得失之地。如今女兒拜在先生門下,做一個知書達理的女弟子,您就放心吧。」

第十七章　舊朝哀音

第十八章 國史唯賢人得知

康熙二十三年（西元1684年），杭州法相寺，梵音裊裊，禪悅悠然。

法相寺在杭州三臺山東麓，後唐時有住持法真長耳九寸，法相奇特而得寺名。寺內有一株唐樟，華蓋森森。康熙九年（西元1670年）黃宗羲到杭州，正是嚴秋毫陪著他遊歷南山和高麗寺、法相寺、煙霞寺等處。

那晚他們夜宿缽池庵，黃宗羲贈他《待訪錄》……一晃十四年過去。

黃宗羲扶杖走在落葉森然的山道，許舜華拎著書袋，嚴秋毫挑著書箱。一大早他們去書鋪買了一堆書，這會兒剛回寺院。

「不到名藍數十年，重來風景覺蕭然。山中幸喜存長曆，劫冷能留不壞煙。」黃宗羲慨然吟嘆。

來到古意盎然的唐樟前，嚴秋毫放下書箱，拍了拍樹身：「十四年過去了，它一點也沒變。想當年，我可還是陌上風流年少。」

許舜華道：「這唐樟見過李唐江山，趙宋國土，元明盛衰，如今大清也未必能比它多活幾百年。先生，

第十八章　國史唯賢人得知

「您說是不是這個理?」

黃宗羲領首讚道：「正所謂盈天地皆氣，盈天地皆心也。人與天地萬物實為一體，並立於天地之間，亦與萬物各受一性。故萬物有萬性，類同則性同。草木有草木之性，金石有金石之性，一本而萬殊也。人於世間萬物，也不過區區一物而已。」

「昔日陽明先生說天下無心外之物，先生說盈天地皆心，有何異同?」嚴秋毫問。

「理在心，不在天地萬物。人心之理一本萬殊，會眾合一。一本，指人與萬物同賦生生不息之理。萬殊，指天地萬物雖類同、性同，但也有萬物之殊。然則，萬物之理再繁複紛紜，最終也必會集各家之長，會眾合一。是以天下之理，皆非心外之物，因人有知覺靈明之心，善於推己及人及物，所謂心存久之，自然就明白盡心了。」

「我曉得了，先生說盈天地皆心也，是指窮盡的是此心之萬殊，非是窮天地萬物之萬殊。人心無限，自然可衡量天地萬物，十萬物，百萬物。所以就叫一本萬殊，會眾合一。」許舜華篤然自信地說。

黃宗羲欣喜：「舜華悟性可嘉。小秋，你可得好好用心。」

嚴秋毫羞愧地說是。

法相寺方丈智全法師過來，對黃宗羲合掌說借一步說話。兩人走到一邊，智全似在勸說，黃宗羲搖頭，似乎不贊同智全的話。

嚴秋毫從懷裡摸出一塊綢子，悄聲問許舜華喜不喜歡，這是上街時他偷偷買的。

許舜華道:「我又不出客,穿這麼豔俗做什麼?還不如買幾塊棉布料,你自己也可穿。」

「妳穿著好看就是了,我披一塊麻布料都行。」

「胡說,麻布又不好亂披的。」

「嘿,瞧我這張破嘴,妳以後教教我怎麼說好聽話⋯⋯」

正聊著,嚴秋毫瞥見樹叢後晃過一個身影,好眼熟。他奔前幾步,不見身影,疑惑自己看錯了。許舜華問他見到了什麼。

路邊小沙彌在掃地,嚴秋毫悄悄詢問,這些天除了他們,可還有別的香客借宿?小沙彌想了想說有個客人宿了兩天,剛走。嚴秋毫問那人叫什麼。小沙彌問他盤查那麼細做什麼,嚴秋毫尷尬地走開。

真是他嗎?他為什麼會在這裡?他發現他們了嗎?用不用追出去找找?是無意偶遇還是有意湊巧?他還沒忘記舜華吧?舜華也沒忘記他吧?他過得怎麼樣?⋯⋯無數念頭催著他追出去,只是兩腳沉重如灌鉛,怎麼也挪不動。

這邊智全與黃宗羲話畢,雙手合十道:「他此番南下,抽隙前來杭州,懇請先生再駐留幾日,他正快馬加鞭趕來,一定要見見您。梨洲先生,您非一人之身,亦非一人之論,此番會面,若能廓清本朝今後對遺民的姿態,豈不更好?」

智全告辭而去,黃宗羲顰眉深思。

許舜華問:「先生,有人想見您嗎?」

第十八章　國史唯賢人得知

嚴秋毫說：「誰啊？還讓我們等他，好大的架子。」

黃宗羲想了想道：「你把我要的書買來，明日再作計議。」

嚴秋毫跨入南屏山下一家書鋪，掏出書單問有沒有這些書。夥計客氣地請他坐下喝茶。書單裡的書不算名貴，但高深冷僻，不是一般人能看懂的，塞在角落多年吃灰塵呢。

趁著小夥計找書，嚴秋毫邊喝茶邊翻看繡像小說。他平時抄書也累得慌，加上生性閒散，會看些閒書籍消遣。好在黃宗羲年輕時也喜窺群籍，因而肯容他自由散漫。正讀得入神，旁邊有人嘈嘈切切。

「若說風骨大儒，顧炎武、王夫之才是，黃宗羲算不上吧。」

「還有呂留良，據說當年與黃宗羲交情莫逆，後來兩人起了齟齬，先是購書交惡，再則兩人各看不慣，竟斷了幾十年交情。」

「聽說他的《待訪錄》滿紙振振有詞，實則是向朝廷討好呢。」

「這個就叫以退為進的迂迴之術，我也聽說皇上很是賞識⋯⋯」

「黃宗羲派弟子和兒子為朝廷修史，可見也是沽名釣譽之徒。」

「啪！」嚴秋毫把書重重一拍，跨到他們面前大喝，「你們無憑無據，為什麼要背後中傷梨洲先生？」

這些年，嚴秋毫幫著黃宗羲打理竹林茶園，身量結實不少。那三人見一個青壯漢子衝他們怒目而視，不由矮了兩寸，一個嘴上仍不甘不休⋯⋯「我們說些坊間閒話，與你何干？」

「看你打扮粗野，也不像讀書人，黃宗羲是你什麼人？」

小夥計跑過來，忙不迭勸架。

嚴秋毫憤然道：「你們有本事背後嚼舌，那就跟我去見梨洲先生，當面說個清楚！」其中兩人互視一眼拔腿就跑，手裡還抓著幾本書。

小夥計衝出去：「書，書還沒有付錢，抓偷書賊啊⋯⋯」

很多年前，杭州小食鋪的人非議莊氏明史案，他為維護莊家跟人扭打起來，是黃宗羲出手相救於他。一陣解氣的痛快過後，嚴秋毫心中更多的是憋屈難過，還有一絲絲迷惑，坊間對先生的成見為什麼如此之深？

晚間三人各自回房。嚴秋毫在床上躺了一會兒，出來轉悠。

白天瞥見的熟人背影，書鋪的爭執疑惑，再加上智全法師與黃宗羲一番雲裡霧裡的對話，令他的思緒越發龐雜繁亂。

他進城找過王士元，鄰居說他們已搬走了。他回來告訴許舜華，她神色淡漠，此後絕口不再提那人的名字。他既慶幸又慚愧，覺得自己有乘人之危之嫌，又感覺自己很無辜，只能自欺欺人地想：但願他過得很好很好。

書鋪那些人固然可惡，也可見坊間閒議不少，雖說流言止於智者，可世間沒有那麼多智者啊。智全法師跟先生到底說了什麼，先生要與誰見面⋯⋯正胡思亂想，忽見有人朝黃宗羲的廂房疾步過去，他捏緊手

309

第十八章　國史唯賢人得知

裡的銅錢，尾隨而去。

藉著月光他看清，智全敲開黃宗羲的房門。兩人進屋，約莫一炷香時辰，智全離開。黃宗羲在門口佇立片刻，準備關門。嚴秋毫趕緊上前喊先生，黃宗羲問他是不是又做噩夢不敢獨自睡了。嚴秋毫大窘，說晚飯吃多了睡不好，起來閒步消食。

「你是不是想問，智全法師到底跟我說了什麼？」

「嘿，嘿嘿。」

「智全法師與我是復社舊友，我廁身儒林，他遁入空門，前朝遺民多作如此分野。他有一樁小事與我商議。夜深了，去睡吧。」

嚴秋毫見先生不願深談，只得作罷。回房躺下，正迷迷糊糊欲睡去，隱隱聽見隔壁吱嘎一聲，他心頭一驚，難道先生屋裡進賊了。他起床打開門縫看去，見黃宗羲匆匆走過。他全醒了，大半夜的先生去哪兒？他穿上衣裳趕緊跟上。

一轉眼黃宗羲沒了身影。他四處尋找，天王殿，大雄寶殿，一個和尚也沒有，法相寺突然成了一間空寺。他往方丈禪房跑去，總算看見白天掃地的小沙彌守在門口，挂著掃把，腦袋一頓一頓打著瞌睡。他正要跨進去，掃把迅速擋住去路，小沙彌瞪大眼：「他們在裡面說事，智全法師說一隻蟲子也不能進去。」

「什麼？你不會騙我吧？」

310

「出家人不打誑語。」

「來人是誰?」

「出家人不可妄語。」

「年輕的還是年老的?」

「出家人不可⋯⋯」

「行了行了,不問就不問,不害你犯戒了。」

方丈禪房內爐香裊裊,智全法師在角落的蒲團趺坐,輕捻佛珠,默念佛經。

與他相距三丈開外有一道高大的竹屏風,隔開了內外兩個空間,外側屏風下擺著一張茶几,一個男子坐在茶几前的蒲團上,一身玄青色絲綢馬褂,長辮鋥亮,背對智全,自斟茶水。

男子拿起茶杯朝屏風內側舉了舉:「既然先生不喝我的茶,那我便悠然自得了。」他的聲音清朗洪亮,聽起來甚是年輕。

屏風內側傳出一個沉穩厚實的聲音:「凡曝沙之鳥,呷浪之鱗,無不悠然自得。尊客焉為知鳥鱗之樂?我自然也有我的茶水可喝。」

「前明袁宏道的〈滿井遊記〉,我甚喜歡。先生且聽我背誦幾句。高柳夾堤,土膏微潤,一望空闊,若脫籠之鵠⋯⋯山巒為晴雪所洗,娟然如拭,鮮妍明媚。柳條將舒未舒,柔梢披風,麥田淺鬣寸許⋯⋯凡曝沙之鳥,呷浪之鱗,悠然自得,毛羽鱗鬣之間皆有喜氣。」

311

第十八章　國史唯賢人得知

「物類放逐其於鄉野，方得自由，何須為了一己之慾而將其束縛在籠呢？尊客想必不會不懂這個道理。」

男子喝了口茶道：「我聽說過先生自述『三變』，初錮之為黨人，繼指之為游俠，終厠之於儒林。今日我期望先生說一說早年事，事無鉅細，順耳逆耳皆可，不知先生願意否？」

良久，屏風後的聲音響起。

「萬曆四十四年，我父親黃尊素由鄉村塾師考中進士，官放南直隸寧國府推官，我隨父親任上。他性情剛烈，精敏強執。我目睹他掃除奸鄙、執法如山的吏治之才……」

萬曆三十二年（西元 1604 年），被罷黜的吏部文選司郎中顧憲成率一幫江南士大夫講學於無錫東林書院。「風聲雨聲讀書聲聲入耳，家事國事天下事事事關心」，這是顧憲成題在東林書院大門的名句。東林書院一時成為江南清議之地。東林士子一洗江南士子的柔弱內斂，講習之餘諷議朝政，裁量人物，要求朝廷振興吏治，革除積弊。

天啟二年（西元 1622 年），黃尊素任山東道監察御史。東林人時聚黃府官邸評議時局。少年黃宗羲為他們端茶送食，耳濡目染，漸生憂國憂民之心。如同所有東林人，黃尊素力陳時政十失，上疏彈劾權傾朝野的閹黨魏忠賢。

得罪魏公公不會有好下場。魏忠賢指周起元、高攀龍、黃尊素等七人「俱係吳地縉紳，盡是東林邪黨」，以貪墨罪名追捕。黃尊素坦然往餘姚縣衙投案，黃宗羲和祖父陪同前往，他們自認朗朗乾坤自會黑白分明。途經紹興，黃尊素砥礪性命的好友劉宗周前來送行，此前劉宗周亦因彈劾魏忠賢而被革職回鄉。

黃尊素命兒子拜劉宗周為師，熟讀家中《獻徵錄》等史籍。

至京入錦衣衛北鎮撫司，閹黨許顯純、崔應元對黃尊素嚴刑拷打，斥問「貪贓幾何」。黃尊素朗笑：「清風明月，名山大川，都是我的貪贓，何必再問你家太公？」天啟六年（西元1626年）閏六月初一，黃尊素從容賦絕命詩，死時黑盆覆面，巨索縋胸。

兩年後魏忠賢被崇禎賜罪，天啟冤案昭雪。十九歲的黃宗羲揣上為父申冤的奏疏和一把磨了千百遍的鐵錐，告別母親姚太夫人和新婚妻子葉寶林，奔赴帝都⋯⋯

此時的嚴秋毫在寺院外繞了幾圈，來到方丈禪房的外牆，像壁虎一樣貼在窗沿下。他實在按捺不住好奇心，到底何方神聖與先生半夜會面，且連一隻蟲子也不能進去。

黃宗羲遞交的奏疏字字血淚：「臣父黃尊素秉性正直，疾惡如仇，因抨擊逆黨魏忠賢，遭捕入死獄。臣從舞象之年，招父魂歸故里，日夜泣血至今⋯⋯如今元凶魏忠賢已除，從犯許顯純、崔應元等仍逍遙法外。懇請皇上誅殺這些人，為臣父申冤。臣將萬死無憾。」

崇禎傳旨刑部嚴審許顯純、崔應元等人。當時的崇禎多想做一個重振朝綱的好皇帝，多想扶起大明這座行將傾圮的大廈。

許顯純稱自己是孝定皇后的外甥，理當從輕發落。黃宗羲怒喝：「過去漢王朱高煦、寧王朱宸濠謀反依法也被誅，何況你只是皇后的外親！」拔錐向其刺去，再揪崔應元的鬍鬚。堂中官員多被閹黨陷害過，作視而不見。諸賊伏法後，黃宗羲與東林遺孤在詔獄中門哭祭先人，觀者涕淚。崇禎聽聞亦嘆「忠臣孤子，甚惻朕懷」。

第十八章　國史唯賢人得知

男子肅然，原來大儒少年時即有這般英毅剛烈、篤於風義的作為，嘆道：「東林遺孤，英毅誠不輸前代。」

黃宗羲道：「今多有明亡於東林之論，宵小之徒亦以此為口實。數十年來，東林勇者毀家紓難，弱者埋於土室，忠義之盛勝於前代，猶是東林之流風餘韻也。一堂師友，冷風熱血，洗滌乾坤，無智之徒卻竊竊論之，實在是可悲可笑。」

嚴秋毫正偷聽得歡，忽覺一側耳朵疼痛，正要呼喊，張開嘴又趕緊閉住，許舜華正揪著他耳朵。他示意她也聽聽，許舜華瞪他一眼走開，走了幾步回來，也貼在窗沿下。

「崇禎三年我赴南京鄉試，可惜不第，所幸南京文風鬱盛，結識了南中詩社、復社諸文友，切磋學問，砥礪品行，縱論天下大勢⋯⋯」

槳聲燈影的秦淮河，復社領袖張溥、張採偕兩千多名江南名士齊聚復社大會，陳貞慧、方以智、侯方域、冒闢疆、沈壽民、沈壽國、陳子龍、吳梅村⋯⋯江南名士吟詩賦詞，柳如是、顧橫波、馬湘蘭、陳圓圓、寇白門、卞玉京、李香君、董小宛，秦淮八豔彈琴弈棋，真是六朝金粉地，金陵帝王州。

二十一歲的黃宗羲名落孫山，看諸友春風得意，他慚愧而羨慕，只能鬱悶地以茶代酒解悶。酒酣耳熱之際，雲間人陳子龍冷不防道：「各位學長，請問良辰美酒好辰光能有多長久？我每讀前人傳記總是感嘆，我們正值青春年少，若此時不勤奮好讀，難道憑空就能得喬松之壽、金石之名嗎？」此話如當頭棒喝，令黃宗羲從落第的羞愧中醒悟過來，暗思須更加勤奮向學。

黃宗羲臉上的悲慨之氣淡去，呈現陶然之色：「之後我受業於蕺山先生，得『慎獨』、『誠意』之學，學問漸增；讀書杭州時兼習音律，我與張歧然找來餘杭好竹，截成十二律四清聲，能吹出清韻好曲。夜間我們泛舟西湖，吹笛鼓琴，議題辯難，相執不下又鬨然大笑⋯⋯」

聽著一連串聞名遐邇的大名，嚴秋毫和許舜華暗暗羨慕先生年輕時竟如此活潑有趣。

男子從懷裡取出一個物什說他有笛子，從屏風上頭遞過去。

黃宗羲接過這個兩管五孔、似笛非笛的樂器，便道：「是羌笛，我早年在京師見過，倒是沒有吹過。」

「正是，羌笛何須怨楊柳？春風不度玉門關。」男子道。

黃宗羲吹了一段斷斷續續的音律，越吹越悲涼，到後來竟成幽泣之聲。男子擊掌說吹得好。窗外的兩人也暗讚。

黃宗羲道：「宋代遊僧釋文珦有羌笛詩，貪者聽之廉，愁者聽之懌。若真能貪者聽之廉，當年〈留都防亂公揭〉恐亦能逆天改命了。」

男子道：「我見過〈留都防亂公揭〉抄文，先生名列署名第二。公揭案讓先生吃足了苦啊。」

崇禎九年（西元 1636 年）黃宗羲赴南京，參與冒闢疆牽頭的桃葉渡大會。

那是一場奇特的聚會，他們招來阮大鋮的私家戲班演《燕子箋》。阮大鋮以為復社人士要與自己和解，討好奉上。他們通宵達旦暢飲，盛讚阮大鋮的絕妙文采和伶人演技，又高聲痛罵阮賊。阮大鋮派人暗中觀察，七竅生煙又無可奈何。崇禎十一年（西元 1638 年），阮大鋮與前右僉都御史馬士英勾連，死灰復燃。

第十八章　國史唯賢人得知

復社發起討賊檄文，黃宗羲奔走聯繫江蘇、安徽等地士子。南京城牆赫然張貼《留都防亂公揭》，稱復社「但知為國除奸，不惜以身賈禍……存此一段公論，以寒天下亂臣賊子之膽」。首署顧杲，其次黃宗羲，東林子弟、天啟死難遺孤和復社士子紛紛署名，多達一百四十餘人。南京國子監太學生助陣，滿城街談坊議。阮大鋮逃至城外牛首山避居，齜齒發恨與復社勢不兩立。

崇禎十五年（西元1642年）黃宗羲再赴京師應試北闈，與好友陸文虎同住萬泰族叔家。儘管他下筆縱橫，還是落了榜。中試的陸文虎為解他苦悶，約他策馬遊天街鬧市，觀紫禁城苑，攀西山之巔，攬燕山勝景，望斷崖萬仞蒼莽千山。兩人嗟嘆當下時局，內有農民軍風起雲湧，外有松錦失陷，夷狄鐵蹄抵寧遠城下，燕山內外烽煙彌天，身為士子他們卻無計可施。

羌笛悠悠，鏗聲鏗鏗，其聲悲愴。

鏗本是北地戰事用器，出現在京師殊為不祥，他當即告別師友南歸。

黃宗羲淡然道：「落榜倒也踐履了山水之遊，也不負讀書行路窮究山川地理的大學問。」

回餘姚後，黃宗羲約兄弟黃宗炎、黃宗會同遊四明山。「東浙三黃」經藍溪，過鹿亭中村，走蜜巖飲清甜溪水，宿應夢名山雪竇寺，賞千丈巖瀑灑若飛雪，觀隱潭冰柱晶瑩剔透……歷時兩月餘。之後黃宗羲撰《四明山古跡記》，黃宗會撰《四明山遊錄》，黃宗炎撰《四明山賦》，「東浙三黃」盡顯淋漓才氣。

聽到這裡，嚴秋毫悄聲說：「我們要是早生幾十年，一定要跟著先生遊學四方，你做女書僮，如何？」

許舜華示意他不要聒噪，兩人繼續聽著。

316

黃宗羲語氣鬱傷：「四明山遊歷，是我前半生最後的承平時光，此後中原陸沉，乾坤倒覆，我終成孤臣孽子⋯⋯」

崇禎十七年（西元1644年）開春，朝廷賜給黃尊素「忠端」諡號，姚太夫人淚水漣漣，夫君的忠勇節義終於得到朝廷的最高獎賞。黃宗羲卻從末世的榮耀裡，看到國事如蜩如螗、如沸如羹。是年三月，李自成攻陷京師，崇禎自縊，清軍抵山海關外。黃宗羲隨劉宗周赴杭州吳山海會寺，與熊汝霖、章正宸、朱大典以及餘姚文昌社諸碩庵等眾師友共商時局。佇立吳山之巔，眺望湖山蒼茫，黃宗羲想到昔年金主完顏亮的詩，「萬里車書一混同，江南豈有別疆封？提兵百萬西湖上，立刻吳山第一峰」，陡感「提兵百萬」的危殆迫在眉睫了。

不久福王朱由崧在南京即位，改元弘光。劉宗周入朝任都察院左都御史，黃宗羲赴南京以圖報國。擁戴福王上位的馬士英和阮大鋮風頭正健，作《蝗蝻錄》，稱東林為「蝗」，復社為「蝻」，大肆搜捕〈留都防亂公揭〉署名者。黃宗羲聞訊逃離南京。過錢塘江，他得到揚州失守、史可法殉難、南京淪陷的消息。過蕭山又聞紹興府降清，先前歸鄉的劉宗周絕食。他趕至恩師避居處，劉宗周已奄奄一息，師生淚眼相向。三天後劉宗周絕食而亡。黃宗羲奉母至鹿亭中村避難。

順治二年（西元1645年）六月，南明吏部右給事中熊汝霖和義士孫嘉績舉起浙東抗清第一旗。黃宗羲把母親託付給四弟宗轅和五弟宗彝，帶二弟黃宗炎和三弟黃宗會回到黃竹浦，變賣家產，集六百餘青壯組成世忠營，開赴錢塘江抗清。

「本以為，拚卻一腔碧血丹心，還我一片朗朗乾坤，可魯王政權兵餉不繼，諫議不納，齟齬頻頻。世

第十八章　國史唯賢人得知

忠營義軍缺衣少食，未及戰死，先行餓死甚多；刑部員外郎錢肅樂所率義軍四十天無餉，乞餉數十次無果，最後竟行乞於道，不得不解散⋯⋯」這番話早在許山第一次來見黃宗羲時，他就想說與許山聽，最還是嚥了下去，許山當時半個字也聽不進。

魯王朝苟且偷安，謀求劃錢塘江自守的方略。黃宗羲分析南明軍與清軍的種種情勢，給手握重兵的武寧侯王之仁寫信，提出主動進兵浙西、直搗崇明的策略，「憑紹興、寧波、臺州葦爾三府，怎能供養南明十萬大軍？清軍眼下不打過來，明年亦會攻擊，而我軍實難支撐，自守又有什麼用？若是同時攻打崇明，則可以分散清軍部分兵力，實是上策。」王之仁不予採信，結果被黃宗羲不幸而言中。順治三年（西元1646年）清軍突破江防，南明各部潰敗，魯王倉皇出逃，黃宗羲率五百義軍退居四明山⋯⋯

言至於此，黃宗羲的老淚撲簌簌落滿鬍鬚。

嚴秋毫和許舜華早就好奇先生的早年事，現在先生說出來再好不過。只是屋裡那人到底什麼來頭，先生又為何敢毫不隱諱地說出這麼多舊事？

男子喟然長嘆，聽著一場場江山變故，他原本以為自己會引以為傲，沒想到更多是嗟嘆。那時他還未出生，縱然自小聽過無數大清入關的傳奇，也不如看到乾坤另一面的血肉裸裎。有勝者王侯，自然有敗者寇，只是他聽了太多勝者的故事，很少立於敗者之地，想一想那一場場殺戮是如何大風起兮，又如何無聲地落幕。

當年先帝祭崇禎時哭喊「大哥大哥，我與若皆有君無臣」，這何嘗不是一種因畏懼未來命運相似乃爾而發出的悲天之憫？

智全悄無聲息地趨前，給他們的茶爐各添上炭火，加註茶水，又退出，繼續在角落跌坐。黃宗羲繼續說下去。

他率義軍進入四明山，屯兵杖錫殘寺。杖錫寺初建於唐代龍紀元年，天祐三年吳越王賜額，明末毀於火災，唯留斷壁殘殿可供棲身。

戎馬倥傯久了，他擔心疏遠了學問。踏山時，他在梨洲山麓的上庠廟發現一處清淨處，他的名號「梨洲」即出於此山。小廟已僧去廟空。起初，他給粗通文墨的義軍講課，他們有的能通讀一篇《史記》，有的連自己的名字也不認得，他從一筆一畫一字一句教起。後來山民帶著孩童也來了。上庠廟擠不下，就去廟後鎮東橋。鎮東橋橫跨梨洲溪，建有廊屋。放下兵械的義軍在廊屋大聲誦讀古賢詩文。書聲琅琅，溪澗淙淙，四明山的晨曦暮靄天光雲影明了又暗，暗了又明。

黃宗羲以為，亂世或是盛世，山野或是城邑，婦孺或是老幼，一個知書的人，總會多懂一些做人的道理。

山上的食物總是不夠，飢腸轆轆的義軍們再也無心讀書，他們不分白天黑夜漫山遍野採食野菜野果，周邊很快寸草不生。他們的眼裡開始閃爍餓狼一樣的綠光。山民們驚慌地關緊了門戶。

遙憶杖錫寺不遠的芙蓉峰上不知哪朝哪代留下的「四明山心」四個漢隸，黃宗羲想到四年前與兄弟們的四明山遊歷，其時江山雖破，故國猶在，尚有閒情看山河，不由長嘆…一支飢寒交迫的兵馬能不能活到天明尚且難料，又如何挽江山倒懸之危？

他擔心魯王等人下落，決定下山打探消息。行前他把義軍交給兩名部將，叮囑切不可擾民。等他下山

第十八章　國史唯賢人得知

後，飢不擇食的義軍毫不猶豫地把他的叮囑拋之腦後，瘋狂地衝進村莊打家劫舍……一個深夜，杖錫山寨乍然濃煙四起，熟睡的義軍盡成火中魂，僅一人僥倖逃生。

黃宗羲道：「那回我走到半山腰，一個義軍趕來塞給我一袋豆子，說是野地挖來的，還要隨我下山。我帶走了豆子，沒答應帶他下山，事後想想豆子也必定是搶來的。火燒杖錫山寨首罪在我……」

聽到這裡，許舜華低泣：「送豆子的義軍就是我父親，他說過。」

嚴秋毫輕拍她的肩頭：「人餓急了，人性使然，什麼事都幹得出來。」

屋裡的男子道：「飢寒起盜心，怪不得先生。」

順治六年（西元1649年），魯王至寧海三門健跳所，黃宗羲前往，被授左僉都御史、左副都御史之職。一個落魄小朝廷的虛銜無疑是可笑的，大權都落在張名振手上，眾臣稍有異議即招致禍患，此前熊汝霖已遭鄭彩所害。所謂行宮是幾艘船，海水為金湯，舟楫為宮殿，狹窄困頓如棺木。饒是亂礁窮島，他亦不曾虛度光陰，與吳鍾巒、張蒼水、禮部主事吳鍾巒、大學士張肯堂等賦詩唱和解憂。黃宗羲和右副都御史在船上推算天象，研究曆算，注釋《泰西曆》、《回回曆》。

是年清廷大赦，凡順治五年（西元1648年）前「有故主之思」的遺民皆不作叛逆處，又錄名不肯歸順的遺民。弘光朝已成海上浮沫，又恐老母家小遭害，黃宗羲取捨再三只得辭行。吳鍾巒駕舢板船相送三十里，他回棹送返，如是往復，兩人灑淚訣別。

翌年魯王再召黃宗羲，與馮京第等赴日本乞師，行程月餘無果而返。蓋因日本自江戶開幕以來承平已久，老不見兵革，哪肯渡海為人作戰？時年他救出將押送京師的熊汝霖之妻，為亡友留存最後的念想；順

治十年（西元 1653 年）魯王自去監國年號，順治十三年（西元 1656 年）黃宗羲和黃宗炎謀劃再復四明山寨，事敗遭緝捕，黃宗羲逃脫，黃宗炎又被捕，得友人相助再次倖免。

「鋒鏑牢囚取次過，依然不廢我絃歌。死猶未肯輸心去，貧亦豈能奈我何？」、「八口旅人將去半，十年亂世尚無央。白日獨行城郭內，莽然墟墓覺淒涼」。十年游俠生涯，十年瀕於十死，親人離散，故友凋亡，家貧如洗⋯⋯縱然他還有絃歌不廢之意氣，怎奈萬里江山萬里塵，一朝天子一朝臣。隨著遙遠帝都的景陽鍾莊嚴地敲響，黃宗羲終於明白，令明遺民為之竭血賣命的大明帝國，終如飄過化安山的雲浪一樣潮息煙沉⋯⋯

史事如山，夜沉似水，牆角下幽泣聲聲。許舜華悲傷的是，一度認為梨洲先生甘做清廷刀筆吏的父親，再也聽不見先生這一番更深徹的剖肝泣血之辭；嚴秋毫愧疚的是，自己始終揣一己私仇，何曾有過一腔為國為民的碧血丹心？他不曾真正讀懂先生的《待訪錄》，還險些毀損弄丟。外界對先生的非議，他也沒有竭盡所能去抗辯。

男子喝了口茶，清了清嗓子道：「《待訪錄》激賞三代之盛，孤心苦詣為國定策，著書人卻置身荒山野嶺不肯出仕。我且問梨洲先生一句，若士子儒者皆以你為楷模，甘為首陽之士，三代如何興盛？」

黃宗羲緘默片刻道：「尊客見過孤鳥翔天，因羽翼受傷，故而垂翼而緩飛嗎？」

男子稍一怔，若有所思道：「明夷於飛，垂其翼。君子於行，三日不食。先生的意思是——」

黃宗羲泰然道：「遺民者，天地之元氣也。萬斯同不入史館，不署銜，不受俸，以布衣入史局；我朝不坐，宴不與，止於不仕，僅此而已，望尊客成全。」

第十八章　國史唯賢人得知

男子望著杯中越來越淡的茶湯，深思良久。

「尊客若是沒有別的疑問，我們各自歇息吧。」

「先生能否告知，為什麼願意見我一面？先生若是真正釋然，遺民士子的心結便也放下了。我想得到一個明白的答案。」

這個疑問，自他沒有像蕺山先生那樣絕食自盡，沒有像史可法、張蒼水那樣壯烈殉國，沒有像陸文虎、萬泰、呂留良那樣抱恨而逝，沒有像顧炎武、王夫之那樣避世隱居……坊間已然彈射臧否。黃宗羲早就知道，一些士子稱《待訪錄》為奉迎新主而寫，向後二十年交入「大壯」實指清廷；他與「崑山三徐」交好，實為結交朝廷新貴，為弟子和兒子鋪前程；士子們頌揚顧炎武、王夫之、呂留良，稱他們才是風骨大儒；連最親的兄弟黃炎對他也誤會甚深……嚴秋毫悄聲說：「那人問的，也正是我想知道的。我們聽仔細了，以後再有閒言碎語，我讓他們把耳朵洗淨了聽清楚。」

許舜華道：「倘若人人都做顧炎武、王夫之、呂留良，讀書種子老死於深山冷岙，學問爛在肚子裡有啥用？孩童們又去哪裡求學問？我比誰都恨這個朝廷，可我比誰都盼著百姓過上太平日子，人人求學問，而不是動刀兵。」

屋裡那男子道：「若梨洲先生不想說——」

「元朝至正二十八年，太祖攻入大都，兵臨城下，史家危素來到報恩寺，即將投井殉國之際，他的詩友大梓和尚說：國史非公莫知，公死，不是死公一人，即是死國之史。危素幡然大悟，是以不死，之後修得《元史》。尊客誠意相詢，貧僧代梨洲先生答了。」另一個沉鬱的聲音響起。

國史非公莫知,公死即是死國之史!

男子心神俱凜,騰地起身,差點撞翻茶几,朝智全走了幾步停下。

老和尚繼續閉目誦經不動聲色,彷彿剛才說話的不是他。男子又朝屏風走去,近在咫尺又停下腳步,脆薄的竹屏風彷彿堅如銅牆鐵壁。

他看看入定的老僧,再看看擋在眼前的屏風,高聲道:「國史非公莫知,公死即是死國之史!好好,說得好,說得好。我懂了,我明白了,我也放心了。」

方才細辨聲音時,嚴秋毫就滿腹狐疑,現在聽那人高聲說出,頓時大驚——難道是他?他早知這一典故,當下更是頓悟。原來,為這一個人人皆知、卻並非人人皆懂的道理,就算受盡世人的誤解以至誹謗又如何?梨洲先生早就做好了「雖千萬人吾往矣」的準備。

男子道:「實話相告,我亦聽過不少對先生的謗語,頗是擔心先生因此將我拒之門外。前明王槐野先生有言,有非常之功者,必有非常之議;有非常之議者,必有非常之謗。盧九臺先生也說過,從來任事之人,即任罪之人。若想做一番非常功業,須有一顆受非常之謗的心,千百年來莫不如此。」

「別人受得,我黃宗羲如何受不得?」

「先生任事任罪,國史唯有相托指教了。」男子朝屏風深深一揖。

「百卷緯書真絕學,千秋國史附江東。」黃宗羲走到窗邊,打開窗,望向藍黑的夜空,星空亙古,無數

323

第十八章　國史唯賢人得知

星子閃著清寒的光，冷冷審視人世間的不變山河。

嚴秋毫的額頭差點被窗戶撞著，兩人伏低一些，也抬頭望天。

「星河耿耿，左圖右史，一書一史如繁星，多一冊不多，少一冊也不少，我只是一介草野窮民，寫不得名公巨卿的宏業，只能寫寫前朝舊事，或能補益史書缺佚吧。」黃宗羲說。

男子再次深長一揖：「梨洲先生，後會有期。」

「我們並不曾相見，哪來的後會？」

男子怔愣，隨即恍悟：「正是，今夜是一名遠道而來的學子向先生求教學問疑難，史書亦不會記載此事。」他走出禪房，立刻有數名隱在樹叢的挎刀身影閃出，簇擁著他，沒入耿耿長夜。

嚴秋毫只覺全身悚然……是他，果真是他，他竟然跑來與梨洲先生會面！許舜華小聲說快走，別驚動了先生。

「出來吧，竊聽可不是好習性。」黃宗羲拍拍窗沿道。

智全法師仍閉目趺坐，連眼皮也沒有抬一下。世俗歸世俗，法門歸法門，這一夜的風雲起伏與他渾然無關。三人告別離開。

許舜華問：「先生，那人是誰？」

嚴秋毫猶豫了下問：「先生，他，為何與先生說這些？」

「一個朝廷的人。」黃宗羲邊走邊款款道來，「身為儒者，當為復興文治而出仕，否則便失了儒家的擔

當;身為儒者,亦應為前朝故國而不出仕,否則便失了清操名節。所以無論出仕與否,於遺民都是一個死局。我讓萬斯同和萬言修史,也算是取折中之義吧。

「亡國之悲戚何止有明?不坐廟堂,不與歡宴,能做到不仕朝廷也就夠了。種瓜賣卜,呼天搶地,從早到晚醉生夢死,以澆亡國的塊壘,看似灑脫不羈,高標自持,實則駭人耳目,過而失中,未免有刻意之嫌了。

「人生此天地之間,不能不與之相干涉,有干涉則有往來。陶淵明靖節先生不肯屈身於異代,縱然如此,江州之酒,始安之錢,卻也不能拒之⋯⋯」

三人回到廂房門口,許舜華告退,黃宗羲讓嚴秋毫留下。嚴秋毫頭皮一麻,做好了要被先生訓誡的準備。

黃宗羲道:「他要你用好玉管羊毫,你的手是用來寫字的,不是用來擷康熙通寶的。」

嚴秋毫咧咧嘴想笑,鼻子又一陣發酸。

「他此次南巡前,就託了智全法師說合會面,我一直未允。夜間智全法師再次以『國史非公莫知』一語醒我,大和尚不啻有大梓之慧。此次來杭我與老友約了敘談,年紀大了,見一面少一面啊。這些天你們去附近走走。各人自有天地,我不管你們,你們也不用管我了。」

回到廂房,嚴秋毫摸出玉管羊毫,舉在燭光下端詳。

「國史非公莫知,公死即是死國之史!」智全沉鬱的聲音和那個清朗的聲音在他耳邊交相繚繞。

第十八章　國史唯賢人得知

先生少年時刺向佞臣的鐵錐，刺中的不僅是幾具腐朽的軀體，更是刺破了明帝國最後一層天幕。如今利錐化為如椽巨筆，飽蘸血淚書寫故國的伏脈千里。他手上的玉管羊毫，若能為那支大椽添上小小的註腳，亦是有幸啊。

外面響起叩門聲，他打開門，見是許舜華。他有點惶惑又有點竊喜，難道她還有什麼私房話？

許舜華俏臉冷峻：「以後在外面聽到什麼閒言碎語，都不許跟先生提起。先生是做大學問的，倘若因他人嚼舌而不停地解釋，還有精力著書立說嗎？虧你也在史館做過事，如此分不清輕重。」

「我不是，我沒有⋯⋯」

「以後你一心助先生抄書，寄送史料，我照顧先生飲食起居就是了。」她走進廂房關上門。

嚴秋毫有點懊惱，再一想，今日梨洲先生把大大小小的困惑疑難掰開來，敲打磨碎說透說明白了，豈不更好？國家大事，有皇帝臣子管著。世間疑難，有梨洲先生這樣的大儒釋疑解惑。舜華說得對。

其實，人人做好分內事，天下也就太平了。

第十九章 風隱山隅

數日後,黃宗羲三人從香積古埠登船回餘姚。

舟行於大運河,官船、客船、漕船、漁船來來往往,一些官船裡傳出絃樂歌聲,與他們坐的客船泛浪而過。兩岸城郭如環,棟宇參差,井屋鱗次,煙火相接,延袤十里。船行半個時辰後,繁華漸杳,江面開闊,葦草起伏,鷗鳥在江面與白帆間掠翅低舞。

黃宗羲佇立船頭,望著這一條浩蕩長河感喟不已——數十年來,他顛沛往返於浙東運河至京杭大運河不知幾多回。

崇禎元年(西元1628年),十九歲的他袖藏鐵錐千里赴京為父申冤,而後奉父靈柩返鄉;崇禎六年(西元1633年),他赴杭州與復社諸友遊學;崇禎十五年(西元1642年),他赴京師再次落第;崇禎十七年(西元1644年),他驚聞大明崩塌,赴杭與蕺山先生、熊汝霖諸師友共商國難……

天下財賦泰半出江南,京城每年所需至少四百萬石糧食,三分之二從這一條漫長蜿蜒的大河抵京,水陸物財、客旅往來更是不計其數……行舟一回便是一番人生況味,下一回又不知何等時局境況了……

嚴秋毫和許舜華過來,一個給他披上外衫,一個說風涼進艙吧。

第十九章　風隱山隅

三人正要回艙，四下喧譁，一群客人圍作一團說著什麼熱鬧事。

「我早聽說聖上南巡要祭太祖陵，就特意趕去南京，那盛況真是亙古少有。」

「皇上親祭太祖，焚香祭酒三跪九叩，可讓我落了一把老淚啊。大清皇帝還真是不錯。」

「我們從南京回來，親眼見到聖上帶著內大臣、侍衛和部院官員們叩拜。聽說祭文還是聖上親自作的呢。」

「原來傳聞都是真的，快說說詳情。」

眾人七嘴八舌說道各種傳聞。船身搖搖晃晃，急得船家高喊不要亂動亂晃。三人費力地擠出擁擠的人群。

「康熙真的去祭奠太祖陵了？」許舜華道。

「先生，他們說的是不是真的？」嚴秋毫問。

康熙二十三年（西元1684年）九月始，康熙首次啟鑾南巡，視察黃河北岸諸險是此次南巡之重。南宋以來，黃河即奪淮入海，江淮地區屢遭氾濫，順治年間黃河大決口十餘次，康熙初年迄今大決堤達七十餘次，兩岸民眾屢遭水禍懸頂之苦。

康熙親政後，將三藩、漕運和治河視為三大要事，題書懸掛寢宮，夙夜廑念。三藩之亂平定後，康熙及時出手治理黃河，其間治河臣工換了一茬又一茬。河道總督靳輔在得力幕僚陳潢協助下，提出「河工八疏」，疏濬河道，開鑿引河，合流攻沙，保固堤堰，幾經克難於去年導黃入海功成，大大減少了黃河決堤

328

之患，黃河始見安瀾。這在大明是想也不敢想的。念及於此，黃宗羲既黯然又欣慰，便微微頷首。

一個商人模樣的一甩光滑的辮子，高聲道：「我去南京做生意，聽衙門的親戚說，聖上要去祭太祖陵，我大半夜趕去候著，這可是千載難逢的盛事啊。」

另一個說：「聖上皇恩浩蕩，讓全城百姓都來看，還特意請讀書人站在最前頭，官員們恭敬相待。那天是十一月初二……」

行前有官員勸說康熙，遣大臣祭祀故明皇帝足夠了，聖駕躬親不妥。康熙正色道：「洪武乃英雄奮起建功立業之主，怎麼能與其他帝王相提並論？朕當親自躬往致奠。」

康熙特意吩咐官員，盛邀江南士子前來觀禮。是日巳時，康熙於太祖陵甬道旁行，諭扈從諸臣皆於門外下馬，在二門外三跪九叩，詣寶城前行三獻禮，遣內閣大學士席爾達誦讀他親作的祭文，「洪武皇帝朱元璋太祖出身布衣，聰明神武，報濟世安民之志，十五載而成帝業，一統海內。西漢之後未之有也……」

屠城的陰影還未曾消泯，大清皇帝放下身段祭奠大明皇帝，這是懺悔追思，還是「滿漢一家親」？誰也不知。那一天南京全城涕泗滂沱，君民同悲。

「國之大事，在祀與戎。此番祭祀足見聖眷正隆，實乃百姓之福。」

「皇上懇請遺民士子都出來考功名做事，不要辜負滿腹才學。」

「對了，我聽說皇上繼續派人查詢朱三太子的音訊，說要善待崇禎後人。皇上真是寬宏有德，我看說不定還會封賞個親王做做呢。」

「你不要命了，可不敢妄議國事……」眾人議論蜂起。

第十九章　風隱山隅

同一時刻，京杭大運河淮揚段，江風凜凜，江濤嘩嘩，煌煌御船徐徐北上。中間一艘最豪華精美的龍船上，金黃色華蓋下的康熙皇帝在扈從眾臣簇擁下昂立船頭，向兩岸含笑揮手，接受大清子民的歡呼。

三十歲的康熙躊躇滿志，臉頰的痘印在陽光下熠熠發亮。

此次南巡自九月二十八日啟鑾，行前他詔諭各地官府，一應沿途供用，皆令在京所司儲備，分毫不取之民間，「朕此番巡歷，凡經過地方，百姓照常起居營生，不得遷移遠避，以免滋生不必要的擾累」。

十月，康熙至濟南府，諮詢地方利病，民風土俗，登泰山極頂，祀泰山之神；出巡期間定奏章三日一送，某日等到二鼓還未送達，至四鼓方至，他即起身批閱至天明；諭告有司大小官員要親地勘察朝廷開設的粥廠，百姓小民均霑實惠，如有違一律治罪；巡察黃河北岸諸險要地段，指示河道總督靳輔防護沿岸吃緊險要處，使黃河之水順勢東下，水行沙刷，永無壅決之險；舟過高郵、寶應等水患地，他登岸步行十餘里視察水勢，召當地者老詳問災情；泊鎮江，渡揚子江，登金山，囑當政者務必去奢返樸，事事務本。

十一月回京至南京，謁明太祖陵行三跪九叩大禮，江南百姓感泣落淚。「山河奄有中華地，日月重開大宋天。洪武帝，你可知，我大清雖屬異族，卻非化外之境，亦屬中華之邦，如今漸次萬民康寧，天下熙盛⋯⋯」他在太祖陵前躊躇滿志地想著。

他在殘垣斷壁的明故宮徘徊。念及明成祖朱棣雄心勃勃遷都京師，再造帝都，最終覆沒於愛新覺羅氏的雄騎之下，不由又驕傲又唏噓，令地方官加意防護前朝宮陵，「取前代廢興之跡，日加儆惕」，長留醍醐灌頂之醒⋯⋯

北境羅剎虎視眈眈，蒙古準噶爾噶爾丹野心勃勃，但經過平三藩、收臺灣的磨礪，強敵何足為懼？朝代鼎革，殺伐征討天經地義，遺民的怨恨自是難免，好在自己恩威並施，換來了江南百姓的感恩涕零，明太祖陵前的三跪九叩沒有白白付諸……還有，與那位江南大儒的深夜微服會面亦是獲益良多……

「國史非公莫知，公死，不是死公一人，即是死國之史……」這個聲音被風颳來，倏然灌進耳朵。

他欣然自語：「我懂了，我明白了。」

「朕要南巡，有一天朕必定要南巡。天下財賦泰半出江南，南糧北上，滋養了大半個中國。朕要看看，那一條運漕糧百物的大運河，昨日洪武龍興的南中國，今日大清的江山社稷，到底是何等模樣？」康熙想起數年前說過的話，龍顏大悅，舒懷大笑。

此刻他如驕傲的雄鷹翱翔於天，駕馭浩蕩長風，傲然俯察帝國的萬里江山。

浩浩大運河上，黃宗羲與康熙背向而馳，漸行漸遠，誰也看不清誰的背影，就像兩顆在漫漫銀河裡擦肩而過的星子。

「先生，康熙算不算一個好皇帝？」嚴秋毫問。

「三代以下為人君者，都以為天下利害之權皆出於我，將天下視為自己莫大的私業，傳之子孫，受享無窮。昔年漢高祖問父親，我掙下的家業，與二哥相比誰更多？此言足見其追逐私利之心。」黃宗羲沒有直答。

嚴秋毫說：「對了先生，剛才聽說他還在追查崇禎後人，他要做什麼？真要封賞人家一個親王做做嗎？」

331

第十九章　風隱山隅

「康熙祭太祖陵，籠絡江南士大夫之心，確實彰顯了對漢人漢文化的敬重，但是，」黃宗羲極目長河上來來往往的船帆，「他也想以此舉誘使崇禎後裔自投羅網，翦其羽翼，永絕後患。」

嚴秋毫一驚。黃宗羲看著前方眉頭一蹙，嚴秋毫隨他目光望去，許舜華在人群裡焦急地尋尋覓覓。他擠上去，發現她眼中淚光瑩瑩。

「我看見他了。」她拽著他朝船艙跑去，「快，你跟我一起找。」

嚴秋毫問到底找誰。

「王士元。」

「不不不，不可能，不會是他，絕不會是他。」嚴秋毫連連否認。

「你都沒有看到，怎麼連聲說不是？」

「這，你一定是看走眼了，他怎麼會來這裡？」

許舜華跑進船艙，嚴秋毫只得緊跟上去。

黃宗羲不知他們之間發生了什麼，但知道，有些疑難不是他的學問所能解答的。

黃昏時分，船將抵錢清驛，下船的客人們來到船頭等候，順便賞賞落霞孤鶩，秋水長天。

一個揹著行囊的客人走到黃宗羲面前一揖。黃宗羲還禮，見對方五十歲開外模樣，戴瓜皮舊帽，面容瘦削，神情滄桑，一身書卷氣，眉眼似曾相識，便問對方是誰。

「梨洲先生，多謝救命之恩。」那人再次作揖。

「我與先生素昧平生，不知尊姓大名，何恩之有？」黃宗羲詫然。

「我亦是前朝遺民，區區姓名無足掛齒。日間，我聽聞皇上懇請遺民士子出來考功名，南巡祭太祖陵，心有戚戚然，甚是感念皇上寬宏大量⋯⋯」

「你要考功名？」

「方才我不經意聽到先生說，他只是以此舉誘使崇禎後裔自投羅網，翦其羽翼，永絕後患。先生此言令我大夢初醒。」

黃宗羲一驚：「你到底是什麼人？」

「在下以為，他對崇禎後裔尚且施以如此手腕，我等草民為這樣的朝廷、這樣的人君做事，何等齒寒心冷？此番出門我本欲尋求官學教書。如今心念俱熄，擬另尋出路，特來感謝先生一語驚醒夢中人。」

原來如此。黃宗羲苦苦思索在哪兒見過他，可還是想不起來，不由自嘲年歲不饒人記性差多了。

「我讀過先生的《待訪錄》，真是千年一遇的好書。在下有一個疑問想請教先生。」

「請講。」

「崇禎治國可謂克勤克儉，宵衣旰食，庶幾可追太祖。大明屈大均有〈燕京述哀〉詩道：『先帝宵衣久，憂勤為萬方。捐軀酬赤子，披髮見高皇。』足見崇禎是一個勤勉的皇帝，可大明何以崩壞如斯？」

「你既然讀過《待訪錄》，自可從書中找到答案。我且說說另一因由，天亡大明，可謂三大災三小災齊發。」

第十九章　風隱山隅

「三大災三小災？」

「世界入壞中劫，天上七日並出，江海枯竭，山川皆成灰燼，是為火災；火災之後，天上地下皆為傾盆大雨所滅，是為水災；水災之後，遍世界宮殿田地皆為風力破壞，是為風災。此即三大災。

「初世界時，海晏河清，安居樂業，之後殺盜淫妄諸惡漸生，人心不善，五穀不生，人相食，餓殍遍野，是為饑饉災；之後人心放浪，疫氣橫生，是為疾疫災；之後人心越發向惡，互為仇敵，草木皆化為刀劍，是為刀兵災。此即小三災。

「崇禎年間，僅陝西一地，元年大旱，五年大饑，六年大水，七年秋蝗、大饑，八年大旱、水潦，九年旱蝗，十年秋禾全無，十一年夏飛蝗蔽天，十三年、十四年大旱。江南亦如此，無年不災，無災不烈。大雨致舟行於陸，村舍良田化為澤國；大旱致河圻見底，井泉俱竭；旱後即飛蝗蔽天，禾木殆盡；風潮拔木，房屋橋梁傾圮。崇禎十三年至十五年最烈，江南八府一州旱、蝗、疫數災併發，比戶疫癘，積屍橫道。數千年未有如此互古奇荒。究其深因，實是朝廷吏治腐壞，水旱不修，疫疾不治所致。名為天災，實為人禍。」

那人面色慘白蕭索，好一會兒說：「國之將亡，必有異象。」

黃宗羲勸慰：「四十年過去了，先生莫再傷神了。」

「在下還想嘮兩句，以後只怕無人可說了。先生的《原君》篇說，若後世君主果真能守住產業，傳給子孫後代，也不用責怪他們將天下當作私有。可人人都會有將天下視為產業的念頭，那麼即便把產業捆於箱籠鎖在宮室，君主一家一姓之力，怎麼擋得住人人都想搶奪？遠古也許可以傳幾代，近世爭奪皇位的血肉

334

之慘還禍及子孫。先帝對慘遭斷臂的長平公主說，『汝何故生在帝王家』，此言何等沉痛？」

黃宗羲訝然，《待訪錄》這麼多篇章，他為何挑這一段說？又不肯挑明身分，舉手投足看來非一般士子……

此時船抵錢清驛，客人紛紛下船。

那人又深深一揖：「先生，《待訪錄》是警策後世的好書，就算當世無人讀懂，後世必會振聾發聵，啟蒙人心。山高水遠，無相見時。各保玉體，將死為期。」言罷轉身就上岸。

望著他孑然一身的背影，黃宗羲頓然想起——多年前在四明山清源寺問「天地是明明白白的好，還是清清朗朗的好」的和尚，與他何其相似？他是誰？他到底遭遇了什麼？更多年前在海昌遇到的遭遇劫賊的落魄異鄉人，與他亦何其相似？他是誰？他到底遭遇了什麼？

那人隨著人群上岸，從懷裡摸出一對皺巴巴的紙折雙飛燕。他一遍遍捋平，輕輕放在岸邊，朝客船回首，眼神裡有無限眷戀深情，然後轉身離開。江風吹來，雙飛燕在半空中飄飛了一陣，晃徘徊悠地墜落水面，很快捲入波濤之中。

「花落花開總屬春，開時休羨落時嗔。好知青草骷髏塚，就是紅樓掩面人……」他邊走邊吟，漸行漸遠。

「是他，是他——」許舜華朝岸上衝去。

船板已撤，船徐徐離岸，嚴秋毫拉住她。黃宗羲看著岸上人的遠影，再看一臉是淚的許舜華，有所悟……他們之間有一段不可說的因緣。

第十九章　風隱山隅

嚴秋毫急切地問黃宗羲剛才那人說了些什麼。

「他問大明何以崩壞如此，我說，天亡大明實是天意。」

「他還說說些什麼？」許舜華哽聲道。

許舜華頓時痛哭失聲，嚴秋毫只得輕聲安慰。

「山高水遠，無相見時。各保玉體，將死為期。」

黃宗羲拍欄輕嘆。他一生著書立說，卻未深研男女情事，任何學問都有理可言，唯有情愛不可理喻。當年在南京，他目睹復社才子與秦淮八豔是如何濃情蜜意，錢謙益與柳如是，侯方域與李香君，冒闢疆與陳圓圓、董小宛……轉瞬間笙歌杳然，風流雲散。

情愛如斯，江山如斯，生死如斯，天地間有什麼是互古不變的？

長風浩蕩，長河澎湃。漕船傳來悠悠歌謠：「運河水，萬里長，千船萬船運皇糧。漕米堆滿艙，漕夫餓斷腸，姑娘不嫁搖船郎……」

化安山龍虎山堂，雪後初霽，山堂靜寂。

山堂外的林子，風一吹，積雪不時從樹枝墜落，窣窣作響，在無人踩踏的圓潤雪地砸出一個個小坑。

嚴秋毫抄完一卷書，揉揉痠脹的眼睛，望向窗外，許舜華在院子裡縫衣裳，人面與積雪瓊枝相映，越發楚楚動人。橘樹上掛著幾個過冬的殘橘，雞在樹下啄蟲，狗趴在柴門前打瞌睡。

他抄錄書籍，接明史館寄來的史稿，交黃宗羲校勘訂正，再寄往明史館；許舜華照顧他們的飲食起

居，種花種菜，養雞餵狗；黃宗羲全心著述，有時外出講學，兩人陪侍同行。日子與山堂一樣靜謐安然。

嚴秋毫走到院子，許舜華咬斷縫衣線，提起衣裳讓他試一試。嚴秋毫靦腆地舉起手臂任由她擺布，心中暖熱。

「對了，昨日先生說要去後園走走。」許舜華指了指北首的墓園。

「先生怕是看書寫稿又忘了時辰，去看看。」

書房門開著，黃宗羲在縫一件灰黑色的衣衫，手勢笨拙吃力。

「先生，我來縫好了，您何須動手呢。」許舜華接過衣衫。

嚴秋毫道：「先生，您自己縫衣，未史先生可要怪我們照顧不周了。」他抓起衣衫大驚小怪，「這麼舊了，還破了個口子，還要補啊？我明日進城給您買塊面料，讓舜華給您做件新衣。」

黃宗羲的神色有異樣的蕭索。

「十五年前，晚村先生贈我一件衣裳一斤松蘿茶，如今衣尚在，人已逝。今日是他冥誕，我唯有睹物思人了。」

兩人知道黃宗羲與呂留良的交誼及之後的罅隙乃至絕交，外界對他們的恩怨莫衷一是，他們更無從評說。

嚴秋毫暗想，梨洲先生年長呂留良十九歲，這一對忘年交的恩怨糾葛，非三言兩語能說清。梨洲先生瀕於十死而依然不廢絃歌，呂留良與他疏遠後未能感知其萬一，可見世間知交何其不易啊。

第十九章　風隱山隅

許舜華幽幽地說：「先生，我會把衣裳補好，就算不能綴合如初，也不會讓它再破下去。」

黃宗羲點點頭，走向外面：「帶上扁擔、鋤頭、籮筐，還有柴刀，跟我走。」

先生要做什麼？兩人愣了愣，找出家什追上。

山道蜿蜒曲折，溪流仍淙淙有聲。梅花暗香陣陣，雪野中紅雲點點。許舜華折了幾枝梅花，嚴秋毫陪黃宗羲在各墓前供花，嚴秋毫過去與她一同跪拜，許舜華也給父親供上。

黃宗羲張望一圈道：「是時候建生壙了。」

這話他不止一次說過，兩人才明白拿家什做什麼。黃宗羲走了幾圈，在離父親墳塋不遠的一片灌木雜草叢停下，說就在這裡吧。

生死那麼遠，如此近，那麼喧譁，又如此寂靜。彼岸有父母兄弟妻兒，有那麼多老友故人。「剡中十畝埋荒地，樹樹松林作怨聲」，大半生瀕於十死，這一條末命之路該自作主張了。

嚴秋毫挖掘灌木雜草，許舜華抱堆在一邊，黃宗羲用柴刀把樹枝斫成一截截，晒乾後這是上好的柴火。他們唱著鄉間小調，說說笑笑，半個時辰就整出一小塊平地。兩人怕黃宗羲累著，勸他歇會兒。

風穿林梢，落地捲葉，林子響起嗚咽之聲，似有無數聲音湧來。

他們給黃宗羲披上棉袍，扶他到避風向陽坡坐下。嚴秋毫隨身帶有火石，撿來幹樹枝，揪了把乾草，升起一堆篝火，不時往火中扔一把乾鬆針。周圍頓時暖意融融，松香四溢。

「梅花獨立正愁絕,冰纏霧死臥天闕。孤香牢落護殘枝,不隨飄墮四更月。」黃宗羲吟道,這是有一年七夕他夢見梅花所作的詩,他望著平整後的空道地,「他年老友來看望我,若能於墳上植梅五株,我謝天謝地了。」

「一定一定,先生,我記住了。」嚴秋毫忙說。

許舜華嗔道:「有你這樣說話的嗎?呸呸呸。」

嚴秋毫跟著吐了口口水,黃宗羲笑道不必忌諱。

前頭傳來嘎吱嘎吱的踏雪聲,一個十多歲的少年挑著擔,攙扶著一個八十多歲的老人過來。黃宗羲一看,是年邁的徐太婆,拄著一根枯梅枝。少年放下擔,恭恭敬敬地作揖喊梨洲先生。

徐太婆咧開沒牙的嘴笑了⋯「黃先生,今早我賣了三瓿鹹菜醬瓜,城裡人說燉肉最好吃了,我回頭叫曾孫兒送點過來。」

黃宗羲道:「不用不用,您留著賣銅錢。」

徐太婆從挑擔裡摸出一塊紅點黑綢,歡歡喜喜地往身上貼:「黃先生,你看這塊布料可好?」

「好好,真是一塊上好料子。徐太婆有眼光。」

嚴秋毫和許舜華啼笑皆非,這太婆跟先生閒扯這等雞毛蒜皮,難為先生還要耐著性子應付她。

「前些年世道亂糟糟,小春他爺爺跟黃先生當兵打仗死掉了。」徐太婆指了指少年。

「小春他爺爺?」黃宗羲一時不解。

339

第十九章 風隱山隅

「他說朝廷亂了，皇帝上吊死了，黃先生要跟北兵打仗了。後來呢，北兵勝了，黃先生敗了，我小兒子也死了。」

嚴秋毫和許舜華第一次聽說這些，不免一頭霧水。黃宗羲一推算年歲就明白了。

「現如今世道總算安定些了，不再打打殺殺了。我幾十年來一文一毫地攢銅錢，就為著能穿上一身好的壽衣，體體面面過世。」徐太婆喜滋滋地說。

黃宗羲摸了摸小春的頭，道：「徐太婆，孩子跟我讀書可好？」

小春欣喜道：「太奶奶，我要跟梨洲先生讀書，我長大要做有學問的人。」

「那以後誰幫我挑擔賣鹹菜醬瓜？」徐太婆有點不樂意。

嚴秋毫和許舜華笑起來。嚴秋毫：「您想讓孩子賣一輩子鹹菜醬瓜？」

小春漲紅了臉：「沒有學問，今朝賣菜差點讓人給騙了。」

「你讀了書，給太奶奶考個功名來。」徐太婆笑咪咪地說。

黃宗羲道：「小春，除了讀書，我們還要去外面多走走，看看書外的草木春秋，日月星辰，江河萬里。」

小春趴在雪地上，俐落地對黃宗羲磕頭，抬起頭，沾了一臉雪。

眾人哈哈大笑。一老一少告別，在雪地上留下深深淺淺的腳印。

340

黃宗羲道：「小秋，舜華，你們可知，向後二十年交入『大壯』，始得一治，則三代之盛猶未絕望的意思？」

這句話他們熟稔已極，先生不會無緣無故提及，難道這話還有更深一層意思？嚴秋毫心虛地說請教先生。

許舜華又折來一大簇梅花，嚴秋毫拿起家什，挑起柴火，三人踩著積雪往回走。

黃宗羲說：「元明之交的長山先生胡翰學識淵博，聘修《元史》，有『十二運』循環之說。他以為，十二運可分六十四個朝代，以《周易》六十四卦命名。自秦朝將天下視為一家一姓之私產，導致後世陷入皇位爭奪廝殺之中，是以一朝一代更替，皆有亂而無治。」黃宗羲伸出手指掐算，「從周敬王甲子算起，到康熙二年《待訪錄》成書之年，打開第一運『天地否泰之運』。再向後二十年，交入『大壯』，始得一治。正是今時，闔第二運『男女交親之運』所統年數。」

嚴秋毫和許舜華對視一眼，慌亂地移開目光。

「小秋，舜華，你們已非少年，共歷人世磨難，年紀相當，彼此亦是知心性，通情義，可考慮成家立業了。男女交親天經地義，男治政於先，女理事以承其後，人世繁衍生息亦由此而始。」黃宗羲指向一老一少兩個身影，「徐太婆的兒子死了，還有孫子、玄孫，此便是生生不息。古之欲明明德於天下者，先治其國；欲治其國者，先齊其家；欲齊其家者，先修其身；欲修其身者，先正其心。你們成家後，還是可以隨我治學。」

「我們願奉先生終老林泉。」兩人齊聲道。

第十九章　風隱山隅

嚴秋毫懇切道：「未史先生為朝廷修史，不能時時侍奉先生。先生，龍虎山堂亦是我們的終老地。還有，往後二十年交入『大壯』，是否有更深義？」

黃宗羲神情肅然，並無笑意。兩人不由惴惴，《待訪錄》成於二十年前，當時他們素不相識，不知從那時起命運之繩已將他們悄然牽繫起來，更不敢將區區「男女交親之運」與「陽晶守政之運」作相提並論之想。

「第二運過後，世道轉入第三運『陽晶守政之運』，治世才開始了。」

嚴秋毫喜不自勝：「這麼說，我和舜華成親後，乃是大壯之年了？太好了，先生期待已久的三代之盛開始了。」

「記得從杭州回來的船上，你問我康熙算不算一個好皇帝？」

「先生當時沒有明說。」這個疑慮更早之前就盤桓在嚴秋毫心頭，以他與康熙之間的特殊交集，他很難用「好」或「壞」評判這個皇帝。

「除鰲拜，平三藩，修明史，征臺灣，修黃河，撫民生。今時雖然算不上萬民康寧天下熙盛，倒也承平一時。就像徐太婆為買到一塊壽衣布料而歡喜，對在亂世中苟活下來的她來說，足矣。」黃宗羲思慮良久道，「康熙，不算是壞皇帝。」

「二十年前我雨窗削筆，改《留書》為《待訪錄》，喟嘆昔日王冕仿《周禮》之著述未能流傳下來，我期望《待訪錄》不只可以流傳，且能在交入『大壯』成為治世之時，為後世明主所納用。《待訪錄》成書二十年，我也等了二十年。只是今時『大壯』，非我期待之『大壯』。今時盛世，亦非我翹首之盛世呵。」

「先生——」兩人一時不知如何勸慰是好。

「好在，當年亭林先生讀過《待訪錄》後書信於我，他道——」黃宗羲臉上浮起澹淡的笑意，「群雄逐鹿江山崩壞的亂世會重來，而夏商周三代之盛同樣也會來到。天下之事，有識之士往往生不逢時，而逢時之人又未必有見識。因而，古之君子書書待後，期待明主得此著而師之。」

「著書待後，後世會有人讀懂先生的《待訪錄》，師之效之，定會有三代之盛。」許舜華欣然道。

「二十年不夠，四十年。四十年不夠，四百年。三代之盛猶未絕望，先生，您期盼的治世定會到來。」

黃宗羲眼裡亮起溫潤的光澤，多年以來的憂患，似乎在這樣的自勉自勵中得到了滿意的闡釋。接著他又慢條斯理地說：「來年你們除了抄錄史料，還要做一樁要緊事。」

兩人問什麼事。

「辦學校。」

「先生是讓我們開鄉塾吧？」嚴秋毫說。

「有先生指點，我們定能把鄉塾辦好。」許舜華拍手叫好。

黃宗羲搖頭：「不是鄉塾，是學校。」

兩人不明所以，鄉塾與學校有何不同？

「鄉塾、教館以袪蔽啟蒙為要，難以授之精要學問。學校，以培養士人為職責，但不止於培養士人。

第十九章　風隱山隅

古時聖王設立學校的本意，是要使治理天下的學問皆出自學校，如此，學校的本意才算完備。」

「對了，《待訪錄‧學校篇》說，學校的真正本意乃是養成詩書寬大之氣，天子之所非未必非，天子之所是或不是，於是便把判別天下是非的權利交給學校士人去公議。」

許舜華恍然大悟。

「如今天下是非對錯皆由皇帝決定，天子贊成的事，眾人就以為是對的。天子貶抑的事，眾人則以為是錯的。此等風氣之下，學校為了科考鬥爭，富貴薰心。久而久之，連栽培士人之職也喪失殆盡，非但不能養士，還會害士。我明白了，先生要重振學校之根本。」嚴秋毫道，「這也是先生方才希望小春來讀書的真正要義。」

「當年我創辦甬上證人書院，小有成就，亦不足以容詩書寬大之氣。唯有兼顧養士和治天下，顛倒千萬世之是非，公其是非於學校，方可恢復學校之真精神。」黃宗羲拂開一枝擋道的梅枝，枝上積雪紛落，他顫巍巍的腳堅實地邁向雪地山道，朗聲道，「大丈夫行事，論是非，不論利害；論逆順，不論成敗；論萬世，不論一生。此乃我生平大願矣。」

聲音在雪野山谷間長久迴盪，彷彿漫山遍野皆有回應。

雪霽天晴，時近黃昏，卻有異樣的澄明透亮。霞光落在梅林，越發幽香四溢。梅樹映在雪地，呈現一幅淡淡的沒骨畫。樹上的積雪落下，簌簌清響。墓地，山道，溝壑，茅屋，枯枝敗葉，荒徑野嶺，殘山剩水，禽獸的骨骸，人世的苦厄，都掩在白淨無垢的積雪之下。

嚴秋毫和許舜華看著他蒼老而微佝的背影，只覺心頭敞亮，所有的迷惑、遲疑、忐忑，已然如紛落的

積雪，消融於野。

他們走出化安山谷，走進積雪覆蓋院牆屋瓦的龍虎山堂。

嚴秋毫揮落身上的雪花，關上柴扉，掃去門廊的雪泥。給屋簷下的兩口水缸加上竹編蓋子，以免凍裂水缸。用竹梢掃去屋頂的積雪，以防積雪過重壓壞殘破的瓦片。開春該翻修屋頂了，他尋思著。

屋裡升起暖爐，炭火嗶剝輕響，松香漫溢，黃宗羲在爐邊讀書，爐火映著他的面頰，泛出一種奇異的紅潤，恍然間看起來不那麼蒼老了。先生今年七十五歲，須好好籌劃為他過個壽辰。廚房裡飄出溫潤的飯菜香，他深深嗅聞，那是鹹菜筍絲湯的香氣。舜華想必被灶火映得面頰如桃花，眼眸似春水。他欣然而笑。

關窗前，他朝窗外張望了一圈。暮靄斜斜地投向白雪籠蓋的山谷四野，山林明明暗暗，天空彷彿垂下一支巨大的羽翼，遮蔽山林，呈現一種晦暗而又澄明的奇異景象。

他把一枝梅花插在水瓶。寒花待春，暗香漫溢，早春的腳步正從遠方踏歌而來。

345

第十九章　風隱山隅

後記 歷史的千里伏脈

黃宗羲在中國經學、史學、思想、地理、天文、曆算、教育等諸多領域留下不凡成就，有「中國思想啟蒙之父」之高光，為這位大儒立書實有掛一漏萬之虞。思之再三，我選擇了圍繞「史學」作為敘事首選。「百卷緯書真絕學，千秋國史附江東」。「明可亡，明史不可亡」，前一句道出黃宗羲研史之姿態，後一句道出其修史之信條，這亦成為本書最大的情感尊崇和創作緣起。

本書創作初衷，一是與我之前出版的王陽明題材長篇歷史小說《風定鄱陽湖》形成一個「明大儒系列」；二是受劉斯奮先生的《白門柳》影響。《白門柳》講述錢謙益、冒闢疆、黃宗羲等明末清初復社士子的亂世沉浮，展現了黃宗羲從一位初出茅廬的青年士子，到南明潰敗後赴四明山結寨的人生前半場。本書則講述黃宗羲抗清失敗後轉向著書立說、廁身儒林的人生中場，接壤《白門柳》關於黃宗羲的敘事時間段，向前輩作家和優秀作品致敬。

黃宗羲所處的是「中國封建時代的一個『天崩地解』的亂世。它正值明清兩個朝代更迭的當口，階級矛盾、民族矛盾、統治集團內部的矛盾都空前激化；再加上新舊觀念的對立和激盪，不同文化的衝突與融合，交織成一幅色斑斕、驚心動魄的圖景」（長篇歷史小說《白門柳》作者劉斯奮）。

本書以康熙三年（西元1664年）至二十三年（西元1684年）為時間跨度，以黃宗羲與康熙、《明史》史

後記　歷史的千里伏脈

官葉方藹、徐元文、萬斯同、小人物嚴秋毫、崇禎之子朱三太子、抗清志士許山，以及錢謙益、顧炎武、呂留良等的人生交集為敘事主副線，圍繞黃宗羲與一代信史《明史》的矛盾糾葛因緣，展開了一段段跌宕起伏的家國千秋傳奇。

黃宗羲自述生平「初錮之為黨人，繼指之為游俠，終廁之於儒林」，以古往今來獨特的「三變」姿態，敲響振聾發聵的黃鐘大呂，執著公道人心、公正秩序的追求，傳播經世致用、經世應務的學問體系，憐恤草根小民的浮世卑微，力挽朝代鼎革的激盪狂瀾。然而，終其一生，黃宗羲未能等到他期盼的「大壯治運」。私淑弟子全祖望慨嘆先師「猶聞老眼盼大壯，豈料餘生終明夷」，著實令人愴然。黃宗羲「書百卷緯書，著千秋國史」自當是本書一大看點。

《明夷待訪錄》為後世、尤為辛亥革命碰撞出了「烈耀破迷」式的思想啟蒙火花。「孫中山於1894年成立興中會後，即把《明夷待訪錄》的〈原君〉、〈原臣〉進行印刷用來宣傳革命，其後康有為、譚嗣同、梁啟超、劉師培、陳天華等有志之士都大力闡發《明夷待訪錄》的思想來推動政治變革」，「《明夷待訪錄》的寫作意圖最終得以實現」（中央民族大學哲學與宗教學學院教授孫寶山《重建華夏打開大壯──〈明夷待訪錄〉的寫作意圖再論》）。

另一大看點，是大儒、小民和帝王以及他們與《明史》之間的故事鋪陳。湖州「明史案」倖存者嚴秋毫，機緣湊巧與黃宗羲相識，之後意外成為清廷翰林院明史館小供事。嚴秋毫意圖刺殺康熙而未遂，康熙最終被其身世打動而赦其罪，之後嚴秋毫赴餘姚陪侍並抄錄黃宗羲的書籍史料。

在宏微相濟的歷史背景下，大儒、小民與帝王三者有了敘事的可能。黃宗羲與康熙並沒有現實交集的

歷史記載，康熙是否讀過《明夷待訪錄》亦是未知數。書中以某種頗具說服力的文學邏輯性為基礎，虛構了大儒與帝王的一次交集，為讀者讀懂黃宗羲提供了另一種維度。

伏脈有兩層意思，一指文章前後照應的線索，一指「脈搏隱伏。常見於邪閉、厥證及劇痛」。在我看來，「天崩地解」的歷史劇痛的千里伏脈，足以長久地警覺當世和後世。

著名作家、資深編輯走走老師推薦本書：「在天崩地解的歷史夜空，有人熠熠生輝」；著名歷史學者、哲學與宗教學學院教授孫寶山老師推薦本書：「虛實相映，文史交融。凌雲妙筆，叩問蒼穹。康熙之治，水月鏡影。大壯何待？風雷革命」；黃宗羲後裔、餘姚歷史學者黃耀老師，謝玲玲老師和施長海老師等對本書完稿進行校讀，給予了寶貴的意見建議。在此一併深表衷心的感謝。

符利群

風隱者黃宗羲：

史家風骨，布衣修史，誰在亂世執筆評王侯？

| 作 者：符利群
| 發 行 人：黃振庭
| 出 版 者：複刻文化事業有限公司
| 發 行 者：崧燁文化事業有限公司
| E - m a i l：sonbookservice@gmail.com
| 粉 絲 頁：https://www.facebook.com/sonbookss
| 網 址：https://sonbook.net/
| 地 址：台北市中正區重慶南路一段61號8樓
| 8F., No.61, Sec. 1, Chongqing S. Rd., Zhongzheng Dist., Taipei City 100, Taiwan

電　　話：(02)2370-3310
傳　　真：(02)2388-1990
印　　刷：京峯數位服務有限公司
律師顧問：廣華律師事務所 張珮琦律師

—版權聲明—
本書版權為淞博數字科技所有授權複刻文化事業有限公司獨家發行電子書及紙本書。若有其他相關權利及授權需求請與本公司聯繫。
未經書面許可，不可複製、發行。

定　　價：480元
發行日期：2025年04月第一版
◎本書以POD印製
Design Assets from Freepik.com

國家圖書館出版品預行編目資料

風隱者黃宗羲：史家風骨，布衣修史，誰在亂世執筆評王侯？ / 符利群 著．-- 第一版．-- 臺北市：複刻文化事業有限公司, 2025.04
面；　公分
POD版
ISBN 978-626-428-095-2(平裝)
1.CST: (清) 黃宗羲 2.CST: 傳記
782.872　　　　114004217

電子書購買

爽讀APP　　　臉書